VICTIMES D'AMOUR

Marie-Berthe Ranwet

Victimes d'amour

«Après tout ce que j'ai fait pour toi»

MARDAGA

MERCI À...

... Thomas et Matthieu Bastin, mes enfants, qui m'ont patiemment encouragée tout au long de mon travail de recherche et d'écriture. Nos discussions ont enrichi ma réflexion. Le goût du travail bien fait et les conseils pratiques de Thomas ainsi que les questions et les suggestions de Matthieu m'ont encouragée à revoir certains passages.

... Jacques Martin, qui a accepté de retravailler avec moi les passages difficiles et moins lisibles. Son esprit positivement critique, son écoute, ses questions et ses réflexions franches m'ont permis de mieux concevoir — et donc de mieux énoncer — les principales notions théoriques de cet ouvrage.

... Marc Richelle, qui, par son écoute et ses questions ouvertes, a «relancé» ma recherche. Le livre que vous avez entre les mains va beaucoup plus loin que le premier manuscrit que je lui avais soumis.

... Marie-Claire Thunus et toutes les personnes qui, d'une manière ou d'une autre, ont apporté leur contribution à ce livre et m'ont soutenue.

© 2002 Pierre Mardaga éditeur
Hayen 11 - B-4140 Sprimont (Belgique)
D. 2002-0024-11

Introduction

Le verbe aimer a peut-être été le verbe le plus conjugué en Occident au XXe siècle. Dans toutes les langues, à tous les modes et à tous les temps, en texte, en musique, en image, il ne se passe pas une journée sans qu'il ne nous soit rappelé qu'il est important d'aimer.

Et pourtant, malgré le fait que des livres, des films, des feuilletons, des spots publicitaire définissent l'amour, le racontent et le font vivre sous les formes les plus diverses, nous restons le plus souvent frustrés. Nous en sommes encore fréquemment à nous demander : «Qu'est-ce qu'aimer?» A certains moments, nous recherchons l'amour. Nous en avons même tellement besoin que nous le mendions. Mais à d'autres moments, il nous arrive de fuir de toutes nos forces ceux qui prétendent nous aimer. Oui, nous voulons de l'amour, mais pas n'importe lequel, ni à n'importe quel prix ! Nous ne voulons pas d'un amour qui détruit !

En quelques décennies, le mariage d'amour a remplacé le mariage de raison. Paradoxalement, de plus en plus d'hommes et de femmes se détruisent dans des couples qui, bien qu'apparemment fondés sur l'amour, enferment et tuent.

Aujourd'hui, les enfants, de plus en plus souvent désirés, reçoivent davantage d'attention de leurs parents ainsi que de leurs enseignants, des politiques et des agences publicitaires. Mais, sous le poids des attentes et des espoirs placés en eux, ils sont la plupart du temps obligés d'incarner les fantasmes de leurs parents et de la société. On constate souvent que les enfants les plus désirés et les plus choyés trouvent difficilement leur identité et leur voie.

L'amour n'a pas été prôné uniquement dans le cercle familial. Le désir de tendresse et d'amour, ainsi que l'espoir de créer le bonheur et la paix autour de soi, s'expriment dans les initiatives populaires d'entraide en tout genre. Autour de nous, dans notre quartier, notre ville, sur notre planète, des personnes souffrent et nous inspirent une gamme d'émotions allant de la pitié à l'amour en passant par la compassion, mais aussi parfois par la colère et le mépris.

Informés par les médias, nous sommes encouragés à la générosité par l'exemple de personnalités telles que Mère Thérésa, Sœur Emmanuelle et l'Abbé Pierre. L'engagement de certains artistes, et certaines campagnes publicitaires d'entreprises privées nous invitent, à un moment ou à un autre, à aider des êtres vivants plus démunis que nous.

Les nombreuses initiatives d'entraide largement médiatisées dans les grands show télévisés des «Enfoirés» et autres «Téléthon» amènent dans les foyers la chaleur de la solidarité et le sentiment de ne pas être seul et d'appartenir à une communauté de cœur.

A côté de ces élans du cœur ponctuels, des hommes et des femmes font de l'amour le but principal de leur vie. Ils choisissent une profession, se mettent en couple, «font» des enfants et participent à diverses associations avec le profond désir d'aimer et de se sentir aimés, de créer du bonheur autour d'eux et de participer à la construction d'un monde meilleur. Ils se mettent en marche vers leur idéal, chargés de leurs rêves, de leurs bonnes intentions et de leurs «jamais plus». Si la souffrance, les disputes, la violence et la pauvreté persistent malgré leur bonne volonté, ils croient que c'est parce qu'ils n'aiment pas encore assez, parce qu'ils ne donnent pas assez. Ils cherchent alors près de leurs amis, de leurs collègues ou de leurs parents comment ils pourraient en faire plus. Ils demandent des conseils, se plongent dans des livres et suivent des formations en communication ou autre pour mieux soutenir ceux qui les entourent. Quand, malgré tous leurs efforts, ils constatent que les choses ne vont pas comme ils le désirent, ils expriment alors leur douleur et leur impuissance dans un cri de désespoir, de colère et d'incompréhension : «Après tout ce que j'ai fait pour toi...».

Parmi ceux qui ne se sentent pas reconnus pour tout ce qu'ils ont donné, certains s'aigrissent et s'enferment dans leur rancœur. Ils deviennent insupportables, vieillissent mal et culpabilisent sans cesse leur entourage. Fins manipulateurs, ils répètent à tout qui veut les entendre que, eux, ils sont bons, généreux, dévoués, mais qu'ils ne savent rien faire dans ce monde décadent de gens égoïstes et ingrats. Ils utilisent les religions ou certaines philosophies pour éviter de devoir se remettre en question et pour, au contraire, consolider leurs systèmes de croyances. Le diable, le karma, la magie, une fin du monde proche... font d'eux des victimes non responsables de ce qui leur arrive.

Si vous êtes de ceux qui pensent que les autres et les événements sont la source de vos souffrances, si vous estimez que le monde est mauvais ou que le mal y est à l'œuvre, ce livre n'est pas écrit pour vous. Ce n'est pas la peine d'aller plus loin, vous n'y trouverez que des théories que vous brûlerez d'envie de contredire. A quoi bon ?

Par contre, si vous êtes profondément insatisfaits de ce que vous vivez, si vous en avez assez de souffrir et de vous plaindre de tout ce que vous faites pour les autres et si vous espérez autre chose de la vie, vous êtes peut-être prêts à accepter une démarche personnelle de reconnaissance de vous-mêmes !

Vous trouverez dans les pages qui suivent le «voyage intérieur» de ceux qui souffrent de ne pouvoir faire le bonheur des autres. Ils reconnaissent leur fatigue, leurs déceptions, et parfois même le fait que ceux qu'ils aident vont de plus en plus mal. Au lieu d'accuser les autres et les circonstances, ils s'interrogent sur la qualité de leur amour et sur leurs véritables motivations.

C'est en interrogeant leurs croyances, en s'ouvrant à de nouvelles perspectives et en se positionnant dans le monde et dans l'humanité, en tant qu'individu unique face à d'autres individus uniques et différents d'eux, qu'ils trouvent leur juste place et découvrent que, pour mieux participer à l'évolution de l'humanité, ils doivent d'abord apprendre à s'aimer et à se respecter eux-mêmes.

En effet, s'il est peut-être vrai que «Il n'y a pas de plus grand amour que de donner sa vie pour ceux qu'on aime», que signifie donner sa vie? Qu'y-a-t-il encore à donner quand on est épuisé, déprimé, au bout du rouleau? «Après tout ce qu'on a fait, quand cela va de mal en pis, comment peut-on aimer autrement? Comment apaiser sa souffrance lorsqu'on ne sait plus que s'écrier : "Après tout ce que j'ai fait pour toi...."».

Si nous accusons les autres et le monde, nous nous enfermons dans la colère et la révolte. Pour entrer en relation avec les autres d'une manière plus satisfaisante, il s'agit d'apprendre à être conscient de nos sentiments, de nos besoins et petit à petit de notre personnalité profonde. En d'autres termes, il s'agit d'être vivant.

Développer la vie en soi et la rayonner, pour pouvoir vraiment la donner, c'est une forme d'amour qui a plus que jamais un sens et sa place dans notre société.

Réflexion personnelle

Pour mieux profiter de votre lecture, vous pouvez, si vous le désirez, réfléchir par écrit aux quelques questions qui suivent et éventuellement en partager les réponses avec des amis ou dans un groupe de réflexion.

Si vous avez choisi de lire ce livre, vous êtes sans doute concerné par cette phrase : «Après tout ce que j'ai fait pour toi...». Est-ce parce que vous êtes souvent amenés à la prononcer ou est-ce parce qu'un proche vous la répète souvent?

Si on vous la répète souvent, vous risquez de lire ce livre «pour celui ou celle qui fait tant pour vous» et non «pour vous». Vous retrouverez la description de ceux qui prétendent s'être sacrifiés pour vous. Cela vous aidera, je l'espère, à faire la part des choses et à vous libérer : vous leur devez sans doute beaucoup moins que vous ne le croyez et que ce qu'ils prétendent.

Ce livre ayant été prioritairement conçu pour susciter une réflexion personnelle et une meilleure connaissance de soi, je vous conseille, pour en tirer un maximum de satisfaction, de vous demander ce que vous, vous faites « de trop » pour d'autres et notamment pour cette personne qui dit en faire tant pour vous. N'y a-t-il pas des moments où vous lui diriez bien aussi : « Après tout ce que j'ai fait pour toi... ».

Si, par contre, vous êtes de ceux qui prononcent souvent cette phrase, les quelques questions qui suivent vous permettront d'être plus actifs dans la lecture de ce livre.

Quand et avec qui vous sentez-vous le plus libre d'apporter ou de refuser votre aide ? Quand et avec qui sentez-vous le découragement, voire même le désespoir ? Y a-t-il des périodes de votre vie où l'indifférence et le manque de reconnaissance des autres vous ont touché plus ? Lesquels ?

Etes-vous quelqu'un qui rend volontiers service ? Quels services aimez-vous rendre ? Dans quel contexte ? Mettez-vous des conditions ? Vous arrive-t-il souvent de vous sentir frustré et d'être prêt à dire à l'autre « Après tout ce que j'ai fait pour toi... » ?

Ressentez-vous parfois le besoin d'aider les autres, une envie forte d'aider coûte que coûte quelqu'un ? Cela arrive-t-il avec une personne en particulier ? Avec plusieurs personnes ? Dans quel contexte particulier ressentez-vous ce besoin ? Dans quels contextes, milieux, avec quelles personnes vous sentez-vous libres de refuser de rendre un service ? Donnez des exemples concrets et précis.

Vous est-il arrivé d'en faire trop pour quelqu'un ? De tolérer des choses qui vous semblaient auparavant intolérables ? Avez-vous déjà eu l'impression qu'il manquait si peu de choses pour que tout aille bien ? Avez-vous fait à ce moment-là des choses qui ne vous convenaient pas ? Quand et comment avez-vous dépassé vos limites ? Quand est-ce que cela a été positif pour vous ? Quand est-ce que cela vous a causé du tort ?

Vous arrive-t-il souvent d'avoir des attentes déçues ? Que ressentez-vous alors ? Dans ces circonstances, ressentez-vous souvent de la colère ? Vos colères sont-elles souvent liées à un manque de reconnaissance de ce que vous avez fait ? Quand, où et comment contenez-vous vos colères ? Quand, où et comment les exprimez-vous ? Y a-t-il des personnes avec lesquelles vous vous sentez souvent en colère ? Qu'est-ce qui vous met le plus à bout ? Après une colère, comment vous sentez-vous ? Que pensez-vous ? Que faites-vous ?

Avez-vous rencontré beaucoup de personnes qui vous ont particulièrement aidé ou qui vous ont fait des cadeaux importants ? Notez qui, en quoi et le contexte dans lequel cela s'est passé. Dans les exemples que vous avez trouvés

– *Qu'est-ce qui vous a réellement le plus aidé ? En quoi cela a-t-il été important pour vous ?*
– *Y a-t-il des personnes qui, en croyant vous aider, vous ont fait plus de tort que de bien ? Expliquez comment et pourquoi. Avez-vous déjà reçu des cadeaux « empoisonnés », des choses ou des services que vous avez acceptés en sachant qu'ils ne vous convenaient pas. Restez dans des exemples très concrets.*
– *Est-ce facile pour vous d'être auprès de quelqu'un qui fait le maximum pour vous plaire ? Quand est-ce plus difficile et pourquoi ? Cela vous arrive-t-il souvent ?*
– *Vous a-t-on déjà dit « Après tout ce que j'ai fait pour toi... » ou toute autre phrase du même genre ? Qu'est-ce que cela vous a fait ? Comment vous sentiez-vous ? Quels étaient vos émotions ? Vos pensées ? Comment avez-vous réagi ? De quoi auriez-vous eu besoin à ce moment là ?*

Vous est-il déjà arrivé d'espérer que quelqu'un vienne à votre secours et que personne ne vienne ? Comment vous sentiez-vous ? Quelles étaient vos sentiments et pensées ? Qu'avez-vous fait ? Vous en êtes-vous finalement sortis tout seuls ? Comment vous êtes vous sentis après ?

Bonne réflexion, et bonne lecture !

PREMIÈRE PARTIE

L'ALTRUISME... COMME SI C'ETAIT DE L'AMOUR !

Entre des imbéciles pleins de bonnes intentions et des hommes intelligents malintentionnés, je ne suis pas sûr que ce soient ces derniers qui aient été les plus néfastes pour l'humanité. Les bonnes intentions vont souvent de pair avec la bonne conscience. Or, un incapable sûr de son bon droit devient beaucoup plus dangereux. Il s'abandonne sans état d'âme à sa stupidité, avant bien sûr de s'exclamer, avec une douloureuse surprise : « Ce n'est pas ce que j'avais voulu! ».

La logique de l'échec, *Dietrich Dörner.*

Aux idéaux de solidarité succèdent aujourd'hui les idéaux d'autonomie individuelle et de quête de soi : faire des choses pour soi, sans autre motivation que celle de se faire plaisir, était un péché. Aujourd'hui, c'est non seulement permis, mais même fortement valorisé.

De nouvelles règles et un nouvel équilibre s'instaurent dans les couples, les familles et les associations. Chacun se prend plus facilement en charge et attend le moins possible des autres. Cela va parfois très loin, trop sans doute, puisque dans certaines familles, par exemple, les repas en commun tendent à disparaître. Celui qui a faim ou soif se sert et prépare ce qui lui plaît quand et comme cela lui convient. Ne dit-on pas qu'on n'est jamais si bien servi que par soi-même ? Dans certains couples, si l'un des deux ne peut satisfaire son conjoint, ce dernier se donne la permission «d'aller voir ailleurs»... «Je m'aime moi, je m'occupe de moi !». Si l'on se plonge totalement dans cette nouvelle manière de vivre, de nouvelles frustrations ne manquent pas d'apparaître. En effet, ne gardons-nous pas tous au fond de nous l'espoir secret de pouvoir, en fin de compte, vivre des relations harmonieuses avec nos proches ? N'est-ce pas aussi un besoin profond de tout être humain que de se sentir aimé et respecté par d'autres ?

L'individualisme ambiant choque et attriste plus d'un : «N'est-on pas en train de perdre quelque chose ?». Certains se sentent totalement perdus et démunis : «Ne vivre que pour soi, c'est impossible : la vie en perd tout son sens !». Ils n'ont aucune envie de s'occuper principalement d'eux-mêmes ni de se prendre en charge : non seulement cela ne leur fait pas plaisir, mais en plus, pour eux, c'est angoissant et invivable de ne penser qu'à eux. Ils ne veulent pas devenir égoïstes, ils ne veulent pas être seuls. Ils ont besoin de faire quelque chose pour les autres, pour leurs conjoints, leurs parents, leurs enfants, leurs amis, pour les pauvres, les malades, les alcooliques, les drogués... qu'ils soient d'ici ou d'ailleurs. «Trouvez-moi n'importe qui, mais je veux quelqu'un à aider !»

Avant de développer la vision d'un sain altruisme dans la deuxième partie, je décrirai dans la première un type d'altruisme qui «sonne faux». Je vous présenterai, dans le premier chapitre, ces personnes dont la vie n'a de sens que si elles la consacrent aux autres. Dans le chapitre deux, je m'arrêterai sur tout ce qui est fait pour nous et pour les autres, par nous et par d'autres, en tant qu'enfants, parents, conjoints, professionnels ou hommes et femmes politiques. Il faut bien reconnaître que ce que nous faisons pour les autres, c'est aussi un peu pour nous que nous le faisons. C'est l'objet du troisième chapitre. Enfin, je terminerai cette première partie en développant dans le chapitre quatre certaines images qui, idéales ou terrifiantes, s'interposent entre nous et les autres et compliquent nos relations.

Chapitre 1
Quand l'altruisme sonne faux

« Bon père, bon fils, bon mari, ami fidèle, il vole au secours de ses proches en difficulté. Le dimanche, il maçonne la terrasse de son voisin. Sans argent, il emprunte pour aider son cousin à boucler sa fin de mois. Au travail, ses supérieurs l'apprécient. Ils font une moue admirative quand on parle de lui : toujours à l'heure, toujours prêt, impeccable. Cet homme travailleur et joyeux exige de lui encore plus que ce qu'on oserait lui demander. Et l'entourage finit par profiter de cet homme qui aspire tant au bonheur des autres. »

Boris Cyrulnik, Sous le signe du lien.

« Après tout ce que j'ai fait pour toi... ». L'intensité et le ton de cette phrase témoignent souvent du degré de souffrance qu'elle cache.

Avec certaines personnes, dans certains contextes, nous rendons service uniquement si cela nous arrange et lorsqu'une demande claire est formulée. Nous n'hésitons pas à refuser une aide qui nous en coûterait trop. Nous protégeons notre vie personnelle et familiale et nous ne renonçons pas à nos propres besoins pour satisfaire leurs autres. Nous écoutons leurs difficultés, nous les conseillons ou nous leur proposons même nos services, mais sans jamais insister. Nos attentes sont clairement exprimées.

Par contre, avec d'autres personnes, dans d'autres contextes, nous nous acharnons à apporter notre aide jusqu'à ce que nous soyons totalement épuisés. Pour nous sentir bien avec nous-mêmes et trouver la vie satisfaisante, nous devons intervenir dans la vie de nos proches, nous nous rendons ou nous croyons indispensables. Lorsque nous imaginons, parfois sans aucun fondement, qu'une de ces personnes vit mal et souffre, nous sommes intimement convaincus que c'est parce que nous ne sommes pas suffisamment bons et que nous ne l'avons pas aimée assez. Nous en faisons alors encore un peu plus, sans nous rendre compte que la personne que nous voulons aider à tout prix souffre de plus en plus de notre trop grande sollicitude.

Guy consulte un psychologue. Il est envoyé par son médecin. Il s'éveille la nuit avec l'impression de manquer d'air et d'étouffer, et le médecin ne trouve aucune raison physique. De plus, il est de plus en plus mal dans sa peau et devient très agressif avec Valérie, sa femme. Pourtant, il doit bien l'avouer, Valérie est une femme en or, toujours très attentionnée. Plus il va mal, plus elle redouble ses efforts pour le soutenir et l'aider à aller mieux. Elle a même demandé pour changer ses horaires de travail. Elle est toujours à la maison avant lui. Plusieurs fois durant la soirée, elle lui demande ce qu'il a envie de faire ou de manger, elle s'assure qu'il ne manque de rien. Totalement dévouée, elle attend près de lui qu'il exprime un désir pour pouvoir le satisfaire au plus tôt. Elle le suit là où il va pour ne pas le laisser seul. Si elle n'est pas allée au cinéma avec sa copine, c'est pour rester près de lui et si elle l'accompagne à la piscine, c'est pour lui faire plaisir car elle, elle n'aime pas l'eau...

Valérie est passionnément amoureuse. Du moins, c'est ainsi qu'elle le vit, et c'est ce qu'elle répète sans cesse à Guy, l'heureux élu !

Guy ne comprend pas qu'il puisse être aussi agressif avec une femme que tout le monde trouve aussi charmante ! Il n'a aucun reproche à lui faire. Il se sent moche et s'effraie de constater qu'il ressemble de plus en plus à son père : il devient violent. L'autre soir, par exemple, il a demandé : « Il n'y a plus de lait dans le frigo ? ». Valérie n'a pas entendu l'intonation de la phrase : pour elle ce n'était pas une question, mais bien un reproche. Aussitôt, elle s'est excusée et est allée immédiatement chercher une autre boite dans la réserve, comme si elle était prise en défaut et comme si c'était évident qu'il devait toujours y avoir du lait dans le frigo. Guy a eu envie de la frapper pour cet oubli alors que, lorsqu'il était étudiant, il trouvait normal que les garçons participent comme les filles aux tâches domestiques.

Guy continue son récit et associe cet épisode du frigo à leur vie intime. Il s'inquiète du fait que dans ses relations sexuelles, il a toujours besoin de plus pour être satisfait. Il n'est plus jamais content et il a des fantasmes de plus en plus sadiques. Sa femme, toujours très compréhensive, ne lui refuse jamais rien. Elle fait tout ce qu'il veut, aussi souvent qu'il le veut pour lui faire plaisir et pour qu'il aille mieux. Elle dit que son plaisir, c'est de voir le sien. Et malgré tout, il se sent profondément insatisfait.

Dernièrement, Guy a exigé violemment que Valérie fasse des choses pour elle-même : il ne supporte plus qu'elle soit sans cesse à ses côtés, assise à l'attendre. Pour lui faire plaisir, un peu forcée, Valérie s'est exécutée : elle s'est inscrite à un cours de gymnastique. Mais de nouveau, la façon dont elle lui raconte en détail son cours comme pour lui prouver qu'elle fait des choses pour elle agace Guy au plus haut des points. Il ne veut rien entendre. Il ne l'écoute pas. Elle s'en plaint. Elle pleure de plus en plus souvent et parle de l'échec de leur couple. Elle se fait insistante : « Dis-moi ce que je dois faire pour que tu sois heureux avec moi ».

Guy, en racontant tout cela, sent qu'il n'en peut plus. Il crie sa colère. « Je voudrais tant qu'elle fasse des choses pour elle, qu'elle ait du plaisir, même sans moi, et qu'elle me lâche les baskets ! J'en ai marre de vivre avec une sainte qui se sacrifie pour moi. »

Il nous arrive d'aider un enfant, un parent, un ami ou un collègue sans même lui demander son avis. Nous agissons en fonction de nos propres critères, de notre conception du bien-être et du bonheur. Nous sommes fondamentalement convaincus de savoir ce qui est bon pour lui et d'avoir la solution pour le sortir, envers et contre tout, de ce qui, à nos yeux, est un réel problème. Nous ne demandons apparemment rien en échange de notre dévouement. Cependant, nous nous fâchons si notre aide n'aboutit pas à un changement chez l'autre ou si nous ne recevons pas ce que nous attendons et un minimum de reconnaissance et de remerciements. Nous souffrons de ne pas nous sentir «bien et comme il faut» et nous nous défendons contre cette souffrance en accusant et en culpabilisant ceux que nous désirons tant aider. Nous ne pouvons pas admettre que c'est notre manière de vivre qui génère nos frustrations et nos souffrances et que ce n'est pas celle des autres.

Laure est l'aînée de six enfants. Sa mère très dévouée à sa famille est le type même de la mère qui se sacrifie. Laure se souvient que sa mère faisait tout elle-même. Pour préparer des repas sains et équilibrés, elle cultivait son jardin, préparait son pain au levain, des confitures et des conserves... Elle n'arrêtait jamais. Le dimanche, elle faisait souvent une pâtisserie. Pas question d'en acheter, elle n'aimait que celles qu'elle préparait elle-même avec une farine complète et du sucre de canne. Laure a souvent vu sa maman épuisée. Elle l'a souvent entendu dire : «Il n'y a encore que moi qui n'ai pas eu le temps de m'asseoir!». Désireuse d'aider sa mère, Laure a très vite appris à être disponible et à donner le coup de main quand il fallait. Souvent, cependant, cela ne servait pas à grand chose, car, lorsque tout était terminé, sa mère trouvait autre chose à faire mais ne s'asseyait toujours pas. Alors, toujours pour éviter de se sentir responsable de la fatigue de sa mère, Laure a appris à ne rien demander, à passer inaperçue, à prendre ce qu'on lui donnait et surtout à s'en montrer satisfaite, même si ce n'était pas le cas.

Aujourd'hui, Laure est adulte, épouse et mère. Elle ne parvient pas à se sentir bien. Elle se sent obligée de faire des tas de choses, un peu comme sa mère, mais quand elle se plaint, son mari se fâche : «C'est toi qui le veux, tu peux ne pas faire ton pain, ne pas cultiver ton jardin. Si tu le fais, c'est parce que tu le veux bien, donc ne te plains pas». Au début, elle n'y comprenait rien et pleurait souvent. Elle ne se sentait pas reconnue dans tout ce qu'elle faisait pour la santé, la qualité de la nourriture, l'équilibre financier... de la famille. Son mari restait déterminé. Pour lui, tout cela, ce n'était que des excuses. Lui, il voulait bien vivre avec moins et s'approvisionner dans une grande surface... mais il ne voulait plus entendre sa femme se plaindre. Il ne ferait de toutes façons pas plus que ce qu'il faisait pour le moment dans la maison. Son métier lui plaisait et il avait d'autres choses à faire dans la vie que de s'occuper de légumes !

Il a fallu du temps, mais de disputes en disputes, et parfois dans la colère et avec le désir de se venger de l'incompréhension de son mari, Laure à compris qu'elle faisait effectivement ce qu'elle voulait bien faire et que si cela ne lui convenait pas, elle pouvait décider d'agir autrement. Elle a décidé de ne plus cultiver son jardin, puisqu'elle n'y trouvait aucun plaisir. Elle achète cependant ses aliments dans une coopérative, parce qu'elle sait qu'elle a plus de plaisir à manger et à cuisiner «bio». Elle ne fait plus ses conserves et fait confiance à des artisans régionaux. Et financièrement? Elle n'a toujours pas compris comment, mais le fait est qu'ils ne s'en sortent pas plus mal.

Cette manière différente de concevoir sa vie a eu d'autres effets. Elle jalousait son mari qui prenait le temps le soir de raconter une histoire aux enfants. Elle lui disait qu'elle aimerait tant être à sa place mais qu'avec tout ce qu'elle devait faire, elle ne savait pas. Aujourd'hui, elle ne tient plus du tout le même discours. En fait, elle a compris que si elle ne raconte pas d'histoire le soir à ses enfants, c'est parce qu'elle n'aime pas cela, pas parce qu'elle n'a pas le temps. Elle se réjouit de laisser cette place à son mari qui le fait avec plaisir. Par contre, elle s'est donné quelques fois la permission d'aller avec ses enfants voir un spectacle de théâtre... et, chose tout à fait extraordinaire, elle y a pris beaucoup de plaisir.

L'ambiance est plus sereine à la maison. Son fils aîné ne se sauve plus dès qu'il rentre de l'école. Il prend la peine de manger à table. Comme elle le lui fait remarquer, il lui répond : «Tu es plus calme, tu ne cries plus et tu te disputes moins avec papa... C'est depuis qu'on n'a plus de potager!». Elle sourit et respire. «La vie est belle!» Elle entrevoit enfin ce que veut dire le mot «liberté».

Dans une relation saine, nous savons que l'autre a sa vie, ses valeurs et qu'il fait ses choix et que, de notre coté, nous avons aussi notre vie, nos rêves et nos projets que personne ne réalisera à notre place. Lorsqu'il nous arrive d'avoir le sentiment d'en «faire trop» pour quelqu'un, nous nous ressaisissons. «Puisque tu refuses mon aide et mes conseils, débrouilles-toi tout seul, j'ai des choses à faire pour moi, maintenant. Si tu as besoin de quelque chose, demande-le, tu sais que je suis là.»

Dans certaines relations ambiguës, par contre, nous nous entêtons à apporter à l'autre ce qu'il ne demande pas, nous l'incitons à faire des choix qui ne sont pas les siens. Nous ne nous soucions aucunement de qui il est réellement et de ce qu'il désire. Abandonnant tout projet personnel, nous nous «sacrifions» jusqu'au bout. Quand à bout, nous nous écrions : «Après tout ce que j'ai fait pour toi...», nous exprimons non seulement de la colère, mais également une grande tristesse parfois proche du désespoir. «Ce n'est pas possible! Tu ne te rends pas compte de la chance que tu as de m'avoir sur ton chemin, du cadeau que je te fais d'être là près de toi! Tu ne te rends pas compte des bêtises que tu es en train de faire! Tu es en train de rater ta vie!»

Alexandre n'a pas pu choisir d'exercer un métier à 18 ans. Pour son père, la seule façon de s'en sortir dans la vie, c'est d'être universitaire. Le père a continuellement répété à son fils qu'il ne pourrait pas trouver son bonheur ailleurs. Or, Alexandre déteste l'école depuis toujours. Il est capable d'apprendre beaucoup de choses en autodidacte, mais le système scolaire ne lui convient absolument pas. Ses résultats sont plus que moyens. Tout au long de sa scolarité, son père s'est acharné à lui faire donner des cours particuliers, à expliquer, à punir... L'ambiance familiale était désastreuse. Tout tournait autour de ce problème.

Le père d'Alexandre ne lui a jamais demandé comment il envisageait sa vie, ce qu'il avait envie de faire. Il ne s'est jamais intéressé à tout ce qu'il réussissait en dehors de l'école. Alexandre, «endoctriné», n'était lui-même pas conscient de ce qu'il voulait. Ce qui lui donnait son énergie, sa motivation, son plaisir n'était pas sérieux et ne pouvait pas déboucher sur un travail. Ce qui était susceptible de lui donner du travail l'ennuyait au plus haut des points. Ces certitudes l'ont empêché de voir les occasions qui s'offraient à lui de gagner sa vie en faisant ce qu'il aimait sans nécessairement être universitaire.

Quand nous ne parvenons pas à comprendre et à accepter l'attitude de notre protégé, quand pour nous, elle est totalement inadmissible et révoltante, quand nous nous sentons exploités, abusés et impuissants à changer la situation dans laquelle il se trouve, des sentiments de colère et de tristesse très intenses nous submergent. Nous perdons pied... La vie perd son goût et son sens.

LE «FAUX-ALTRUISTE»

«J'ai tout fait pour lui faire plaisir...
J'étouffais pour lui faire plaisir!»
Corneau G., N'y a-t-il pas d'amour heureux?

Quand une personne a besoin d'aider les autres pour trouver un sens à sa vie, contre toute apparence, elle se sert en fait des autres pour ses propres besoins. Paradoxalement, alors qu'elle croit être au service des autres, c'est grâce à leurs difficultés qu'elle trouve son bien-être. Dans ce cas, je pense que vous serez d'accord avec moi pour dire qu'il ne s'agit pas réellement d'altruisme. C'est pourquoi, par analogie avec le terme «faux-self» qui qualifie une position de dépendance, je les appellerai «faux-altruistes»[1].

Avertissement!!!

Parfois, dans ce qui suit, par souci de simplifier l'écriture, l'expression «faux-altruiste» décrit des personnes. Je demande toutefois au lecteur de se rappeler que les descriptions qui suivent concernent moins les personnes elles-mêmes que leur dynamique intérieure dans un certain contexte, avec certaines personnes, à un moment donné de leur vie. Nous nous sommes sans doute tous un jour retrouvés, ne fût-ce qu'un bref moment, dans une de nos relations, dans la position du «faux-altruiste». Mon but est de faire apparaître les motivations et les comportements de ceux qui, dans certains contextes et à certains moments de leur vie, sont dans une position de dépendance et ressentent un impérieux besoin d'aider les autres envers et contre tout. Bref, vous vous retrouverez sans doute dans certaines des situations décrites ci-dessous. Ce n'est pas pour autant que vous êtes partout et toujours, définitivement et irréversiblement, un «faux-altruiste».

---

[1] Voir Annexe 1 : Le «faux altruiste» et le «faux-self».

« Trop gentil »

Dans certaines situations difficiles, nous souffrons de ne pas être à la hauteur de nos rêves et de nos désirs. Nous nous sentons moches, complètement nuls, incapables et incompétents. Nous nous attendons à être rejetés, abandonnés. Pour éviter cela, nous nous mettons à faire tout ce qui est en notre pouvoir pour être reconnus, valorisés, aimés.

La gentillesse et le service aux autres, de la même manière que se tuer au travail, battre des records ou décrocher des titres et des brevets, ne sont bien souvent que des moyens parmi d'autres pour retrouver l'estime de nous-mêmes. Les actions à vocation « altruistes » issues de tels sentiments sont loin d'être aussi désintéressées qu'elles ne le voudraient.

Nous connaissons tous des « gentils » qui contrôlent les situations et les autres pour qu'ils ne les abandonnent pas.

Toute sa vie, Véronique a accepté les pires humiliations non seulement avec ses parents mais aussi dans son couple et au travail. Elle a renoncé à ses rêves et à ses propres désirs pour garder auprès d'elle un mari violent et alcoolique et se consacrer à ses quatre enfants. C'est le type même de la mère sacrifiée. Quand elle fait les courses, c'est toujours pour les autres. Elle ne s'achète jamais un vêtement neuf, elle s'habille avec ce qu'on lui donne. Elle prépare les repas en fonction des goûts des autres. Cela fait des années qu'elle n'a plus mangé un de ses plats préférés parce que son mari ne l'a pas aimé la première fois qu'elle l'a préparé, et que depuis, elle ne l'a plus jamais remis au menu. Par contre, elle, elle prépare et mange de tout, même ce qu'elle n'aime pas. Pourvu que cela plaise aux autres, c'est le principal.

Suite à une grave maladie, Véronique a rencontré des personnes qui l'ont aidée à réfléchir sur sa vie et qui l'ont encouragée à commencer une psychothérapie. Elle apprend petit à petit à mieux se connaître. Elle se souvient de l'ambiance familiale qui a été à l'origine de ses peurs. Elle se rend compte comment toutes ses décisions, ses choix, ses actions et ses « erreurs » tournent autour de la souffrance de s'être sentie une charge inutile et encombrante lorsqu'elle était enfant. Parce qu'à ce moment elle était totalement incapable de prendre elle-même ses besoins en charge, elle en a conclu que seule, elle ne survivrait pas. C'est sans doute entre autre pour cette raison que depuis aussi longtemps qu'elle s'en souvienne, Véronique a peur de se retrouver seule, de dormir seule et de vivre seule.

Véronique accepte que, si elle a choisi d'avoir une famille nombreuse, c'est moins par amour que pour s'assurer de ne jamais être seule. Est-ce par hasard si aujourd'hui ils sont tous partis sauf son dernier qui ne veut pas quitter la maison ? S'il ne trouve pas de travail et si les filles ne l'intéressent pas, n'est-ce pas parce que quelque part il sait que sa maman a absolument besoin de lui ?

Quand nous sommes toujours attentifs à rendre service, à accueillir, à faire plaisir, dans l'espoir d'une attention, sommes-nous vraiment centrés sur les autres ? Les voyons-nous réellement tels qu'ils sont ? Sommes-nous capables d'affronter nos différences? Nos relations ne restent-elles pas superficielles quand nous ressentons un urgent besoin d'aider?

A toute heure du jour et de la nuit, quoiqu'il fasse, qu'il regarde un film ou prépare un repas, Alex vous ouvre sa porte ou vous répond gentiment au téléphone, et si vous lui confiez vos problèmes, il vous écoute tout le temps qu'il faut. Passez donc chez lui quand vous voulez, vous serez reçu. Bien reçu? Sans doute pas, car il serait étonnant que vous soyez le seul dont il doive s'occuper. Il y aura sans doute d'autres visites ou d'autres coups de fils inattendus et importants qui accapareront votre hôte et vous devrez attendre patiemment qu'il ait terminé. Il reviendra vers vous en s'excusant d'avoir dû vous laisser, en se plaignant d'être débordé, mais prêt à repartir au moindre appel.

Il se dévoue sans limites

Celui qui, dans un certain contexte, agit en «faux-altruiste», voit ce qu'il faut faire et il s'applique à faire de son mieux pour aider, être gentil, agréable, à l'écoute. Il a parfois le don de prendre les décisions adéquates dans les situations de crise ou d'urgence et en tous cas de se rendre disponible immédiatement. Dans ce contexte particulier, il se perçoit attentif à tout et à tous, à chaque instant, et s'étonne que les autres n'en soient pas plus conscients. Il est fier d'être celui dont on a besoin et qu'on appelle pour tout ou rien. Il se valorise de combler les lacunes et les oublis des autres. Il fait l'impossible pour faire aux autres ce qu'il pense être bon pour eux.

Marc est intervenant social et père de trois enfants. Même si les habitants de sa ville ignorent son nom et ce qu'il fait, nombreux sont ceux qui le connaissent de vue. En effet, les occasions sont nombreuses de rencontrer cet homme barbu, un peu voûté, pieds nus dans ses sandales. Il est membre dans plusieurs comités: de quartier, de parents d'élèves, de diffusion de produits bio, d'aide aux pays en voie de développement. Il soutient aussi le club de football et celui de tennis de table de ses enfants en assurant de nombreux déplacements.

Lorsqu'une de ses associations organise un souper ou une autre manifestation, il est toujours prêt à transporter le matériel et les vivres, à réserver les salles, à servir aux tables ou à tenir le bar. Il est toujours le premier pour nettoyer et ranger le lendemain. Et quand un voisin déménage, c'est à lui qu'il demande un coup de main... C'est normal, il a une grosse remorque et puis il est si gentil!

Il participe aux activités des autres organisations locales: il faut bien faire plaisir à ceux qui ont marqué de l'intérêt pour les associations dont il s'occupe! Son agenda est donc très chargé. Il est pris en moyenne cinq soirées par semaine. Il rentre souvent tard: c'est lui qui a les clés des bars et ce ne serait pas gentil de mettre les trois ou quatre dernières personnes dehors. Selon lui, elles risqueraient de se sentir rejetées. Le matin, de très bonne heure, il va travailler. Sa femme et ses enfants se plaignent qu'il n'est pas souvent là. Il leur répond qu'il ne peut pas faire autrement, que c'est «comme cela».

Il ne sait pas dire non

Dire non est un réel supplice pour celui qui, fragilisé par les circonstances présentes ou passées, s'est replié dans la position du «faux-altruiste». Il refuse donc très difficilement quelque chose et, en tout cas, jamais sans une bonne raison. Il préfère rendre service aux autres plutôt que de se faire plaisir. Lorsqu'il refuse quelque chose à quelqu'un, il se sent tellement moche qu'il se sent obligé de se justifier en l'accusant et en le culpabilisant. Parfois, quand il est à bout et qu'il n'en peut plus d'être toujours disponible et à la merci de tous, il se fâche contre celui qui a osé le mettre dans la situation de devoir dire non. Ce n'est en général qu'avec certains de ses proches qu'il ose ce dernier comportement.

> «Je suis complètement épuisé, j'ai dû aller jouer au ballon avec le gamin», dit Albert à sa femme, quand elle rentre. La mère s'empresse de demander à son fils d'arrêter d'ennuyer son papa et de comprendre qu'il est fatigué quand il revient de son travail. «Tu n'es jamais content, on n'en fait jamais assez pour toi, tu nous feras mourir avec toutes tes exigences!»
>
> L'enfant avait juste demandé : «Dis, papa, tu viens jouer avec moi au ballon?». Son père n'a pas su lui dire simplement : «Non, pas maintenant, je suis fatigué. Samedi, peut-être». Il joue au ballon de mauvaise grâce et le reproche ensuite à son fils qui, au lieu d'être simplement frustré devant un refus, se vit comme un mauvais petit garçon qui fait souffrir son papa. Il apprend à ne plus demander. Quand lui-même sera papa, il s'offusquera des demandes de ses enfants : s'ils l'aimaient, ils sauraient qu'il ne faut pas demander!

Si certaines personnes osent profiter de celui qui ne sait rien refuser en lui demandant parfois des choses très pénibles, ses proches, par contre, apprennent parfois à se contenter de ce qu'il leur donne. Par exemple, on observe souvent que les enfants de ceux qui occupent pratiquement tout le temps la position du «faux-altruiste» sont convaincus que c'est mal de demander. Ils apprennent à se débrouiller seul ou à manipuler leur entourage pour obtenir ce qu'ils désirent sans devoir en faire la demande claire. Ils deviennent souvent des adultes frustrés qui ont le sentiment d'avoir cruellement manqué de ce dont ils avaient besoin : tendresse, reconnaissance, attention.

Il devance vos désirs

Dans la position du «faux-altruiste», celui qui ressent en lui un impérieux besoin d'aider essaie avec plus ou moins de succès de devancer les désirs de ceux qui l'entourent. Il a le don de découvrir dans le non-verbal ou à demi-mots ce que les autres attendent de lui.

Lorsqu'un «faux-altruiste» a fait une bonne interprétation des signaux que nous lui avons inconsciemment transmis, c'est parfois assez impressionnant. Cela vous est-il déjà arrivé de voir vos désirs satisfaits avant même d'avoir dû les exprimer ? C'est terriblement envoûtant. Quelque part, on a envie que le charme se prolonge. Par contre, lorsque quelqu'un interprète mal nos messages verbaux ou autres, nous sommes parfois contraints d'accepter des « cadeaux » dont nous nous passerions volontiers.

Son moteur : un grand idéal !

Lorsqu'une personne est honteuse de ce qu'elle est, lorsqu'elle ne se sent pas à la hauteur de ses rêves et de ses ambitions, elle a tendance à reporter ses espoirs sur un idéal démesuré, sur le parent, le conjoint, le collègue, l'enfant... l'être idéal qu'elle sera le jour où elle sortira de la honte ainsi que sur le monde idéal dans lequel elle sera enfin libre de se réaliser pleinement.

Quand elle se sent trop petite et trop minable pour être aimée telle qu'elle est, elle s'impose de se changer, de s'améliorer. Pour prouver qu'elle est quelqu'un de bien et pour mériter d'être aimée, elle se plie en quatre pour les autres. Si grâce à elle des personnes sont heureuses et réussissent, ces personnes lui seront reconnaissantes d'avoir joué un rôle essentiel dans leur vie. Alors, enfin, elle aura mérité de se laisser aimer ! En agissant de la sorte, elle agit dans la position du « faux-altruiste » : elle aime l'autre parce qu'au fond, elle ne s'aime pas !

« Je ne vais plus pleurer, je ne vais plus parler, je me cacherai là, à te regarder danser et sourire et à t'écouter chanter et puis rire. Laisse-moi devenir l'ombre de ton ombre, l'ombre de ta main, l'ombre de ton chien. »
J. Brel, « Ne me quitte pas ».

Il est arrivé à chacun de nous, dans un domaine ou un autre de notre vie, de ne pas être très fiers de ce que nous sommes, par exemple, lorsque nous ne nous sentons pas à la hauteur de la personne dont nous sommes tombés amoureux. Dans ces situations, nous sommes tentés de dépasser sans cesse nos limites pour devenir quelqu'un d'autre : nous devenons l'esclave d'un idéal démesuré.

Lorsque le sentiment de honte est trop fort, pour y échapper, nous cherchons des justifications extérieures. Nous sommes convaincus que ce sont les autres, le progrès, la société qui sont responsables de nos manquements. Au lieu d'accepter d'être ce que nous sommes et de reconnaître nos limites, nous gardons l'illusion que si les choses étaient autrement, nous serions à la hauteur de la tâche que nous nous sommes fixée.

Pendant que nous nous efforçons d'agir sur le monde extérieur et sur les autres, nous nous coupons de nos besoins, de nos émotions et de notre propre vie intérieure. Nous nions notre malaise, nos limites. Trop occupé par notre besoin d'aider, d'être « gentil », d'éviter à tout prix les conflits, nous nions même parfois la réalité, par exemple le fait que notre conjoint nous trompe, que notre enfant se drogue ou que notre associé détourne de l'argent. En niant l'évidence, en nous racontant des histoires, nous évitons de ressentir la peur, la colère ou la tristesse inévitablement liées à ces faits. Nous évitons de prendre des décisions concrètes. Plus rien n'a d'importance que notre besoin d'être reconnus.

Des amours impossibles

« L'Etat-limite[Annexe] cherche à aimer un être imaginaire, ressemblant à son Idéal du Moi, et ressemblant en même temps à un être irréel mais choisi parce qu'il se trouvait justement éloigné et inaccessible. »
J. Bergeret, La dépression.

Nous savons que derrière les apparences, celui qui se trouve dans la position du «faux-altruiste» a peu d'estime pour lui-même. Il est soumis à un «Idéal du Moi» tyrannique. Il n'est jamais assez bien et il vit continuellement dans la peur de perdre l'autre et de ne plus être aimé. Il ne se sent pas aimable et il croit qu'il ne peut l'être qu'en s'efforçant d'être parfait. Il est convaincu que la moindre erreur de sa part est susceptible de provoquer son rejet. Et plus il veut bien faire, plus il est maladroit. On dit de lui qu'il est «trop gentil pour être honnête». Son dévouement met mal à l'aise. Il inspire plus de condescendance que d'admiration ou d'amour.

D'une certaine manière, il cherche celui ou celle qui donnera un sens à sa lutte parce que, pour lui ou elle, il aura envie de faire ce qu'il n'a pas la permission de faire pour lui-même. Il cherche l'être pour qui il créera un monde nouveau. A défaut de connaître ses propres rêves, il veut donner de la place et des formes à ceux des autres. Il s'attache souvent à une personne qui, en se réalisant et en s'épanouissant, lui permettra de se sentir une personne «comme il faut» et d'enfin pouvoir commencer à se réaliser et à vivre pour lui. C'est du moins l'espoir qui le fait vivre.

Lorsqu'une personne lui témoigne de l'attention, du respect, de l'amour, il la fuit. C'est normal. Il n'est fondamentalement pas d'accord avec quelqu'un qui l'aime puisque lui ne s'aime pas dans sa situation actuelle.

Il se lie donc généralement avec des personnes qui ne l'aiment pas. Par exemple, des personnes qui, comme lui, courent après l'idéal, cherchent l'être parfait qui les comblera. Des personnes qui attendent de lui qu'il se transforme, qu'il se moule à leurs désirs, qu'il devienne la personne dont eux rêvent.

Tenté de vivre par procuration

Confronté à son impuissance et au sentiment de ne pas être à la hauteur de son idéal, le « faux-altruiste » soulage aussi sa douleur en s'entourant de personnes en qui il voit un potentiel : un élève intelligent qui pourrait être le meilleur si ses parents ne buvaient pas, un conjoint qui serait le plus grand des artistes s'il se sentait aimé et reconnu. Ces personnes deviennent comme des écrans sur lesquels « le faux-altruiste » projette son rêve de toute puissance. Il espère ainsi vivre son rêve « par procuration ».

Il ne se trouve ni les qualités, ni les talents requis pour maîtriser les connaissances et les techniques qui semblent lui faire défaut. Par contre, il rencontre bon nombre de personnes qui lui paraissent exceptionnellement douées. Si elles n'ont rien réalisé jusque-là, c'est parce qu'elles n'ont pas eu de chance. C'est tout. La vie ne leur a pas souri. Il va donc les encourager, les soutenir, leur donner ce qu'ils n'ont pas eu jusque-là, se dévouer complètement à leurs réalisations... qui indirectement deviendront les siennes.

Comme Echo face à Narcisse

Dans les moments où nous ne savons plus très bien qui nous sommes et ce que nous voulons, nous risquons, comme Echo, de nous laisser éblouir par un Narcisse qui, tel un roi soleil, déambule devant nous en nous laissant entrevoir ses qualités et ses dons extraordinaires. Piqués au vif, nous voulons en savoir plus.

Devant l'apparent potentiel de certains, nous risquons de nous ressentir très petits. Celui qui se trouve dans une phase d'hésitation ou d'interrogation sur lui-même et sur le sens qu'il donne à ses actions et à sa vie est particulièrement vulnérable. Il trouve un nouveau sens à son existence en se mettant au service d'une personnalité qui lui paraît riche ! Il est ému par le manque d'amour et de chance qui ont conduit à un tel gaspillage de talents. Il veut réparer l'injustice de la vie qui, jusque-là, n'a pas été favorable àson protégé. Il ne voit pas pourquoi il continuerait à mettre autant d'efforts, de temps, d'énergie pour des réalisations qui sont toujours bien en dessous de ce que ces doués de la nature sont capables de faire.

A coté d'un tel soleil, il se sent beau, enfin valable et vivant. Il rayonne. Il écoute le récit des souffrances de Narcisse et il l'encourage à réaliser ses projets. Il accepte ses conditions, lui et son œuvre méritent le meilleur : le plus beau matériel, les plus beaux instruments ou outils, les meilleurs conditions de travail.

Le « faux-altruiste » se met à l'ouvrage pour lui offrir ce qu'il demande. Il trouve les finances, accepte un déménagement, aménage le lieu, achète ce que Narcisse dit avoir besoin.

« Mais comment font ces autres à qui tout réussit ?
Qu'on me dise mes fautes, mes chimères aussi.
Moi j'offrirais mon âme, mon cœur et tout mon temps
Mais j'ai beau tout donner, tout n'est pas suffisant. »
                                                J.J. Goldman, « S'il suffisait d'aimer ».

Narcisse a toujours une bonne raison de ne pas être satisfait. Par exemple, il ne peut se réaliser tant qu'il ne se sent pas réellement aimé tel qu'il est aujourd'hui, il ne supporte pas de n'être aimé que pour son potentiel, son devenir ! Ou il prétend qu'il ne peut accepter de tels dons, qu'il doit lui-même se prendre en charge... Bref, Narcisse retarde la concrétisation de ses projets. Il est très fier de continuer à raconter toutes les idées qu'il a eues et que d'autres ont réalisées, ou écrites. Il s'admire d'y avoir pensé. Faut-il vraiment qu'il s'abaisse à vivre comme le commun des mortels dans le monde concret alors qu'il est si génial dans celui des idées ?

Narcisse se laisse nourrir sans jamais se sentir suffisamment rassasié pour pouvoir s'investir dans un quelconque de ses nombreux projets. Lorsque le « faux-altruiste » croit avoir rempli toutes les conditions, il en trouve de nouvelles. Narcisse a le don de mettre l'accent sur ce qui pourrait être autrement.

Le « faux-altruiste » s'exécute et s'active, sans se rendre compte qu'il est en train de remplir un véritable « seau troué » et qu'il s'est donné la mission de réaliser l'irréalisable : l'idéal de Narcisse.

Lorsqu'il parvient à mettre Narcisse dans une de ses situations rêvées, ce dernier n'en jouit pas. Que du contraire, il se referme, se met à déprimer et à perdre son énergie et finit par reconstruire un nouveau rêve, le plus souvent tout à fait à l'opposé. Par exemple, s'il se retrouve dans une merveilleuse villa, il rêve d'une cabane au fond d'un bois. S'il se plaignait de ne jamais avoir connu une vie sexuelle épanouie, dès qu'il trouve une partenaire comme il rêvait, il perd tout désir et il veut s'engager dans une vie ascétique.

Matérialiser un idéal, c'est accepter les limites et les contraintes, c'est renoncer à être tout. Renoncer à être tout puissant et à tout vivre !

Jusque-là, Pierre a toujours été amoureux de filles qui ne l'aimaient pas et il n'a pas vu les filles qui l'aimaient. Il a quarante ans quand il rencontre Axelle. Lors d'une relation sexuelle « comme cela, pour voir », il parle de sommets atteints. Elle, de son côté, n'a jamais connu une telle harmonie de corps dans une relation. Sa vie est trop remplie. Elle accepte une rencontre de temps à autre, pas plus. Mais après un certain temps, de plus en plus amoureuse à son tour, elle se laisse convaincre de s'installer chez Pierre. Ils passent beaucoup de bons moments ensemble, ils ont beaucoup de goûts communs. Du point de vue d'Axelle, leur relation s'accommode très bien du quotidien puisqu'elle continue sans cesse de s'enrichir.

Pierre, par contre, semble de plus en plus fatigué. Pour la première fois de sa vie, son désir sexuel s'éteint. Il est de plus en plus distant et finit par partager ses doutes avec Axelle : est-elle bien la femme de sa vie ? Axelle n'en croit pas ses oreilles. Cela contredit tout ce qu'elle a vécu jusque-là, leur entente sur tous les plans, la richesse de leur vie affective et sexuelle lorsqu'ils se sont rencontrés. Elle veut raisonner Pierre. "C'est la fatigue." Elle lui conseille de voir un médecin ou un psy, pour comprendre pourquoi, alors que tout allait si bien, il perd la joie et le plaisir de vivre avec elle. Elle se dit que cela va passer, que ce n'est pas possible qu'il ait oublié l'enchantement de leur rencontre... Elle veut savoir ce qu'il attend de plus. Pierre ne sait pas lui répondre. Il est désolé, mais il ne ressent plus rien pour elle.

Axelle est partie. Pierre attend... la femme de sa vie !

Au début, c'était Pierre qui était le plus amoureux. Puis Axelle s'est éprise de lui. Mais c'est Pierre qui alors s'est mis à avoir des doutes sur ses émotions. Axelle, triste et déçue, n'a plus voulu le voir. A ce moment, Pierre se rend compte qu'il a fait une bêtise, que ce n'est pas cela qu'il voulait dire, qu'il aime Axelle comme un fou. Il la rappelle pour lui dire son amour. Axelle est réticente. Elle a peur que les doutes reviennent. Elle a eu trop mal. Elle garde une distance. Pierre fait tout ce qu'il peut pour faire oublier cet incident....

Axelle finit par revenir. C'est merveilleux... pendant quelques jours. S'ils continuent à résumer le problème par des «je t'aime, je ne t'aime pas...», on peut imaginer que dès qu'Axelle retrouvera la force de ses émotions, Pierre reprendra de la distance... Certains couples vivent des années durant au rythme des séparations et des réconciliations. Il leur est impossible d'être bien ensemble mais ils ne peuvent pas non plus vivre séparés.

Le «faux-altruiste», à force d'aimer des personnes qui ne sont pas capables d'aimer, renforce sa conviction de ne pas être «bon», «à la hauteur», digne d'amour et capable d'aimer. Comme Echo, il ne peut juste que répéter les paroles de celui qu'il aime. Il ne comprend pas comment une personne qui, à ses yeux, est pourvue d'autant de dons les gaspille à ce point. S'il avait, lui, le dixième de ces dons, il a l'impression qu'il serait capable de décrocher la lune.

Comme c'est difficile d'accepter son impuissance à sauver Narcisse de sa «mort»! Quelle souffrance d'être le témoin impuissant de ce gâchis. C'est une des épreuves les plus terribles pour celui qui désire aider, qui croit à la puissance de l'amour et qui ne vit que pour aimer.

Des relations de dépendances

Le «faux-altruiste» s'est créé un monde où luttent les bons et les mauvais, le bien et le mal. Il croit savoir mieux que les autres ce qui est bon pour eux et ce qu'ils devraient faire. Il travaille sans cesse sur lui-même pour devenir «la» personne idéale, celle dont ont rêvé ses parents, ses éducateurs, ses amis.

Alors qu'il veut à tout prix aider et donner, il se lie la plupart du temps avec des personnes qui, trop préoccupées par elles-mêmes, ne savent pas recevoir.

Dans ses relations affectives, celui qui est dans la position du «faux-altruiste» assure le rôle de «tuteur» face à un être dépendant. Ce dernier tient debout et continue à s'admirer et à rêver grâce à l'«amour» de celui qui lui épargne les conséquences négatives de ses actes irresponsables.

Le plaisir interdit : il s'acharne à donner aux autres ce qu'il n'a pas

« Le discours familial prône un idéal d'inaffectivité et condamne toute expérience imaginative. Le plaisir attaché à telle ou telle zone érogène est dénié, ignoré par la mère, une partie du corps parfois désavouée. »
A. Eiguer, La fêlure dans le miroir.

Une autre caractéristique fréquente dans la position du «faux-altruiste», c'est de ne pas pouvoir avoir du plaisir et surtout, de ne pas avoir la permission de le montrer. La personne qui reste trop longtemps dans cette position finit par devenir totalement inconsciente de ce qui lui plaît.

« Une analyse de son monde intime nous ferait découvrir sa difficulté à être heureux. Pour lui, tout plaisir est coupable. Il n'ose jouir de la vie que par personne interposée. Il aime les autres, car il ne s'aime pas lui-même. Et dès qu'il aime, il donne. Il donne son temps, ses efforts et son argent. Il couvre les autres de cadeaux car il fait de son objet d'attachement un délégué jouisseur. Ses enfants, sa famille ou le monde souffrant constituent pour lui de parfaits délégués jouisseurs. Il dit : "Seul le plaisir des autres compte. Le mien n'a pas de valeur. Souvent, mon plaisir m'angoisse et me culpabilise". »
B. Cyrulnik, Sous le signe du lien.

Cette difficulté à jouir de la vie se marque très concrètement dans les comportements quotidiens du «faux-altruiste». Par exemple, il se plaint en insistant sur le mauvais côté de sa situation. «J'aimerais passer plus de soirées avec vous, mais je dois partir pour le boulot, je suis obligé.» «J'aimerais jouer avec vous, mais c'est impossible, quelqu'un m'attend.» Il ne dit jamais : «Je suis content de travailler et si je n'avais pas ce travail, de toutes façons, je ne jouerais pas avec vous, parce que je n'aime vraiment pas jouer», ou «Ce que je fais pour le moment au bureau me passionne, c'est pourquoi je rentre si tard». De la même manière, au bureau, il prend l'excuse du conjoint et des enfants pour ne pas sortir avec ses collègues. Il dit : «Il faut que je rentre, ma femme travaille et c'est moi qui dois reprendre les enfants» plutôt que «Je n'ai pas envie de sortir aujourd'hui, je suis pressé de rentrer, je me réjouis de revoir mes enfants». Il vit au rythme des «Il faut», «Je dois» et non des «Je veux», «Je désire» qu'il n'a pas la permission intérieure d'exprimer et dont il est d'ailleurs le plus souvent inconscient.

«(...) on exige toujours davantage de l'enfant : "Fais encore mieux et — demain — tu auras ta récompense, tu mériteras notre amour". C'est la dialectique du désir sans cesse activé, avec en même temps le plaisir toujours interdit.»

J. Bergeret, La dépression.

Celui qui est dans la position du «faux-altruiste» souffre parfois de voir les autres s'amuser, profiter de la vie, se laisser aller, alors qu'il y a tant à faire pour sauver la terre et l'humanité. La puissance de la révolte qui gronde en lui est impressionnante et il l'exprime dans différents mouvements. Elle semble être sans fond, inépuisable et elle engendre une énergie peu commune qui parfois émerveille, mais le plus souvent épuise tous ceux qui ne la ressentent pas.

Jean lutte dans divers mouvements écologiques et pour la paix. Les autres ne tarissent pas d'éloge à son sujet : «C'est une personne extraordinaire! Il a une telle énergie, un tel charisme, il n'arrête jamais! Quel détachement! Quelle générosité!». Lui se sent souvent seul et découragé, même s'il ne le montre pas. Il dit à son médecin : «Les gens ne comprennent pas qu'il est urgent d'agir et que, si l'on ne fait rien, on court à la catastrophe. Partout, les choses vont mal, les réserves s'épuisent, des conflits naissent... les catastrophes sont imminentes. Les choses seraient si simples si seulement chacun y mettait du sien, si l'homme était moins égoïste, moins centré sur lui-même, sur sa sécurité, sur les plaisirs et le luxe...! Mais voilà, les gens ne sont pas conscients de la situation. Je ne sais pas comment leur montrer l'importance des enjeux pour qu'ils s'engagent. Je suis fatigué, il faut que vous me donniez un fortifiant pour que je puisse continuer ma mission.»

Eric n'allait pas bien. De thérapeutes en thérapeutes, il s'est découvert et a fait certains aménagements dans sa vie. Il rêve de se libérer en s'exprimant dans l'art. Il se voit peindre toutes ses émotions et il sent combien cela lui ferait du bien, mais il ne sait pas s'y mettre. Il ne se sent pas libre parce qu'il estime qu'il doit d'abord trouver un travail et gagner sa vie. Il se lance dans l'art-thérapie. Il espère donner aux autres ce qu'il n'a pas encore la permission de se donner à lui-même. Il essaye de libérer chez les autres ce qui ne l'est pas encore chez lui.

Christophe suit une formation en sophrologie. Pendant les exercices, il pense aux personnes à qui il fera faire cet exercice et à la façon dont il s'y prendra. En fait, jamais il n'a fait le vide ni n'a connu les bienfaits de la détente dans cette formation puisque, dès qu'il perçoit le moindre point positif, tout excité de joie, il s'en détache en pensant à ce qu'il donnera à ses clients potentiels.

Une victime

Celui qui est dans la position du « faux-altruiste » choisit parfois de se plaindre ou de se diminuer pour contrôler les autres et les forcer à rester près de lui. Il accapare l'attention : « Je n'ai pas de temps pour moi, je n'arrête jamais ». Il obtient de manière détournée ce qu'il n'ose pas demander directement : « Je ne sais pas cuisiner, tu le fais tellement mieux que moi ».

Des mots, toujours des mots... Des mots vides !

Un vécu traumatisant ou une blessure narcissique trop profonde nous laissent sans mots. Certaines souffrances sidèrent. Elles sont inexprimables. Il est impossible de leur donner un sens personnel. Les mots et les phrases qui tentent de les interpréter restent « vides », « déconnectés » des émotions.

Celui qui est blessé narcissiquement n'a pas trouvé en lui les mots pour exprimer ce qu'il a vécu. Il a assimilé ceux des autres, ceux de ses parents, de ses professeurs, de ses amis, des speakers... Ce sont les mots de ses proches qui lui ont appris l'existence des émotions dont il s'est coupé : la rage de manquer de liberté, la tristesse de perdre un être cher, la joie d'aimer et d'être aimé...

Puisque les mots sont détachés de son expérience, le blessé narcissique les prononce et les entend sans se rendre compte du pouvoir qu'ils ont de faire mal.

Quand il utilise froidement des mots qui, pour lui, sont « vides », il ne se doute pas de leur impact sur ceux qui ont gardé toute leur sensibilité, parce qu'ils n'ont pas été obligés, comme lui, de se couper de leurs émotions.

De la même manière, il reçoit parfois des insultes ou des phrases blessantes sans être capable de savoir ce que cela lui fait. Il écoute sans broncher des paroles violentes, douloureuses, inacceptables qui feraient mal à quelqu'un d'autre. Devant son silence, ses interlocuteurs en rajoutent en attendant une réaction, mais, à leur grand étonnement, ces « méchancetés » semblent ne lui faire aucun effet.

A défaut de pouvoir agir, penser et vivre sur la base de leurs propres motivations et expériences, puisqu'elles ont été trop douloureuses, les blessés narcissiques font des mots leur principal moteur. Pour sortir de la honte de ne pas être comme il le devrait et pour rendre la réalité moins blessante et moins humiliante, celui qui est dans la position du « faux-altruiste » se jette corps et âme dans l'action. Mais au lieu d'agir en fonction de ce qu'il sent et de son propre vécu, il agit à partir des avis des autres, de modèles ou de belles théories.

Certains s'emballent pour de grandes causes : l'accueil des immigrés, l'entraide internationale, la lutte contre la dissection des animaux... D'autres se cramponnent aux systèmes de croyances de leur enfance ou à de nouvelles idées qu'ils propagent. D'autres vont même jusqu'à se faire les défenseurs des idées de ceux qui les ont pris en otage... Tous, ils s'accrochent à la vérité qu'ils se sont construite pour se protéger de leur souffrance et ils s'opposent avec acharnement à ceux qui la remettraient en question. Ils ne perçoivent, ne voient et n'entendent que ce qui les confortent dans leur interprétation de leur réalité.

Geneviève a subi pendant des années les discours dévalorisants et humiliants de son mari. Il l'accuse sans cesse et lui en veut pour des bagatelles dont il fait une montagne. Elle est isolée de tout et rencontre peu de monde. Un jour, sa sœur, de retour au pays, lui demande de l'héberger quelques jours. Elle n'en revient pas de ce qu'elle voit et entend et elle affirme à Geneviève que ce n'est pas normal, que son mari n'a pas le droit de lui parler de la sorte.

Après le départ de sa sœur, Geneviève se retrouve seule et continue à entendre les méchancetés qui lui passent au-dessus de la tête. Il faudra encore attendre deux ans avant qu'épuisée et au bout du rouleau, elle finisse par en parler à son médecin d'abord, puis à sa nouvelle voisine et qu'elle finisse par accepter l'idée que quelque chose ne va pas.

Depuis ce moment là, tout à coup, elle est devenue intarissable. Elle a besoin de raconter tout ce qu'elle subit dans les moindres détails. Elle essaie tant bien que mal de suivre les conseils qu'elle reçoit. Elle sort, elle s'est inscrite à un cours de bricolage. Elle se répète devant la glace qu'elle est une personne aimable et d'ailleurs qu'elle s'aime.

Malgré tout, dans sa sidération, elle reste incapable de se faire une opinion personnelle et de ressentir la plupart de ses émotions. Elle ne fait que répéter des mots et mettre en actes des émotions que d'autres ressentent quand ils entendent son histoire. Elle attend des autres qu'ils lui disent si oui ou non telle parole ou tel acte est acceptable, normal. Elle, elle ne le sait pas. Elle ne le sent pas. Elle trouve dans leurs réactions l'information dont elle a besoin pour agir ou réagir, puisqu'elle ne la trouve pas à l'intérieur d'elle.

Comme l'aveugle qui parcourt le monde et le découvre avec sa canne, c'est l'expérience, la parole et la vie des autres qui ouvrent la porte de ses connaissances et qui, peut-être un jour, ouvrira celle de ses émotions.

Quand la coupe déborde...

Si celui qui est dans la position du «faux-altruiste» accepte de se mettre temporairement entre parenthèse, c'est parce que, au fond de lui, plus ou moins inconsciemment, il espère qu'une fois qu'ils seront bien dans leur peau, les autres accepteront de jouer le rôle qu'il leur a secrètement réservé. Dans son scénario, le «faux-altruiste» reçoit en retour ce qu'il a donné : il est soutenu, secondé, peut-être même cajolé et pris en charge à son tour. Il est en tout cas au moins reconnu, remercié, valorisé.

Au moment même où son but semble atteint et lorsque ses proches sont heureux de se laisser cajoler, le « faux-altruiste » ne ressent pas le plaisir qu'il espérait de se sentir indispensable et capable de changer le cours des choses. Au contraire, il se sent seul, abusé, exploité, la dépression prend petit à petit le dessus. Il exprime maladroitement les émotions qui le submergent.

Au lieu d'affirmer ses attentes et ses besoins, il reproche aux autres de profiter de ce qu'il leur a donné. Sa colère est parfois impressionnante. Elle désarçonne et glace l'entourage, qui ne comprend pas ce qui se passe. Lui qui est si « gentil » d'habitude se met à hurler, crier, accuser et culpabiliser. Il claque même les portes et se défoule sur tout ce qu'il trouve sur son passage !

Il se calme aussi vite qu'il n'est monté. Honteux de ce qui vient de se passer, il regrette, s'excuse, implore le pardon de ceux qu'il vient de blesser. Il va parfois jusqu'à s'effondrer dans une crise de larmes. Il ne sait pas très bien ce qui lui arrive, comment il se retrouve dans cet état. Il s'en veut de perdre les pédales et d'exploser. Il promet que cela n'arrivera plus.

Désireux de faire oublier ce qui vient de se passer et de retrouver la confiance et la sympathie des autres, il se remet à en faire trop... jusqu'à son prochain ras-le-bol !

Claude s'est de nouveau emporté. Il sait qu'il a trop pris sur lui, qu'il aurait dû être plus clair avec son fils. Le calme de sa femme le remet face à lui-même. Il est gêné. « Cela va aller, je me suis emporté, excuse-moi, je suis un peu fatigué, voilà tout ! Oublie ce qui s'est passé, si j'ai besoin de quelque chose, je te le demanderai. » Claude ignore qu'il est en train de promettre l'impossible, car il éprouve autant de difficultés à demander qu'à dire non.

En général, il préfère tout prendre en charge lui-même. En fait, dans sa gêne présente, il ne souhaite qu'une chose : que tout se remette en ordre et que ce qui vient de se passer soit oublié. Il promet n'importe quoi et s'acharne à réparer, mettant tout en place pour que tous se sentent bien et retournent à leur place et à leurs occupations sans s'occuper de lui. Il veut à tout prix calmer le conflit, et il y parvient. Chacun apaisé se remet à ses occupations ou dans son fauteuil en se promettant de faire attention la prochaine fois, par exemple, de ne pas laisser traîner son sac ou les outils, de ramasser ce qu'il a renversé, de répondre au téléphone comme papa le demande...

Mais gêné devant leur bonne volonté qui lui rappelle qu'il s'est fâché, Claude les rassure : « Ne t'occupe de rien, repose-toi, je vais le faire », dit-il à sa femme ; « Ce n'est pas grave, laisse ton sac là, je vois bien que tu as envie d'aller jouer », dit-il à son fils, alors que la veille, ce comportement avait déchaîné chez lui la colère dont il est si honteux aujourd'hui. Son fils et sa femme se laissent de nouveau aller. Il a l'air si heureux dans ce qu'il fait, si content de faire plaisir ! De nouvelles habitudes s'installent, une autre colère menace de s'exprimer une fois de plus autour du refrain : « Après tout ce que j'ai fait pour toi ».

... L'entourage se protège !

Face à un « faux-altruiste », il est difficile de savoir comment faire pour bien faire. En effet, il se contredit sans cesse. Quand il est fâché, il reproche des attitudes qu'en d'autres temps il permet et encourage. Il s'obstine à affirmer son désintéressement. Lorsqu'on lui propose quelque chose en retour de ses services, il s'offusque : « Non, je n'ai besoin de rien, ne vous occupez pas de moi, je ne demande rien d'autre que de vous voir heureux ! ». Mais dans ses crises de colère, il continue à.

Les proches d'un « faux-altruiste » se défendent comme ils peuvent. Certains n'essaient même plus de comprendre. Ils savent que celui qui vient d'exploser se calmera rapidement et se remettra aussitôt à rendre service. Ils se contentent de se boucher les oreilles et d'attendre ! Inutile de dire que c'est très exaspérant pour le « faux-altruiste ».

D'autres ne supportent pas les reproches qui leur sont fait. Ils réagissent alors vivement : « Comment, mais tu ne nous a rien demandé, et en plus, j'ai proposé d'aider à la vaisselle et tu m'as dit non ! J'ai voulu conduire les enfants à l'école, tu as dis que tu le ferais. Je l'aurais fais le courrier, mais quand j'ai voulu le faire, toi tu l'avais déjà fait... ». De telles paroles le prennent de plein fouet. Ainsi, on ne reconnaît même pas ce qu'il a fait ! La colère l'envahit de plus belle. L'incompréhension aussi. Comment est-ce possible qu'on lui réponde de la sorte ! C'est le début d'un véritable dialogue de sourd.

A coté de ces « insolents », d'autres, par contre, se font petits et essaient « d'être comme ils devraient être ». Comme au moins en apparence, ils se soumettent, « le faux-altruiste » se sent dans son bon droit et crie de plus en plus régulièrement et de plus en plus fort. Il inspire ainsi un certain respect qu'il croit parfois être une reconnaissance de sa gentillesse et de sa générosité, mais qui, en fait, n'est que le résultat de ses crises répétées.

Il y a aussi ceux qui choisissent de s'éloigner quand ils sentent venir la crise : « Attention, il va se fâcher ». Le « faux-altruiste » se rend alors compte avec horreur que son conjoint, ses enfants, ses employés, ses élèves, ses collègues ont peur de lui et qu'ils prennent leur distance, qu'ils le regardent sur le côté en attendant la prochaine crise, qu'ils essaient juste de faire ce qu'il faut. Ils ne font de son point de vue manifestement rien pour améliorer la situation. Que du contraire ! Il sent que tout ce petit manège, à lui seul, le met hors de ses gonds. Ce n'est vraiment pas à cela qu'il voulait arriver. Il a terriblement besoin de la reconnaissance des autres et il ne supporte pas qu'on le craigne et qu'on l'évite. Il se sent enfermé dans un rôle qui n'est pas celui qu'il veut jouer... Il souffre de plus en plus.

Quelle que soit les attitudes qu'ils choisissent, ses proches finissent toujours par en avoir assez. Ils menacent de le quitter ou de le rejeter si cela continue de la sorte. Ils ne se laissent plus apitoyés par ses scènes de pardon. Ils exigent une vraie prise de conscience et un changement radical de sa part.

Anne, institutrice, a pris conscience que quelque chose n'allait pas quand elle s'est mise à frapper sa fille, sans plus savoir se contrôler. Anne a toujours été opposée aux châtiments corporels. Elle n'aurait jamais cru que cela puisse lui arriver à elle. Comme elle ne supporte pas l'idée de se mettre dans de tels états, elle cherche de l'aide dans des livres de psychologie. Suite à la lecture de «La connaissance interdite» d'A. Miller, elle cherche en elle les causes de son comportement. Elle refuse de continuer à remettre toute la responsabilité sur le dos de son enfant qu'elle a considéré jusque-là «pas comme il faut». Ainsi éclairée, elle découvre comment ce qu'elle vit aujourd'hui remet en scène les souffrances qu'elle a vécues dans sa propre enfance.

Premières prises de conscience

«*Se sentir malheureux, coupable, expier dans les remords et les pleurs, se faire absoudre dans le pardon final, tout cela démontre très clairement que c'est un sentiment inconscient de ne pas être aimé, de ne rien valoir, qui met en route ce processus familier de dispute.*»

D.J. Arnoux, Mélanie Klein.

Devant le danger imminent de se retrouver seul, certains «faux-altruistes» ont le courage d'arrêter de mettre toute la responsabilité de ce qui leur arrive sur les autres ou sur les circonstances extérieures. Ils reconnaissent qu'ils veulent aimer et qu'ils souhaitent rendre les autres heureux mais que, concrètement, c'est plutôt les tyranniser et les faire souffrir qu'ils font. Ils souffrent terriblement de cette révélation. Pour s'en sortir, ils doivent reconnaître leur besoin d'être aidés ! Signalons en passant qu'il faut un très grand courage pour renoncer à accuser les circonstances et les autres et s'interroger sur son besoin d'aider. Ceux qui n'ont pas ce courage recommencent sans cesse les mêmes scénarios ailleurs, avec d'autres.

Dans un premier temps, lorsque le «faux-altruiste» devient conscient de sa responsabilité dans ce qu'il vit, sa situation se détériore parfois encore plus. Il se rend compte que les comportements dont il était le plus fier ne sont en fait que des anti-dépresseurs et des anti-douleurs. Son image, déjà très fragile, en prend donc un terrible coup. Cette démarche n'est possible que s'il est bien accompagné ou s'il participe à un groupe de soutien. Il peut alors retrouver de l'estime pour lui-même dans le courage qu'il a de se remettre en question, de prendre conscience des blessures refoulées et d'assumer ses responsabilités.

COMMENT SE MET-ON DANS LA POSITION DU « FAUX-ALTRUISTE » ?

L'expérience montre que comprendre pourquoi les choses sont ce qu'elles sont ne suffit pas pour obtenir un changement radical. Toutefois, je suis convaincue que la compréhension soutient la volonté de ceux qui décident de changer. Savoir pourquoi nous nous comportons de telle ou de telle manière dans la position du « faux-altruiste » nous invite à changer notre regard sur nous-mêmes et sur les autres. Ce simple changement de regard provoque un changement d'attitude qui nous permet d'oser expérimenter, en toute connaissance de cause, d'autres modes de relation que ceux que nous sommes en train de vivre.

Grégory perd ses moyens devant son collègue André. Alors qu'il défend habituellement très bien son point de vue en face de n'importe qui, devant André, il perd totalement confiance en lui, il bégaie, et il se reprend sans cesse. Il finit toujours par se soumettre à son avis. De son coté, André est mal à l'aise. Ce comportement soumis l'énerve.

En cherchant à comprendre, Grégory découvre qu'André fronce ses sourcils et se caresse la moustache exactement de la même manière que son père quand il rentrait ivre du café et qu'un rien le poussait à battre sa femme et ses enfants. Devant André, Grégory se retrouve dans la position du petit garçon qui pèse chaque mot et chaque geste parce qu'il sait que chacun d'eux peut avoir de lourdes conséquences.

Conscient de cela, Grégory rencontre André autrement. Il se raisonne. Sachant que ce qu'il ressent n'a rien à voir avec André, il s'efforce de découvrir chez André d'autres expressions et d'autres attitudes. Il se détend et son attitude change. André se sent automatiquement mieux en présence de Grégory. Il a donc moins souvent son air soucieux. Petit à petit, Grégory voit André tel qu'il est : un homme très différent de son père.

Les blessures narcissiques

Une blessure narcissique survient lorsque, suite à un traumatisme ou à un long séjour dans une ambiance trop toxique, le « pare-excitation » ne joue pas son rôle de protection.

Le pare-excitation est une sorte de membrane, d'enveloppe protectrice qui sépare la source pulsionnelle de l'appareillage du moi. Cette membrane nous protège de ce qui pourrait nous blesser et nous traumatiser. Lorsqu'elle ne joue pas son rôle, la réalité prend une place telle qu'à un moment donné, le blessé narcissique se coupe de ses perceptions, de ses sensations et de ses émotions. Complètement dépendant de l'extérieur et totalement déresponsabilisé, sidéré, il se sent incapable de faire quoi que ce soit pour changer le cours des choses.

Ne pas être suffisamment bon pour être aimé

A l'origine de la manière d'être «faux-altruiste», il y a une ou plusieurs blessures narcissiques, plus ou moins profondes et précoces, dues à un ou plusieurs traumatismes ou à un séjour trop long dans un milieu affectif toxique. Tous, nous avons été blessés plus ou moins grièvement dans notre narcissisme. Dans certaines conditions, chaque blessure peut un jour se rouvrir et nous faire régresser dans une position que nous avions peut-être quittée.

Dès les premiers contacts de la mère et de l'enfant, sans qu'on ne sache toujours bien distinguer lequel des deux en est responsable, il arrive que la relation devienne malsaine.

« Il y a aussi des parents très aimants et un enfant incapable de percevoir et de traiter ces informations affectives. »
Cyrulnik, De la parole comme d'une molécule.

Si, par exemple, suite à une immaturité biologique, l'enfant ne sait pas soutenir le regard de sa mère, celle-ci ne se sent pas reconnue par lui et elle se vit comme une «mauvaise mère». Elle a alors du mal à sentir les besoins de son enfant et l'enfant vit sa mère comme étant principalement frustrante et mauvaise. Par la suite, certaines attitudes de sa mère et d'autres membres de sa famille vis-à-vis de lui renforcent cette première impression et continuent à blesser l'enfant dans son narcissisme, malgré le désir de bien faire des parents.

« Un enfant gravement traumatisé à la naissance ou isolé en couveuse et privé de contacts humains peut développer très tôt des symptômes qui lui rendent encore plus difficile d'obtenir l'amour de ses parents. »
A. Miller, La connaissance interdite.

Ne pas pouvoir se sentir «comme il faut» et ne pas se sentir aimé et respecté pour soi-même est une expérience particulièrement blessante. Quelle souffrance que d'être confronté au fait de ne pas parvenir à faire plaisir à l'autre! Quand, face à un autre, nous nous sentons nuls, quand nous avons l'impression que c'est à cause de ce que nous sommes fondamentalement que les choses sont aussi frustrantes, nous risquons de sombrer dans la dépression.

C'est d'ailleurs cette même impression que le pervers parvient à provoquer chez sa victime et qui est à la base du harcèlement moral. La conviction d'avoir en soi quelque chose qui ne va pas et ne pas avoir le pouvoir de le changer réveille un sentiment d'impuissance, rend pessimiste et déprime. Lorsqu'une personne se plaint de harcèlement moral, il est parfois difficile de faire la part des choses et de savoir si le sentiment qu'elle vit résulte d'une situation objectivement pénible ou si c'est une manière personnelle d'appréhender la réalité, c'est-à-dire une attitude que la personne a depuis sa plus tendre enfance de se sentir impuissante en toutes circonstances.

« L'optimiste considère qu'un échec est toujours dû à quelque chose qui peut être modifié de sorte à réussir le coup suivant, tandis que les pessimistes se reprochent leur échec et l'attribuent à un trait de caractère non modifiable. »
D. Goleman, L'intelligence émotionnelle.

En effet, l'enfant qui s'est vécu comme quelqu'un « pas comme il faut » garde au fond de lui la conviction que quelque chose ne va pas dans pratiquement toutes ses relations. Il interprète les gestes et les paroles de l'autre dans ce sens. Il traduit une simple remarque, une demande de compromis, une demande claire, comme des reproches de ce qu'il est lui.

« Elle m'apprit qu'elle était la fille préférée de ses parents, qu'elle avait vécu douloureusement cette situation par rapport au reste de la fratrie, et qu'avoir une place signifiait à ses yeux voler la place des autres. »
Mony Elkaïm, Si tu m'aimes, ne m'aimes pas.

Les enfants blessés dans leur narcissisme sont en manque d'amour et d'affection. Ce manque n'est pas mesurable. Il est surtout subjectif. Le manque ressenti par un enfant pourrait très bien ne pas être ressenti comme tel par un autre. C'est entre autre ce qui explique que certains sont « traumatisés » dans des milieux qui paraissent sains alors que d'autres s'épanouissent relativement bien dans des milieux objectivement très toxiques.

« Elle se décrivit à l'âge de cinq ans, devant la porte du bureau de son père ; il était endormi dans son fauteuil, face à sa table de travail, entouré d'armoires en bois chargées de livres reliés en cuir jaune doré, couleur d'ambre. Elle aurait aimé lui parler, mais n'osait pas le réveiller — elle était là, et c'était comme si elle n'était pas là (...). »
Mony Elkaïm, Si tu m'aimes, ne m'aimes pas.

Pour obtenir ce dont ils ont besoin, certains enfants blessés dans leur narcissisme s'efforcent de créer les conditions qui permettront à leurs parents de les aimer. Toujours attentifs aux moindres signes de mécontentement, ils jouent souvent le rôle de thérapeute. Ils se chargent de « guérir » leurs parents, ce qui les confronte bien évidemment encore un peu plus à leur impuissance, puisqu'ils n'ont pas les moyens de rendre leurs parents heureux ni ceux d'éviter les situations familiales pénibles... Ils sont donc de plus en plus blessés.

---

[2] Voir définition en annexe.

Etre encouragé et valorisé uniquement dans la maladie ou le malheur

Les parents qui n'encouragent que les comportements et les attitudes morbides de l'enfant, qui ne s'occupent de lui que lorsqu'il est malade, par exemple, et l'ignorent totalement lorsqu'il se sent bien et fier de lui, blessent également leur enfant dans son potentiel de plaisir et de joie de vivre.

Pour être remarqué, aimé, encouragé, l'enfant choisi d'être malade, faible, difficile. Pour pouvoir mieux communiquer avec ses parents, il développe un côté plaintif et il met l'accent sur ce qui ne va pas. Il voit toujours «la bouteille à moitié vide». Comme ses parents, il regarde le monde et les autres avec des lunettes noircissantes et met toujours le doigt sur ce qui pourrait aller mieux, sur ce qui devrait être autrement.

Subir les conflits des parents

La mésentente des parents est toujours difficile à intégrer. En effet, l'enfant s'identifie partiellement aux deux. Il intègre donc ces conflits à l'intérieur de lui. De plus, quand les disputes avec leur lot de violence tombent de façon tout à fait inattendue et imprévisible, l'enfant n'a aucun pouvoir pour influencer le cours des choses. Il ne peut que subir, avec un terrible sentiment d'impuissance et de nullité.

Anne a dix ans. Lorsque son père a bu et que ses parents se disputent, elle a peur, elle surveille. Elle sent au fond d'elle que cela pourrait tourner au drame. Elle est consciente qu'à certains moments, ils voient rouge tous les deux, qu'ils pourraient se faire très mal, se tuer peut-être même. Elle a d'ailleurs raison. Ce sont des choses qui arrivent ailleurs, et la violence qui règne chez elle pourrait effectivement tourner au drame. Elle ne sait pas rester dans sa chambre, cachée sous les coussins, comme ses sœurs le font. Elle est certaine qu'elle doit faire quelque chose pour empêcher le pire. Elle a essayé de se mettre entre eux mais s'est retrouvée en bas des escaliers. Ils ne l'avaient pas vue. Une autre fois, elle est allée à pieds nus jusqu'au poste de police. Cela n'a pas servi à grand chose. Alors, elle a fini par se contenter de regarder, en sachant que le pire pourrait arriver, mais qu'elle ne pourrait probablement rien faire pour l'empêcher. Elle se sent inutile, sans importance, inexistante...

Lorsque ses parents expriment habituellement des émotions trop contradictoires, l'enfant ne peut s'identifier à la fois aux deux. Dès qu'il s'identifie à l'un, il doit rejeter l'autre et inversement, puisque ses parents sont irréconciliables. Devenu adulte, il reste divisé et reproduit intérieurement les conflits parentaux. Une partie de lui-même, héritée d'un de ses parents, rejette une autre partie de lui-même, héritée de l'autre parent.

Eric se souvient que son père aimait jouer avec eux, construire une tente, faire des poursuites de gendarmes et de voleurs, se rouler dans la pelouse et se mesurer physiquement. Son père avait une imagination débordante et ses mises en scènes étaient géniales. Mais son père buvait aussi. Il ne ramenait pas d'argent à la maison. Il ne participait pas aux tâches ménagères. Sa mère râlait souvent sur lui parce qu'il était comme un enfant et qu'il ne savait rien faire d'autre que de jouer. Lorsqu'il faisait une crise de boisson, il frappait sa femme. Les disputes étaient violentes.

La maman d'Eric est partie avec ses enfants lorsque celui-ci avait huit ans. Sérieuse, très attentive aux dires des gens, froide, elle détestait le désordre et les jeux. Elle tenait bien son ménage, cuisinait bien... mais ne touchait jamais ses enfants, ni ne jouait avec eux.

Eric a 34 ans. Il vient de quitter sa femme alcoolique. Il a la garde de ses deux enfants de huit et six ans. Il est toujours anormalement fatigué. Lorsqu'il joue avec ses enfants, il est angoissé. Cela ne dure pas longtemps. Il a d'autres choses à faire, de plus important. Il veut être un père responsable. Quand il assume les tâches quotidiennes, c'est également lourd. Il ne sait pas le faire de manière détendue. Il devient froid et distant et ses enfants n'osent l'approcher. Ce n'est que dans les jeux que ses enfants peuvent le toucher, le taquiner, rire avec lui... pas lors des bains, ni dans la cuisine. Et il se laisse aller aux jeux de plus en plus rarement. Il voudrait pourtant jouer avec eux aux gendarmes et aux voleurs, comme lorsqu'il était enfant, mais il n'y parvient pas.

En fait, Eric adopte l'attitude que sa mère avait envers lui et rejette donc celle de son père, comme sa mère l'a toujours rejetée. Il ne peut à la fois être comique, enthousiaste et responsable des bains et des repas.

Avoir des parents imprévisibles

Une ambiance affective peut aussi être très toxique pour l'enfant lorsque les deux parents, ou un des deux, sont eux-mêmes imprévisibles dans leurs réactions. Des parents trop narcissiques ne s'intéressent pas à leur enfant en tant que personne réelle et distincte. Leur enfant n'est que leur extension et leur prolongement. Sous une telle emprise, l'enfant ne peut donc pas se développer comme un individu à part entière. Il a du mal de savoir qui il est réellement.

« Elle était en pleurs, et sa mère faisait comme si de rien n'était. Commentant cet épisode, elle déclara devant moi : "C'était comme si rien ne s'était passé. Pour maman, l'image qu'elle donnait aux gens était plus importante que ce que je vivais. Elle ne me voyait pas, c'était comme si je n'étais pas là". »

Mony Elkaïm, Si tu m'aimes, ne m'aime pas.

Lorsque ses parents montrent différents visages, selon les circonstances, leurs humeurs... l'enfant s'identifie une fois à l'un, puis à l'autre de ces visages, sans pouvoir les intégrer tous dans un même temps. Lorsqu'il se sent trop délaissé et trop peu important aux yeux de ses parents, il s'identifie parfois aux malades, aux marginaux, mais aussi aux animaux, aux plantes ou à tout autre être ou objet auquel un de ses parents accorde prioritairement l'attention. Il ne se perçoit pas toujours pleinement comme un être humain à part entière ni comme une personne qui a le droit de vivre et d'être heureuse.

« (...) la mère curieusement ne supporte pas l'éloignement de l'enfant, parce qu'elle-même est une borderline[2] prédisposée à la dépression si elle se sent abandonnée par son enfant. Dans un tel milieu, l'enfant ressent une angoisse d'abandon et cherche à la détourner en restant près de sa mère, renonçant ainsi à son individualité et sa maîtrise de soi. »
M. Stone, Narcissisme et états-limites.

Un amour blessant

Certaines relations intimes extra-familiales sont également dangereuses pour notre narcissisme, notamment lorsque la communication n'est pas claire et lorsqu'il nous est difficile, voire impossible, d'affirmer qui nous sommes, ce que nous désirons, ce que nous refusons. Nous nous blessons lorsque nous nous sentons poussés à dépasser nos limites, à nous déshumaniser ou lorsque, comme Echo, amoureux d'un Narcisse, nous sommes condamnés à répéter ses mots.

Dès que nous acceptons de nous laisser transformer par les idéaux et les projets d'un autre, dès que nous mettons tous nos espoirs dans ce que cet autre nous apporte et représente pour nous, nous ne pouvons qu'être terriblement blessés si la personne tant admirée nous déçoit, qu'il s'agisse d'un professeur, d'un entraîneur, d'un ami...

Dans le même cadre d'idées, tomber amoureux de quelqu'un qui ne nous aime pas, mettre fin à une relation amoureuse ou renoncer à quelqu'un qu'on aime toujours sont des expériences particulièrement douloureuses.

« Alors, tout désir l'abandonne, et le moi (...) est repoussé dans l'univers des apparences. Rien n'a plus de valeur, rien n'a plus de sens. Pour agir, il ne peut que copier les gestes des autres, les gestes quotidiens tels qu'il les voit, répéter ce qu'il sait, faire preuve de sentiments qu'il avait appris, prononcer des mots vidés de leur contenu ; c'est la pétrification. Le seul sentiment vrai, profond, qu'il éprouve, marqué du sceau douloureux de l'authenticité, est la nostalgie, la nostalgie d'une réalité perdue. »
F. Alberoni, Le choc amoureux.

Toujours dans le but de retarder la souffrance, celui qui aime une personne amoureuse d'un autre est parfois capable de continuer à aider celle qu'il aimé à trouver le bonheur. Il se plie en quatre pour ne pas être dans son chemin et pour faciliter sa nouvelle vie. Dans un dernier élan avant de sombrer dans la dépression, il puise aussi parfois dans son amour la force d'aider ceux qui l'entourent.

Une culture blessante

« L'individu se vit comme "capital" à investir, devant rapporter sur le marché un maximum de gain ou de succès. La valeur intérieure de l'homme compte autant qu'un tube d'aspirine. Un homme peut être aimable, intelligent, productif ou courageux, ces qualités ne comptent que dans la mesure où elles contribuent à son succès. »

E. Fromm, L'art d'être.

Parallèlement à ce qui se passe dans les familles et les couples, les valeurs et les croyances véhiculées dans notre culture renforcent de nombreuses blessures narcissiques. Nous en reparlerons encore ultérieurement, notamment dans le quatrième chapitre.

Les modèles inaccessibles, imposés par notre culture, exercent une forte pression sur certaines familles et sur certains groupes, notamment lorsqu'ils traversent des périodes de crises. Dans ces moments-là, l'impression dominante est qu'il faut à tout prix être conforme.

« En observant le monde qui nous entoure, peu d'entre nous parviennent à éviter d'avoir une idée assez nette de ce que signifie être "adapté" à notre société, normal, compétent et stable. »

David Smail, Illusion et réalité.

La personne fragilisée par un échec, une perte d'emploi ou un divorce par exemple, ressent douloureusement une pression sociale. Elle « entend » que pour s'intégrer socialement, « il faut » être compétent, sociable, intelligent, mince, beau, sportif... Cette pression qu'elle croit être sociale n'est bien souvent que le reflet de sa certitude de ne pas être comme elle le devrait, de sa peur de ne pas être à sa place ou même de ne pas avoir de place et d'être rejetée, bannie.

Soumis à de telles pressions intérieures qui finissent par devenir sociales, les hommes, comme les rats de laboratoire, n'ont alors parfois, pour s'en sortir, pas d'autres issues que la maladie, la fuite dans le jeu, l'alcool, les drogues, le service... ou l'agressivité envers leurs proches.

Voici un exemple. Les parents soumis à ces pressions internes et sociales les exercent à leur tour sur leurs enfants pour qu'ils soient de « bons » enfants, condition *sine qua non* pour qu'eux-mêmes deviennent de bons parents. Quand des parents se sentent mauvais parents d'enfants mauvais, ils deviennent violents et ils blessent physiquement et psychologiquement leur enfant.

Ceux qui luttent contre leur sentiment de ne pas être à la hauteur s'efforcent d'adopter « les » bonnes pensées et « les » bons comportements dans toutes leurs relations, même les plus intimes. Ils se mettent à jouer une pièce de théâtre dont ils n'ont pas écrit le scénario et dans laquelle ils n'ont parfois pas même choisi leur rôle. Leurs relations deviennent alors superficielles. Leur spontanéité, leur originalité, leur individualité n'ont plus de temps ni de lieu pour s'exprimer.

SORTIR DE LA POSITION DU «FAUX-ALTRUISTE» : LE DÉFI DE L'ÉQUILIBRE

« La personne "désintéressée" ne désire rien pour elle-même ; elle "vit seulement pour les autres" et tire de la fierté à ne se donner aucune importance. Qu'en dépit de son désintéressement, elle se sente malheureuse, insatisfaite dans ses relations les plus intimes, la déconcerte au plus haut point. »

E. Fromm, L'art d'aimer.

Nous prenons la position du « faux-altruiste » lorsque, suite à certaines situations toxiques et traumatisantes, nous avons perdu toute confiance en nous-mêmes. Aider les autres devient alors un besoin impérieux, un moyen d'obtenir de la reconnaissance et de réparer l'image que nous avons de nous. C'est une manière de nous redonner une valeur, et parfois même le sentiment d'exister.

Le peu d'amour que nous avons pour nous-mêmes dans la position du « faux-altruiste », c'est le plus souvent quand nous nous voyons comme une personne bonne et gentille et que nous sommes fiers d'être attentifs aux autres plus qu'à nous-mêmes. Alors, si nous nous rendons compte, dans un contexte et une situation bien précise, que cette attitude est fausse, qu'en fait notre gentillesse est une façon parmi d'autres de fuir notre honte et notre peur d'être rejeté, l'image que nous avons de nous devient monstrueuse.

Nous oublions que nous sommes ou avons été capables, à d'autres moments et dans d'autres contextes, d'être réellement quelqu'un de généreux. Nous oublions toutes les qualités qui sont les nôtres dans une situation où nous avons assez d'estime et de confiance en nous-mêmes pour ne pas devoir contrôler l'amour des autres.

Si nous sommes seuls face à notre douleur, elle devient intolérable. Et pour ne pas souffrir, nous préférons nier les évidences. C'est pour cela que ceux qui se comportent pratiquement tout le temps et en toutes circonstances comme de « faux-altruistes » ne peuvent pas se reconnaître d'emblée dans la description qui vient d'être faite. Quand on a mis autant de moyens en œuvre pendant aussi longtemps pour nier la réalité et se forger une identité, il faut souvent du temps pour oser se regarder.

La reconnaissance et l'acceptation de nos frustrations et de nos échecs nous touchent douloureusement si elles détériorent les images que nous avons de nous-mêmes ou si elles remettent en question ce que nous sommes fondamentalement. La personne qui se définit comme une personne bienveillante reconnaît difficilement que ses actes ou ses paroles sont source de souffrance pour l'autre. Elle préfère accuser l'autre ou des forces extérieures.

Ceux qui ont beaucoup souffert et qui en ont assez de galérer renoncent cependant à accuser les autres et les circonstances. Ils acceptent cependant parfois, dans l'espoir d'un soulagement et d'un changement, que leur altruisme n'est pas aussi désintéressé qu'ils l'affirment.

Garder une bonne image de soi !

« Lorsque nous sommes capables d'accepter à la fois la fatalité et l'importance potentielle de ces mécanismes intérieurs, l'élément archaïque de notre peur à leur égard diminue et nos réactions peuvent être maîtrisées. Nous pouvons alors trouver des moyens permettant à ces forces nouvelles de s'échapper en partie pour une utilisation autant que possible constructive. Cela ne peut se faire que par la compréhension qui elle-même dérive pour beaucoup de la tolérance, en d'autres termes, de l'imagination, de la sympathie et de l'amour. »

D.J. Arnoux, Mélanie Klein.

La volonté de surmonter la souffrance pour découvrir la vérité sur nous-mêmes est une nouvelle qualité dont nous pouvons être fiers. Elle remplace avantageusement l'image de la personne qui se sacrifie pour les autres.

C'est impossible de sortir seul de la honte. La honte est un sentiment lié à la vie sociale. Le blessé narcissique a donc besoin des autres pour s'en sortir. Des groupes de soutien se créent un peu partout. Ils concernent les différentes « béquilles » utilisées par les blessés narcissiques. Ils s'adressent aux alcooliques, aux membres des familles d'alcooliques, aux « femmes qui aiment trop », aux déprimés ou aux proches de déprimés, aux fils manqués, aux victimes de harcèlement moral... Et pourquoi pas aux « faux-altruistes »? Et n'oublions pas les groupes de copines ou de copains qui se soutiennent mutuellement dans la découverte d'eux-mêmes. Ils partagent leurs réflexions, leur recherche et leurs progrès en toute franchise et en toute simplicité.

Reconnaître dans un groupe que nous ne sommes pas parfaits, mais que nous sommes toutefois en chemin, en évolution constante, cela permet de nous sentir reconnus et aimés pour ce que nous sommes aujourd'hui.

Accepter qu'on est parfois (ou souvent), depuis peu (ou depuis presque toujours), dans la position du « faux-altruiste », c'est en quelque sorte accepter que les choses sont ce qu'elles sont aujourd'hui mais qu'elles peuvent aussi être différentes demain... si nous arrêtons d'en vouloir aux autres et au monde entier et si nous acceptons d'être responsables de notre vie.

Accepter que nous avons été grièvement blessés et que nos blessures continuent à nous faire souffrir nous aide à reconnaître que nous ne voyons pas toujours la réalité telle qu'elle est. Nous regardons le monde et les autres à travers le filtre de nos expériences douloureuses. Lorsque nous en sommes conscients, nous devenons capables de corriger notre vision déformée de la réalité. Certes, les cicatrices resteront toujours. Mais lorsque nous nous mettons à regarder la vie autrement, elles font nettement moins mal.

Accepter de reconnaître nos motivations profondes dans la position du «faux-altruiste», c'est nous donner les moyens d'évoluer. C'est susciter en nous le désir d'apprendre à aider l'autre, non plus en fonction de nos propres critères, mais en fonction de qui il est lui.

S'il y a un «Ailleurs et autrement», c'est à partir d'un vrai «Ici et maintenant» que nous le découvrirons. Ce n'est certainement pas en niant la réalité ni en nous prenant pour qui nous ne sommes pas.

C'est vrai que nous aimerions être plus sages, plus forts et plus puissants que nous ne le sommes réellement. Nous avons besoin d'être quelqu'un de bien non seulement à nos propres yeux mais aussi aux yeux des autres. Pour satisfaire ce besoin, nous pouvons être fiers de notre capacité à tirer les leçons de nos expériences et de nos échecs, au lieu de nous identifier à des images idéales et irréelles. Chaque fois que nous avons le courage de nous regarder en face, nous renforçons notre image d'être humain imparfait mais perfectible et en continuelle évolution sur un chemin de maturité, de sagesse ou... (à vous de choisir!)

Arrêtons de nier le fait que nous ne sommes pas aussi désintéressés et généreux que nous voudrions l'être. Ayons le courage d'évaluer nos actions et leurs conséquences, de reconnaître et de respecter nos limites et nos besoins ainsi que celles et ceux des autres. C'est en acceptant le fossé entre les situations telles que nous les vivons et celles que nous voudrions vivre que nous sommes capables de mettre en place d'autres manières de vivre en équilibre et de chercher l'harmonie avec les autres.

C'est en nous donnant des buts réalistes qui tiennent compte de notre réalité et de celle des autres que nous découvrirons les moyens d'approcher notre idéal d'aimer. Nous rêvons d'aimer. Acceptons que l'amour est un art que nous pouvons apprendre.

Apprendre à Aimer, c'est commencer par reconnaître la part d'égoïsme et les motivations qui se cachent très souvent derrière ce que nous croyons être du désintéressement. Nous en parlerons dans le troisième chapitre. C'est renoncer à nos images idéales. Nous en parlerons dans le quatrième chapitre. C'est aussi nous ouvrir un peu plus aux autres, à leurs différences, à leurs demandes réelles. Ce sera l'objet de notre deuxième partie. Mais avant cela, partons de ce qui existe déjà : que faisons-nous pour les autres ?

Chapitre 2
Tout ce que j'ai fait pour toi...

« Tu sais très bien que nous sommes faits l'un pour l'autre, nous sommes des êtres hors du commun. Je suis capable plus que jamais de faire de toi l'homme le plus envié et le plus puissant... ! »
J. Graton, Une histoire de fous.

Avant de découvrir les raisons pour lesquelles certaines actions provoquent le dépit, la colère ou même le désespoir que nous percevons dans le « Après tout ce que j'ai fait pour toi », nous allons tout d'abord faire un petit tour d'horizon de diverses choses que l'on peut faire pour d'autres. Que pouvons-nous faire en tant qu'enfant, ami, conjoint, parent qui nous mette dans un tel état ? Que faisons-nous dans notre travail et dans les associations politiques ou autres auxquelles nous participons qui provoque en nous de la fatigue et du découragement ?

DANS LE MILIEU FAMILIAL

Les enfants pour leurs parents

Je commencerai par les premières personnes pour qui nous avons fait tout ce que nous pouvions, et pour qui, jusqu'à notre mort, nous ferons encore sans doute bien des choses, parfois sans le savoir : nos parents. C'est « pour eux » que nous avons accepté de grandir, de nous socialiser, de canaliser nos pulsions. C'est aussi pour eux que nous avons parfois fait les plus grands sacrifices.

Au fil des mois, dès sa naissance, l'homme prend conscience d'être une personne à part entière, séparée de sa mère et du monde environnant. Pour satisfaire ses besoins, il doit entrer en relation avec ceux qui l'entourent et, par la même occasion, il se découvre et se forge une identité qui, tout en étant unique et personnelle, n'en est pas moins aussi le reflet du milieu dans lequel il évolue.

Très tôt, il apprend que chacune de ses actions est susceptible de créer un réaction dans son entourage.

Tapoter dans l'eau du bain, faire tomber quelque chose, prononcer certaines syllabes, ouvrir une armoire, jouer seul, grimper sur une chaise, accepter ou refuser de manger, de faire «caca» dans le petit pot... tous ces petits gestes anodins et quotidiens déclenchent diverses réactions. L'enfant est confronté à de l'indifférence ou à une attention aimante, inquiète ou parfois franchement hostile. Parfois, il se retrouve face à un parent qui «explose» et qui se met à hurler et à le frapper ou qui l'envoie en l'air en l'embrassant comme s'il allait le dévorer...

Un geste, une attitude, quelques mots de l'enfant ne changent pas seulement l'attitude du parent à son égard. Ils peuvent aussi provoquer des changements autour de lui tels qu'une dispute ou un rapprochement entre papa et maman ou entre les parents et d'autres personnes... L'enfant va créer des liens entre ce qu'il a fait ou ce qu'il n'a pas fait et ce qui se passe autour de lui. Il va s'efforcer de découvrir en l'expérimentant ce qu'il pourrait faire ou ne pas faire pour changer la situation, pour faire stopper une dispute ou une embrassade ou pour sortir de l'isolement dans lequel il est plongé.

L'enfant est réceptif au langage verbal et non verbal et aux signes conscients et inconscients qu'il reçoit de ses parents. Il essaie de comprendre et de répéter tant bien que mal ce qui déclenche des choses agréables. Il apprend la limite à ne pas dépasser, ce qui fait mal à l'autre au point de le mettre hors de lui, et il essaie de l'éviter. Il sent intuitivement comment renforcer l'image positive que le parent a de lui-même : c'est tellement plus agréable un papa qui se sent fier de lui, une maman qui en le regardant se voit comme une «bonne mère» !

Quoi de plus merveilleux que des parents heureux, heureux de vivre, heureux d'être là avec lui, de le regarder grandir, de lui donner amour et affection ?

« Avant de naître, il est chargé de mission. Mais il ne doit plus assurer la retraite de ses parents, il lui faut incarner leurs fantasmes. »
Cyrulnik, Sous le signe du lien.

Pour voir maman ou papa sourire, l'enfant fait preuve de beaucoup de talents, de perspicacité, de créativité et parfois même de soumission. Il découvre la bonne attitude à table, au lever ou au coucher, chez la gardienne ou à l'école, devant les grands parents ou les étrangers. Il devient capable de faire des choses qui lui demandent un effort et qui ne lui sont pas naturelles : refuser une friandise qui lui ferait plaisir, renoncer à sa curiosité et au plaisir de bouger dans certaines circonstances, rester assis sur une chaise tranquillement à écouter «les grands», apprendre à lire, à écrire, à participer aux charges ménagères...

« Pour devenir quelqu'un, il faut renoncer à tous les autres qu'on aurait pu devenir. La grille familiale facilite et gouverne le développement d'un enfant. Cette grille le guide, lui donne sens, le contraint et l'ampute en le modelant.
Cyrulnik, Sous le signe du lien.

Dans un milieu cohérent et harmonieux, agir pour papa ou maman, c'est structurant. L'enfant y trouve son compte : s'il fait ce qu'il faut, il se sent aimé, il se socialise, il trouve sa place, se dépasse, et grandit. En respectant les limites et les règles qu'on lui impose, il découvre les autres «Autres» et les rencontre dans leurs différences et dans leur liberté. Quand il est suffisamment en sécurité et qu'il parvient par la communication à ce que ses besoins soient satisfaits, il n'a plus besoin de contrôler l'entourage. Il s'en détache progressivement. Il sait quand et comment il en a fait assez pour que tout se passe bien et il s'adonne alors tranquillement à ses rêveries, à ses jeux, à la rencontre d'autres milieux et d'autres enfants. Il découvre ses propres intérêts et plaisirs.

Par contre, dans un milieu dysharmonieux, ou avec des parents qui ont des attitudes et des réactions contradictoires et imprévisibles, il est très difficile pour l'enfant de faire des liens entre ce qu'il sent en lui, ce qu'il fait et ce qui se passe à l'extérieur.

Il se retrouve parfois seul, violemment envahi par des tensions intérieures, par la faim ou le besoin d'une présence et d'un réconfort, sans aucun pouvoir pour y mettre fin. A d'autres moments, alors qu'il était en train de dormir ou de s'occuper seul tranquillement, il est interrompu et ballotté de bras en bras.

Lorsque les parents sont dépassés par les événements, surendettés, sans travail, dépendants de l'alcool ou en conflit perpétuel, le même comportement de l'enfant provoque des sourires et des félicitations dans un moment plus calme, l'indifférence quand les parents sont absorbés par leurs problèmes ou la colère et l'isolement si le parent est excédé par quelque chose qui n'a rien à voir avec lui. Finalement, chaque initiative, chaque geste ont un jour ou l'autre été bloqués parce qu'ils tombaient mal et il en vient à l'impression, objectivement justifiée ou non, de ne plus savoir rien faire sans prendre de risques.

Certains fuient alors dans leur fantasme et se referment sur eux-mêmes. Inactifs, sages, silencieux, absents, «on ne les voit pas, on ne les entend pas».

Chez d'autres, le visage livide, la maigreur et les yeux voilés témoignent de la disparition du plaisir de vivre. Incapable de sentir les désirs enfouis en lui, l'enfant coupé de sa vie intérieure est littéralement envahi par la réalité extérieure. Insécurisé, toujours attentif aux moindres faits et gestes des adultes qui l'entourent, il est toujours sur ses gardes, prêt à parer le pire. Il contrôle ce qui se passe et trouve le moyen d'intervenir au moment adéquat pour créer une réalité moins traumatisante. Trop occupé par les faits et gestes de ceux qui l'entourent, il ne sait pas prendre du plaisir avec les enfants de son âge, il ne sait pas fantasmer, jouer ni se raconter des histoires avec ses poupées ou ses petites autos.

Détaché de sa propre souffrance qu'il finit par ignorer, dans une atmosphère lourde et pesante, il décode les signaux externes avec de plus en plus de perspicacité. Il intervient tant bien que mal et prend en charge du mieux qu'il peut les difficultés de ses parents à la maison, celles de l'institutrice et des autres enfants à l'école. Il se préoccupe par exemple de coûter un minimum pour ne pas déstabiliser le budget familial et pour ne pas priver ses parents. A l'école, c'est déjà un « petit psy » qui, n'ayant aucun plaisir à jouer, trouve des solutions pour tous ses compagnons. Il entend leurs confidences : difficultés familiales, envie de fugue, de suicide... Enfant sage et dévoué, il est souvent valorisé et renforcé dans son comportement : on parle de lui en termes élogieux, on le félicite pour sa serviabilité, sa politesse, son fair-play et son esprit de camaraderie... S'il a l'occasion et la permission de participer à des activités de groupes à vocation altruiste, il peut y découvrir une vocation et une raison de vivre : rendre service, apporter un peu de bonheur autour de lui, étendre ses services aux pauvres et aux déshérités de chez nous et du monde entier.

Dans des situations plus extrêmes, l'enfant ne se contente plus de trouver des solutions extérieures à lui. Pour apaiser les souffrances de ceux qui l'entourent et dont il a tant besoin pour grandir, il devient lui-même le problème ou la solution. C'est ainsi que certains enfants sont capables de mettre leur père en colère juste au moment où il allait frapper leur mère. C'est eux qui reçoivent les coups. D'autres enfants tombent malades ou sont particulièrement difficiles en classe ; ils réunissent ainsi autour d'eux et du problème qu'ils posent des parents qui n'ont plus rien à se dire ou à faire ensemble.

« Ne pas devenir étudiant pour ne pas se séparer. Habiter le même quartier, le même immeuble, organiser des rencontres, des rituels familiaux et des fêtes fréquentes pour renforcer la proximité. Toute séparation prend valeur de perte. Tout événement imprévu déclenche l'angoisse du non familier. »

Cyrulnick, Sous le signe du lien.

Tous ces enfants ont développé un sixième sens : ils sentent les ambiances, les non-dits, la montée d'un conflit. Même lorsqu'ils sont devenus adultes, partout où ils vont, ils restent conscients de tout ce qui se passe autour d'eux et, sans qu'on ne leur demande rien, ils agissent instinctivement pour ce qu'ils pensent être le bien de tous.

Quand vous leur demandez ce qu'ils désirent, ils ne vous répondent pas. Ils ne savent pas. Simplement émettre une préférence pour une boisson, une sortie, une activité ou un programme télévisé devient une torture pour celui dont la seule préoccupation est de ne pas déranger, de ne pas exister. « N'importe », « Ce que tu préfères », disent-ils tout gênés. Ils veulent par dessus tout que tout se passe bien et que tout le monde soit content. Le reste a peu d'importance. Qu'importe la boisson, le film... si l'ambiance est bonne, pourvu que personne ne tire la tête, qu'il n'y aie pas de cris ni de pleurs ? Si vous vous étonnez et insistez en disant que cela vous ferait vraiment plaisir de connaître leur avis, pour vous plaire et ne pas vous importuner plus longtemps avec leur indécision, ils choisissent n'importe quoi au hasard. En dehors de votre plaisir à vous, ils sont incapables de savoir ce qui leur ferait plaisir à eux.

Lorsqu'ils quittent leurs parents, même si les conditions sont changées et s'ils ont la possibilité de vivre plus facilement, certains de ces enfants continuent toute leur vie à se priver des choses les plus élémentaires. Ils ne se donnent pas le droit de dépenser pour s'acheter divers objets, s'habiller, sortir ni même parfois pour bien manger. Acheter quelque chose pour eux reste ennuyeux, angoissant même parfois. D'autres continuent à accumuler maladresse et malchance et se mettent dans des situations financières très précaires. Ils restent ainsi fidèles au mode de vie qu'ils se sont imposés pour plaire, ou au moins ne pas déplaire, à leurs parents. D'autres encore vont jusqu'à devenir le bouc émissaire partout où ils vont pour sauver la cohésion des groupes dont ils font partie.

Devenus adultes, quand ils prennent conscience de la motivation de leurs principaux choix de vie, ils pourraient dire à leurs parents : « Pour trouver une solution à tes problèmes et te guérir, je suis devenu psychologue ou médecin ; pour te faire honneur, je suis devenu ingénieur mais, pour ne pas blesser ton amour propre en te dépassant, j'ai échoué dans tout ce que j'ai entrepris et je vis pauvrement. Pour ne pas te contrarier, t'empêcher de dormir ni te rendre malade ou te faire pleurer, j'ai renoncé à mon hobby, aux amis qui selon toi n'étaient pas pour moi et j'ai même renoncé à mes rêves. Pour donner un sens à ta vie, j'ai repris ton commerce que je n'aimais pas. Pour que tu sois fier de ce que tu as fait de moi, j'ai acheté une grande maison. Je l'ai choisie juste à côté de chez toi, pour que tu ne te sentes pas abandonné. J'ai aussi une grosse voiture que je gare devant ta porte. Est-ce pour ne pas t'en vouloir de m'avoir brimé que je n'ai pas pu m'empêcher de brimer mes enfants ? Ah, maman, papa, si vous saviez tout ce que j'ai fait pour vous ! »

Dans ce que nous avons fait pour nos parents, savons-nous ce qui nous a fait grandir et ce qui était trop ? Y a-t-il des choses que nous regrettons d'avoir faites pour eux ? Y en a-t-il qui nous ont empêchés d'être nous-mêmes ? Comment aider nos enfants à ne pas en faire trop pour nous tout en respectant leur besoin de nous faire plaisir et de grandir « pour nous » ?

Pour l'être aimé

Grandir, devenir adulte, c'est un jour quitter ses parents, sa famille, et partir vers d'autres contrées pour découvrir d'autres horizons, s'ouvrir à d'autres manières de vivre, de penser, de communiquer. Pour beaucoup, le grand saut a été possible grâce à l'amour et à l'être aimé.

C'est incroyable tout ce que l'on peut vivre pour celui qu'on aime ! L'impossible devient possible, l'effort est facile : on n'hésite pas à faire de longs déplacements et se débrouiller seul pour trouver un chemin, un renseignement, un logement, des possibilités de rendez-vous. La recherche d'un travail prend une autre dimension : il s'agit de se donner les moyens de vivre ensemble... L'état amoureux transfigure, il rend beau, intelligent, entreprenant, les sens sont à l'affût, le monde est merveilleux.

De même que l'enfant grandit sous le regard aimant de ses parents, la personne aimée et choisie parmi toutes les autres a l'occasion de grandir, de s'épanouir, de dépasser ses limites, de relever des défis, de s'ouvrir... pour l'autre. Idéalement, bien sûr !

Concrètement, c'est loin d'être toujours le cas. Beaucoup de personnes dépérissent en couple et deviennent l'ombre d'elles-mêmes en voulant tout faire pour leur conjoint. A force d'en faire trop, elles s'enfoncent dans la dépression ou l'alcool, elles perdent leurs raisons de vivre, leurs relations et même parfois leur travail.

Nous ne sommes pas égaux devant l'amour. Nous ne sommes pas tous capables d'aimer, de nous sentir aimés et de connaître l'amour qui fait grandir. Par exemple, les enfants qui en ont trop fait pour leurs parents reproduisent très souvent les mêmes ambiances, les mêmes schémas, les mêmes rejets. Comment pourraient-ils oser se laisser aimer ? Suite à la confrontation d'une réalité trop pénible, ils se sont acharnés à contrôler les événements et les autres et ils se sont coupés de leurs désirs, de leurs émotions et de leurs sensations.

Nous observons que les mêmes scénarios se répètent dans la vie d'une personne blessée : d'amitiés en amitiés, de couple en couple, elle a tendance à reproduire toujours et partout le type de relation de pouvoir qu'elle a vécu dans son enfance, avec ses parents. Même si les couples qu'elle forme se suivent et apparemment ne se ressemblent pas, « l'ambiance » reste souvent la même, elle ressent les mêmes frustrations.

Certains d'entre nous ont appris à être attentifs aux moindres signes extérieurs pour y parer rapidement. Ceux qui grandissent dans un milieu « violent » et imprévisible ou ceux qui vivent des circonstances particulièrement insécurisantes telles qu'être pris en otage ou subir un harcèlement moral sont particulièrement doués. Partout où ils sont, et notamment dans leur couple, ils s'efforcent de contrôler la situation et les autres.

Pour cela, ils se coupent d'eux-mêmes, de leurs besoins et de leurs désirs et ils se centrent sur ceux des autres. Vigilants, ils sentent ce qu'il faut faire ou ne pas faire pour ne pas blesser le narcissisme de l'autre et ils agissent en conséquence, quoique cela leur en coûte. Ils interviennent sans cesse pour «réparer» le tort et le mal qu'ils croient avoir commis.

Les conjoints d'alcooliques, par exemple, sont souvent convaincus d'avoir un pouvoir sur l'autre. Ils croient fermement que s'ils donnent assez de marque de tendresse et de compréhension, leur compagnon pourra enfin devenir la personne heureuse, aimante et reconnaissante que l'on devine derrière sa fatigue, sa souffrance, sa violence et sa dépendance à l'alcool...

Léon a été séduit par la gentillesse d'Annie. Lorsqu'ils se sont rencontrés, il avait bu un peu trop et en la faisant danser, il a bousculé une table et renversé des verres. C'est Annie qui, avec le sourire, l'a aidé à rester debout et à rejoindre sa place. C'est elle aussi qui a remplacé les verres renversés et nettoyé la table et le sol. C'est une femme très attentionnée. A présent, lorsqu'ils reçoivent, c'est elle qui veille à ce qu'il ne manque de rien, à ce que chacun trouve sa place et se sente bien. Dynamique, bout-en-train, elle trouve le mot pour rire qui dévie les tensions. Parfois, elle accepte et encourage les critiques à son égard, prenant sur elle la responsabilité des frustrations et des tensions de son entourage.

Totalement centrée sur les besoins des autres, solution de tous les problèmes depuis toujours, c'est la troisième fois qu'elle tombe amoureuse, ou plutôt qu'elle se laisse attendrir par un être violent, alcoolique, déprimé, distant et taiseux. Ce type de comportement l'émeut : n'est-ce pas parce qu'il n'a pas été aimé qu'il en est là où il est aujourd'hui ? Elle qui a tant d'amour à donner ne pourrait-elle pas le sauver en l'aimant ? Elle est toujours excitée par le défi de rendre un tel homme heureux.

Léon, de son côté, est toujours à la recherche ou plutôt trouve sans trop chercher, quelqu'un pour résoudre ses problèmes et s'occuper de lui. Il est tout heureux de se sentir pris en charge et d'être l'objet de tant de sollicitudes.

Annie se sent de plus en plus amoureuse et passionnée. Plus personne ne compte plus à ses yeux que celui qu'elle aime avec passion. Rien n'est trop beau, trop cher pour ce bafoué et déshérité de la vie. Aucun sacrifice n'est trop grand. Elle veut l'aimer, tout lui donner : la bête se transformera en prince charmant. S'occuper à autre chose paraît tellement dérisoire qu'elle lâche ses activités et ses amies. Un peu plus tard, elle remet même son petit commerce qui lui demande trop de temps et d'énergie.

L'amoureux «réparateur» sait depuis toujours que ce n'est pas facile d'aimer : on le lui a répété, il l'a observé autour de lui. Il est patient et tenace, même si les choses ne se passent pas toujours comme il le voudrait. Il souffre quand son protégé continue de rêver, de boire ou de rechercher la compagnie de ses copains et copines, alors qu'il le sait et le dit lui-même, cela ne lui vaut rien. Inlassablement, «l'amoureux» le raisonne, lui explique que c'est intolérable, que ce n'est pas possible, que cela ne peut pas continuer, que c'est trop dur pour lui, qu'un jour il faudra que cela change.

Dans les faits, ses discours ne changent rien puisque concrètement, il continue à tolérer ce qu'il dit être intolérable. Ses actions contredisent donc sans cesse ses paroles : par définition, ce qu'il tolère concrètement est tolérable. Il se donne mille et une bonnes raisons intellectuelles pour continuer à prendre patience : il ne veut pas que l'autre se sente abandonné, ou qu'il revive ce qu'il a vécu avec sa mère ou son père ; il veut lui prouver qu'il est aimable.

Chaque jour, il se sent plus près du but : il faut tenir, ce serait bête de lâcher maintenant, alors qu'il manque si peu pour vivre le grand amour et pour trouver le bonheur tant espéré. Tant de sacrifices ont déjà été consentis, d'autres peuvent encore l'être.

Le plus souvent, l'autre fuit de plus en plus, dans sa drogue, son sport, son travail... Il rentre de plus en plus tard à la maison, où il subit les colères d'un « amoureux » qui attend sa part d'amour, d'attention, de reconnaissance « après tout ce qu'il a fait pour lui ». A celui ou celle qui, fatigué et meurtri, lui demande : « Mais enfin, dis-moi ce qui ne va pas ? Tu n'es pas bien avec moi ? Qu'est-ce que je n'ai pas fait ? Qu'est-ce que je dois faire pour te rendre heureux, pour que notre couple marche ? », pour avoir la paix et sans trop savoir lui-même ce qu'il lui faudrait, il exprime à demi-mots ses désirs et ses fantasmes les plus fous.

L'amoureux, incapable de sentir ce qui lui convient ou pas, trop absorbé à rendre l'autre capable de l'aimer, accepte parfois les pires abominations. Il supporte tous les coups moraux et physiques, et il cache à ceux qui l'entourent le cauchemar qu'il est en train de vivre. Il a honte de ne pas être capable de faire mieux, de ne pas être à la hauteur de la tâche qu'il s'est fixée, il se sent responsable et coupable de l'autre.

Ce n'est qu'au bout du rouleau qu'il se confie à un ami, ou qu'il consulte un médecin ou un spécialiste pour savoir comment il pourrait mieux aider l'autre. « Après tout ce que j'ai fait pour lui, que puis-je encore faire d'autre ? N'est-il pas malade ? Comment pourrais-je le soigner ? »

Les parents pour leurs enfants

Et pour nos enfants, que faisons-nous ? Qu'ont fait nos parents « pour nous » ?

Des parents sont capables de donner beaucoup, avec plaisir et sans reproches... d'autres le font dans la souffrance. La plupart ne peuvent s'empêcher à un moment donné de penser ou de dire « Après tout ce que j'ai fait pour toi ». Voyons quelques exemples de ce que nous pouvons faire « pour nos enfants ».

Le petit d'homme, en naissant, demande une attention de chaque instant : il faut le nourrir plusieurs fois par jour, et même la nuit, lui donner des soins, essayer de consoler ses pleurs et de comprendre ses malaises, veiller à ce qu'il ne manque de rien... Pendant de longues années, les parents vont lui donner tout ce dont il a besoin : un cadre de vie agréable, la possibilité de rencontrer des amis, d'aller à l'école, de faire du sport, de s'adonner à une activité culturelle, à ses jeux favoris. Suivant leurs caractères et leurs propres désirs, les parents donneront bien d'autres choses encore. Tout cela sans vraiment beaucoup de retour. Car, même si on lui demande de participer un peu aux charges quotidiennes, cela reste souvent très symbolique.

En plus du minimum habituel, les parents cool, laxistes, dans le vent, font le taxi à toutes les heures du jour et de la nuit. Ils offrent le dernier jeu sorti, un ordinateur, l'accès à internet, les vêtements les plus chics, la mobylette, le GSM, et plus tard la voiture. Ils sont toujours prêts à préparer un repas à tout moment du jour et de la nuit, à faire les lessives, à nettoyer les godasses de foot, à accueillir les copains et copines avec le sourire, à se montrer jeunes et ouverts, à supporter toutes les musiques, parfois même à fumer un «pétard», à prêter la maison un week-end et à payer, sans se plaindre, les sorties, disques, cigarettes... Bref, toute leur vie tourne autour de celle de leurs enfants, ils sont totalement disponibles pour eux... jusqu'au jour où ils craquent : «Après tout ce que j'ai fait pour toi!».

Il y a les parents «sacrifiés» qui se donnent beaucoup de mal et ne se privent pas d'en informer leurs enfants. Ils donnent parfois des choses que leurs enfants ne leur demandent pas. Ils ont souvent besoin de dire tout ce qu'ils font sans doute parce que ce n'est pas évident que c'est pour leur enfant qu'ils le font.

Voici le genre de propos qu'ils peuvent tenir : «C'est pour toi qu'on travaille, qu'on a construit cette maison et qu'on doit la payer, et qu'on part en vacances! Tu te plains de nos disputes, mais sais-tu que c'est pour toi que nous restons ensemble? C'est pour toi que papa fait des heures supplémentaires et que maman repasse, nettoie, cuisine quand elle rentre du bureau, c'est d'ailleurs aussi pour toi qu'elle doit travailler et le soir, tu oses encore lui demander de te raconter une histoire? Tu n'en a jamais assez! Pour toi, on fait des fêtes de famille, de longs repas coûteux aux anniversaires, aux réveillons, parce qu'on veut te faire plaisir, et cela nous demande beaucoup de travail et d'argent, alors, essaies de comprendre que ce n'est pas possible de savoir en plus te payer des stages pendant les vacances. Ne le demande plus! C'est parce qu'il se fait du souci pour toi que ton papa ne dort plus, ou que ta maman pleure, tu pourrais au moins faire un effort et ramener un meilleur bulletin! C'est pour ton bien si l'on t'oblige à suivre des cours de piano, de judo ou de langues le soir après quatre heures, alors, arrête de te plaindre de ne pas avoir le temps de jouer ! Tu ne sais pas la chance que tu as, si tu crois que nous, on avait tout cela. J'aurais tant aimé moi faire du piano ! C'est pour que tu puisses faire des exercices supplémentaires et réussir en classe qu'on t'a acheté un ordinateur, et vois ce que tu en fais, tu ne l'utilises que pour des jeux... Qu'est-ce qu'on a fait au bon dieu pour avoir un gosse pareil ? Nous, de notre temps, nous devions travailler, rentrer du bois pour le feu, nettoyer et cultiver le jardin. Ah, si nous avions eu les parents que tu as ! Essaies de comprendre que c'est parce que nous voulons que tu sois bien, heureux, comme tout le monde. Nous ne voulons pas que tu sois aussi malheureux que nous l'avons été quand nous étions petits... Allez, maintenant, fais un effort, voyons, et cela va aller mieux ! Viens que je t'embrasse, mon chéri. Tu es mon seul trésor, ce que j'ai de plus précieux dans la vie ! »

De là à ajouter : « C'est pour vous qu'on vit », il n'y a qu'un pas que certains franchissent : « Vis, parce que nous ne savons pas vivre, trouve le bonheur que nous ne connaissons pas. Nous sommes là pour te porter, t'élever à bout de bras, nous sommes l'escabeau sur lequel tu peux monter... Profites-en toi à qui nous donnons ce que nous n'avons jamais eu ! »

A côté des rares parents qui donnent avec un réel plaisir, sans jamais faire le moindre reproche, sans se sentir fatigués ou exploités... beaucoup d'autres s'épuisent. De plus en plus souvent en colère, ils s'acharnent à être de bons parents jusqu'à ce qu'un jour ils s'écrient : « Après tout ce que je fait pour toi, tu pourrais au moins... ».

DANS LES MILIEUX SOCIAUX ET POLITIQUES

L'institution scolaire et les enseignants pour leurs élèves

Il n'y a pas qu'à la maison que les enfants et les adolescents sont l'objet de mille et une attentions. A l'école, par exemple, c'est incroyable tout ce qu'on fait aujourd'hui pour que les jeunes puissent réussir. Jamais, semble-t-il, autant de moyens didactiques n'ont été mis à leur disposition : cours illustrés, enseignement assisté par ordinateurs, multi-médias et internet... Il y en a pour tout le monde, tous les âges, tous les goûts, toutes les matières, tous les niveaux.

Aujourd'hui, étudier les mathématiques, les sciences, les langues, c'est un jeu d'enfant ! Tout peut s'apprendre en jouant ! Des rattrapages sont organisés. Les élèves qui rencontrent des difficultés, non seulement à l'école mais aussi dans leur famille, sont écoutés par des professeurs sensibles à leur vécu et par des psychologues. Ils sont défendus par leurs parents jusque dans les conseils de classe et de participation. Les résultats sont revus si l'élève a l'impression d'être l'objet d'une injustice. Un élève puni par un professeur s'en réfère à son éducateur ou son directeur pour annuler la punition s'il sait argumenter qu'elle est disproportionnée. La moindre bavure est relatée dans la presse. Dernièrement, un quotidien belge, par exemple, a publié la photo d'une petite fille qui, ne voulant pas se taire en classe, s'est vue mettre du papier collant sur les lèvres par son institutrice.

Dans un tel contexte où tout est mis en place pour que l'enfant réussisse, les enseignants sont invités à se remettre en question devant chaque échec, à reprendre leur préparation pour la peaufiner, à réexpliquer ce qui n'a pas été compris. Lors des conseils de classe, il est souvent décidé de laisser passer malgré leurs échecs les élèves qui vivent des difficultés à la maison telles que le divorce, la perte de travail ou l'alcoolisme des parents. On les appelle avec condescendance les «cas sociaux»... «Le pauvre, il n'en peut rien ! Si vous saviez dans quel milieu il vit !»

«Quand on sait dans quoi ils vivent, on comprend leur désarroi et leur incapacité de faire mieux», dit Bernard, professeur de mathématique. Désireux de jouer un rôle déterminant dans la vie des jeunes, ne comptant pas ses efforts ni son temps, il se dévoue à ses élèves, corrige avec soin leur travaux, prépare des exercices individualisés...

Mais que peut-il faire si les enfants ne sont pas soutenus à la maison ? S'ils disent ne pas avoir su faire leurs devoirs parce que leurs parents se disputaient ? Il se sent souvent impuissant devant tant de misère et il finit par en vouloir aux parents qui mettent en péril l'avenir de leurs enfants, en se séparant ou en ne trouvant pas de travail. Il regrette aussi le manque de soutien de ses collègues qui ne font que leurs heures et à peine le strict minimum dans leurs préparations, n'utilisant pas le matériel didactique adéquat et n'assistant à aucun recyclage. Si tout le monde s'y mettait, peut-être pourrait-on arriver à de meilleurs résultats, se dit-il souvent.

Soucieux de découvrir et de faire tomber le moindre obstacle sur la route de ces chers enfants «victimes» de l'égoïsme ambiant, parfois chahuté et même menacé, «malgré tout ce qu'il a fait», il a finit par devoir prendre des congés de repos et quitter l'enseignement, convaincu que «ce sont les meilleurs qui partent et les moins bons qui restent» et que «l'égoïsme ambiant conduit l'enseignement à sa perte».

Les services sociaux

En dehors des familles et du milieu scolaire, une masse impressionnante de mesures sont également prises dans les domaines culturels, sportifs, artistiques et autres pour améliorer la situation des plus faibles et pour que chacun ait les mêmes chances et les mêmes droits.

Les services sociaux rendent des services de tout ordre à la population la plus défavorisée, en principe du moins. Les intervenants accompagnent des familles dans leurs démarches administratives, dans les décisions importantes concernant les enfants, le contrat de travail, le logement, la consommation, la gestion d'un budget...

Si vous êtes mal chez vous, que vos parents vous maltraitent, si vous ne savez pas payer vos fournitures scolaires, si vous ne pouvez pas donner de garantie pour votre loyer, si vous ne savez pas remplir un dossier, si vous cherchez une réorientation scolaire ou professionnelle, un emploi, une nouvelle formation, si vous voulez acheter une maison mais que vous avez trop peu de moyens, si vous ne savez pas comment obtenir une bourse pour vos études, une prime de naissance, vos allocations familiales, des subsides pour restaurer votre maison, si vous venez d'avoir un enfant et que vous ne savez trop comment l'élever, si vous voulez le placer ou le récupérer lorsqu'il a été placé, si vous êtes en conflit avec votre ex-conjoint et que voulez un intermédiaire qui garantisse le bon déroulement du droit aux relations personnelles avec votre enfant, si vous êtes malade et incapable de faire vos repas ou de sortir, si vous ne savez comment faire pour vous défendre en justice, si vous êtes vieux et impotent, bref, quels que soient vos ennuis, il existe un service pour s'occuper de vous et faire tout ce qu'il faut pour que vos droits soient respectés et que vous receviez tout ce dont vous avez besoin.

Dans ces services, après avoir rempli quelques formulaires et vérifié que vous êtes bien dans le bon service et dans les conditions requises pour être aidés, vous rencontrez parfois des intervenants compétents et dévoués qui se plient parfois en quatre pour vous aider du mieux qu'ils le peuvent. D'un niveau d'instruction supérieur à la moyenne de la population, ils se contentent de revenus moyens, largement inférieurs à ce qu'ils pourraient être dans le secteur privé et marchand avec le même niveau d'étude. La plupart ne comptent pas leurs heures et prennent à cœur les situations difficiles, ils y mettent parfois du leur pour résoudre des problèmes apparemment sans solution. En voici deux exemples.

Christian, intervenant social dans une école rurale, fût touché par les plaintes de Suzanne, jeune maman seule avec ses deux garçons. Elle rêvait de louer une maison, comme celle qui était à vendre à côté du terrain de foot, avec un jardin pour que ses deux fils puissent courir et se défouler. Lui venait d'hériter d'une certaine somme d'argent. Il n'avait besoin de rien ou plutôt, il se sentait satisfait de ce qu'il avait, même s'il roulait dans une vieille voiture et s'il vivait dans une petite maison avec sa femme et ses deux enfants. Il décida d'acheter la maison dont Suzanne rêvait et de la lui louer.

Quelle ne fut pas sa surprise quand un ans plus tard, à peine remise sur pied grâce à cette intervention, Suzanne lui annonça qu'elle avait trouvé une autre maison «plus à son goût» et qu'elle voulait déménager !

Christian se retrouve seul, avec sa maison à louer, lui qui ne se sent pas l'âme d'un propriétaire. Il est d'autant plus en colère et fatigué que la situation à peine stabilisée de cette maman risque à nouveau de basculer et de redevenir ingérable, suite aux frais et difficultés qu'entraîne toujours un déménagement. Que resterait-il alors de tous ses efforts ? Lui qui rêvait de la voir heureuse avec moins de soucis ne peut ni comprendre ni admettre sa réaction. Il se sent trompé, abusé. Il perd le goût à son travail.

Les thérapeutes, gourous et autres

Confrontés à des personnes difficiles à aider, à bout de forces et d'idées, de nombreux « altruistes » lisent des livres spécialisés ou s'inscrivent à des formations telles que la sophrologie, la communication non violente, l'analyse transactionnelle, la PNL, la gestion de la pensée, l'aromathérapie, la kinésiologie, les massages... Chaque année, de nouvelles écoles psychothérapeutiques ou autres enseignent de nouvelles théories, adaptées des précédentes et portant des noms de plus en plus sophistiqués. Elles suscitent l'espoir et l'engouement de ceux qui sont à la recherche de la recette infaillible et universelle du bonheur. Les publicistes eux-mêmes tirent profit de cette recherche de mieux-être et de cette explosion de psychothérapies. Ils vous proposent la « Clio Thérapie », la « Thérapie Familiale » par l'achat d'une Volvo, la « Gourmandothérapie » par la dégustation des produits « Yoplait »...

C'est avec beaucoup de plaisir et de joie, voir même avec une certaine exaltation, que des parents, des professeurs, des intervenants sociaux ou d'autres encore, découvrent les théories, les techniques et les exercices qui pourront, leur semble-t-il, venir à bout des résistances les plus fortes chez ceux qu'ils veulent aider. Plus ils sont confrontés au manque de bonne volonté, de respect ou de reconnaissance des personnes qu'ils aident, plus ils trouvent, dans leurs lectures et dans leurs formations, un encouragement à tenir bon. Ils s'accrochent à l'espoir qu'un jour ils feront des miracles en apportant leur aide. La dépression et le « A quoi bon ? » qui les menaçaient ne sont plus qu'un triste souvenir : ils vont de nouveau pouvoir faire quelque chose pour améliorer le monde dans lequel ils vivent. Heureux et plein d'espoir, excités par le pouvoir qui grandit en eux, désireux d'en faire profiter un maximum de personnes, ils se découvrent parfois une vocation de thérapeute, une volonté d'accompagner un maximum de personnes et de leur permettre de résoudre leurs problèmes de couple, de dépendance, de communication...

Annabelle vit mal dans son couple. Son mari, quand il n'est pas complètement absorbé par son travail, la trompe continuellement et ostensiblement. Elle lit des articles et des livres de psychologie et elle assiste à de nombreuses formations. Elle en déduit que les hommes ont du mal d'exprimer leurs émotions et de s'attacher, qu'ils ont peur d'aimer.

Au fil des pages ou des journées d'étude, elle se sent de mieux en mieux informée, et à chaque phrase nouvelle qui l'interpelle, elle s'imagine en train de retransmettre à son conjoint, à son fils ou à d'autres tous ces remèdes et conseils qui ne peuvent qu'être efficaces. Elle veut aider son mari à se détacher de ses peurs et à oser s'attacher à elle. Tout ce qu'elle dévore, c'est toujours en pensant à ce qui pourrait lui être utile.

N'ayant besoin de rien personnellement, puisqu'elle va bien, qu'elle se sent capable d'intimité et que c'est lui qui la fuit, pressée de mettre son savoir en pratique pour le sauver de sa dépendance au travail et aux autres femmes, elle se concentre sur le savoir-faire du formateur qu'elle s'efforce de s'approprier. Elle apprend aussi ce qui guérirait et apaiserait la souffrance de l'alcoolique, du co-dépendant, du pervers, du phobique, du timide, de la mère bafouée, de l'enfant surprotégé, de la femme battue... et se met à penser à tous ceux qui, dans son entourage, pourraient profiter de son aide. Elle va en faire un métier.

Ah! Si son conjoint et son fils connaissaient cette vérité qu'elle est en train de découvrir avec émerveillement, comme ils se sentiraient mieux, comme leur vie en serait transformée! Elle continue à tout supporter au quotidien maintenant qu'elle sait que les autres sont des malades à guérir. Elle transmet ses connaissances, son savoir-faire, mais son mari ne change pas, rien ne bouge autour d'elle. Elle est déçue mais finit par trouver des justifications extérieures. Ne dit-on pas que «Nul n'est prophète dans son pays»? Et puis, il suffit d'un peu de patience. Si elle prouve ses compétences par des résultats spectaculaires sur ses clients et si elle en tire beaucoup d'argent, son mari devra bien accepter l'évidence et reconnaître le pouvoir qu'elle détient. Peut-être acceptera-t-il alors enfin de se laisser aider par elle.

En attendant, sans se poser de question sur elle-même, elle se réjouit d'avoir trouvé un métier aussi passionnant et d'avoir pu faire un gagne-pain de ce qui la motivait depuis toujours : rendre les autres plus heureux.

Dans l'espoir de jouer un rôle déterminant dans la vie d'un nombre toujours plus grand de clients, le thérapeute-né continue ses formations pour découvrir et mettre au point «la bonne technique», celle qui guérira en quelques jours, voire même en quelques heures ou quelques minutes les patients les plus récalcitrants. Il écoute ces derniers d'une oreille distraite et lorsqu'il a trouvé dans la panoplie de ses «outils» celui qui semble convenir le mieux, il l'interrompt pour dire, faire ou faire faire ce qui est censé provoquer un changement visible et définitif. Si le patient revient avec la même plainte, il essaie autre chose afin d'obtenir le miracle escompté : la guérison, le bien-être, cet état idéal dont il a une connaissance plus théorique que pratique puisque lui-même n'espère pas le connaître avant que les autres le vivent.

Certains thérapeutes, parfois associés en couples, regroupent les moyens les plus divers : les techniques d'expression verbale accompagnées ou non de techniques de libération des émotions allant de la parole mise en scène au rêve éveillé, en passant par le défoulement de la colère sur un coussin, accompagnés de cris adressés à une personne visualisée et les techniques hypnotiques ; les techniques corporelles également liées ou non à l'expression des émotions refoulées : bio-énergie, massages, relaxation, sophrologie, yoga, ostéopathie, magnétisme... ; l'utilisation de remèdes : médicaments allopathiques ou granules homéopathiques, fleurs de Bach, huiles essentielles, tisanes... ; et enfin, il reste l'utilisation de la spiritualité sous ses formes les plus diverses, les plus inattendues, des plus archaïques au plus élaborées, allant par exemple des « arts divinatoires » aux groupes charismatiques en passant par l'appartenance à une secte, la gestion de la pensée, les groupes de méditation, la lecture commune de « La prophétie des Andes »... ou l'utilisation de certains rituels : pierres à commander dans un pays étranger par internet et à porter au bout d'une chaîne en or ou à placer d'une certaine manière dans la maison, rituels de protection contre l'envoûtement, les influences nocives...

Certains ajoutent enfin à tous ces ingrédients l'amour inconditionnel, allant parfois jusqu'à l'amour physique entre un thérapeute et son patient.

Parallèlement à tout ceci, des thérapeutes n'hésitent pas à s'engager plus loin en encourageant, voir en forçant le patient à passer à l'action et à prendre des décisions pour transformer sa réalité extérieure, en y cherchant les causes du mal-être afin de les supprimer. Ils incitent par exemple à l'expression de la colère sur les parents, le conjoint ou le patron, à l'assignation au tribunal de ceux qui n'ont pas été à la hauteur de leur rôle de parent, d'enseignant ou de médecin et à la revendication de dédommagements pour les torts subis... Ils encouragent les ruptures et l'abandon sur le champs des situations douloureuses au nom de l'amour et du respect de soi-même. Bref, tout ce qui diminue les souffrances et frustrations est bon à prendre et à vivre.

Ce type de thérapeutes sait ce qui est bon pour son patient et il recherche les meilleures techniques pour les lui offrir et l'aider à se sortir de ce qu'il sait être mauvais pour lui. Il conseille, propose des exercices ou des mises en situation, questionne, aime... et parfois, prend le cas du patient à cœur au point de ne plus savoir dormir...

Après tant d'efforts, s'il y a encore des échecs, ils sont sans doute dus à sa mauvaise volonté, car, après tout ce que le thérapeute a fait pour lui, ce n'est pas possible que le patient revienne toujours avec les mêmes rengaines ! D'ailleurs, s'il ne joue pas le jeu, s'il ne s'en remet pas totalement à son thérapeute, s'il ne lui fait pas confiance, s'il ne s'applique pas sur les exercices proposés, s'il n'arrête pas une relation nocive, s'il n'abandonne pas des croyances archaïques, que voulez-vous que le thérapeute fasse ?

L'envie d'aider se transforme en colère et désir de punir : « Après tout ce que j'ai fait, franchement, ce n'est pas possible : c'est un malade qui ne veut pas s'en sortir ».

Les hommes et les femmes politiques

Dans un autre contexte, l'élu politique, afin d'être proche du citoyen et de s'assurer son vote, tient traditionnellement des permanences où chacun peut venir exposer ses difficultés. Il va lui aussi, soutenu par toute son équipe, faire un maximum pur ceux qui se confient à lui. Il trouve la meilleure solution pour chaque problème soumis par un de ses électeurs. Principalement lors des campagnes électorales, son dévouement se marque de différentes façons, du verre qu'il paie, aux nombreuses faveurs qu'il octroie.

A coté de cette présence dans les quartiers, depuis des siècles, les hommes politiques créent des lois qui nous permettent de vivre en société. Elles permettent de savoir concrètement là où s'arrête la liberté des uns en vue de permettre celle des autres, notamment des plus faibles, de ceux qu'on appelle les pauvres. Quels sont les droits et les devoirs de chacun ? Comment pouvoir légitimement bénéficier du développent social et économique ? Telles sont les questions auxquelles les dirigeants de tous les pays et de toutes les époques doivent répondre ?

En travaillant, répond-on chez nous depuis le XIIIe siècle. Le travail s'est en effet imposé comme la seule manière de pouvoir être intégré dans une société qui donne la priorité à l'économique. Au XIVe siècle, l'aumône est jugée indécente et les prêts sans intérêt sont encouragés afin de stimuler l'homme et de l'encourager à trouver sa dignité d'être humain et social dans le travail. Depuis cette époque, les réponses à la question : « Faut-il assister les pauvres ? » alternent et sont évaluées en fonction de l'effet qu'elles sont susceptibles d'avoir sur la volonté de travailler.

D'une part, il y a le « Il faut faire quelque chose, c'est trop injuste, trop pénible de voir des personnes qui, faute de savoir se défendre, sombrent dans l'analphabétisation, l'ignorance, l'incompétence, la misère et la déchéance... Si l'Etat n'intervient pas, le plus fort écrase rapidement le plus faible. Qu'au moins l'Etat donne une chance égale à chacun par l'éducation, l'apprentissage d'un métier, la possibilité d'avoir un travail... ». Au XVIe siècle, « l'Etat Providence » prend les mesures nécessaires pour que chacun puisse être actif et ne pas sombrer dans l'oisiveté qui est perçue comme un vice. Mais alors, s'il reste des pauvres, c'est qu'ils le cherchent. Que faire d'autre que d'ouvrir la chasse aux vagabonds, de les emprisonner ?

Par ailleurs, après quelques décennies « d'Etat Providence » et l'analyse des résultats, il y a aussi le « Non, il vaut mieux ne pas prendre trop de mesures, elles ont toutes un effet pervers, notamment, elles encouragent la dépendance et l'irresponsabilité ». Au XVIIIe siècle, l'Etat cherche juste à être l'arbitre, et à ne pas intervenir. « Finalement, n'y a-t-il pas un ordre naturel des choses, et la pauvreté n'est-elle pas inéluctable ? »

Devant les conséquences de cette nouvelle prise de position, d'autres voix s'élèvent rapidement pour affirmer que la pauvreté n'est pas seulement une affaire individuelle et que chacun est en droit d'attendre du pouvoir non seulement un arbitrage mais aussi une bonne gestion des ressources communes. L'Eglise en fait son affaire en prêchant la charité chrétienne, ce dévouement absolu que tout chrétien devrait avoir non seulement pour ses proches mais aussi pour l'inconnu et l'étranger. Elle prend ainsi de plus en plus de pouvoir là où les politiques n'interviennent pas, ce que ces derniers ne voient pas d'un très bon œil. Les «bonnes sœurs» s'activent à de «bonnes œuvres», instaurant des structures d'accueil, d'aide, d'enseignement, de formation, de soins... pour les pauvres, les malades, les enfants et les personnes âgées. Les réactions des partis anticléricaux ne se font pas attendre. Pour limiter l'influence des cléricaux, il faut récupérer leurs initiatives aussi vite que possible.

Ces luttes ente l'Eglise et l'Etat ont fortement marqué le XXe siècle. Le suffrage étant devenu universel, la lutte contre la pauvreté devient l'affaire de tous les partis, les associations sont déconfessionnalisées et subsidiées, l'aide sociale quitte le domaine du bénévolat et se professionnalise. On débouche ainsi fin du siècle sur une explosion de nouvelles associations et un changement de leur nature. Parallèlement aux actions sur le terrain, les tâches administratives prennent une place de plus en plus importante. Le principal travail d'une partie de plus en plus grande des professionnels engagés consiste à trouver les activités et les services qui pourront être subsidiés par la commune, le département, la région, l'Etat ou l'Europe, voire par plusieurs instances à la fois. On s'éloigne parfois considérablement du premier objectif social de l'association au point parfois de l'oublier et d'aller à son encontre lorsqu'on est pris dans la course au subsides et aux emplois. Comme dans toute entreprise marchande, des emplois sont en jeu, il devient donc essentiel de développer à tout prix le secteur d'activités, les rentrées financières et de se battre pour obtenir le droit d'embaucher quand l'Etat, dans sa volonté de donner du travail aux jeunes, crée les emplois publics associatifs! Dans ce cadre, ce n'est plus un secret pour personne que parmi les nombreuses associations qui voient le jour, certaines sont donc des SARL (ASBL) déguisées, des «pompes à subsides».

Nous sortons donc d'un siècle durant lequel le législateur a eu à cœur de faire le maximum pour lutter contre la pauvreté et le chômage. Des sommes énormes ont été englouties dans des projets sociaux et dans la lutte pour l'égalité des chances. Comme par le passé, une question préoccupe ceux qui analysent les résultat : «Comment est-il possible qu'il reste autant de pauvres, de sans-abris, d'enfants mal scolarisés et de malades dans une société où on a tant fait pour eux?»

Chapitre 3
... Je l'ai fait aussi pour moi

« Ayant appris très tôt à nier nos propres besoins affectifs, nous avions, avec l'âge, cherché d'autres occasions de nous livrer à ce en quoi nous excellions : la satisfaction des besoins et des exigences d'autrui et l'ignorance de nos peurs, de nos souffrances et de nos besoins. Nous avons fait semblant si longtemps d'être adultes, à trop en faire et à demander trop peu, qu'il est désormais trop tard pour que nous changions de rôles. Nous continuons donc de secourir les autres dans l'espoir de dissiper nos peurs et de recevoir, en échange, de l'amour. »
Robin Norwwod, Ces femmes qui aiment trop.

UN AVEU DIFFICILE...

Lors d'une intervention dans un groupe d'enseignants, j'ai été impressionnée de voir à quel point il est difficile d'affirmer que chacune de nos actions est intéressée. Cette affirmation déchaîne dans certains milieux des réactions de mécontentement très agressives et une intellectualisation à outrance. D'ailleurs, devant le titre de ce chapitre, certains d'entre vous, convaincus que cela ne les concernent pas, se retiennent peut-être, s'ils ne l'ont déjà fait, de refermer ce livre et de le ranger définitivement dans un placard.

« Ces sujets recherchent à tout prix une protection prenant parfois une apparente allure altruiste, mais c'est plus le besoin de prévenir ce qu'il pense que l'autre attend de lui qui domine le sujet, que le souci réel de l'objet. L'exhibitionnisme moral apparaît parfois comme un moyen magique d'influencer et de séduire l'objet, de l'amener à la gratification du sujet. »

J. Bergeret, La dépression.

Celui qui adopte souvent la positon du «faux-altruiste», c'est-à-dire celui qui ressent souvent le besoin impératif d'aider les autres pour ne pas sombrer dans la dépression, n'est pas conscient de ce qu'il fait pour les autres, c'est en fait d'abord pour lui-même qu'il le fait. Il lui est difficile, parfois même impossible, d'admettre qu'il trouve des satisfactions personnelles dans chacune de ses actions, y compris dans celles qui lui paraissent les plus désintéressées.

Certains continuent de nier leurs attentes insatisfaites malgré les sentiments de colère et d'agacement qui naissent en eux lorsque les autres ne réagissent pas comme ils l'auraient souhaité. Ils préfèrent trouver dans les autres et le monde la cause unique de tous leurs maux. Ce n'est qu'après bien des souffrances et des conflits, et aussi à force de se l'être entendu répéter, qu'ils reconnaissent qu'à côté de la raison officielle, «C'est pour toi que je le fais», il y a toujours un «Et je l'ai fait aussi pour moi».

S'il est vrai que s'avouer qu'on agit pour soi dérange et déstabilise à ce point, pourquoi s'obstiner à l'affirmer? En quoi est-ce nécessaire de le reconnaître et de l'accepter pour améliorer nos relations?

... mais salutaire

Ce que nous croyons détermine nos comportements, nos émotions, nos pensées. Si nous croyons qu'il existe des actes totalement désintéressés, lorsque nous en venons à ressentir le malaise qui accompagne la pensée «Après tout ce que j'ai fait, je ne comprends pas», nous ne pouvons qu'accuser les autres (conjoint, enfants, élèves, collègues, pauvres et exclus) d'être des égoïstes, des manipulateurs, des profiteurs et même, pourquoi pas, des malades mentaux. Nous en venons peut-être aussi à regretter ce temps où une pratique religieuse et la peur de l'enfer établissaient des règles de réciprocité. Nous nous enfermons alors dans le dépit et le découragement, et parfois, nous ne sommes pas loin de haïr l'homme, notre époque, notre société et l'humanité entière. L'aigreur, la rancœur, la dépression nous menacent alors. Elles semblent en effet être la seule issue possible pour ceux qui s'obstinent à affirmer le total désintéressement de leur dévouement.

Alors, que cette affirmation soit juste ou pas dans l'absolu, cela m'importe peu. Vous pouvez, si vous voulez, délibérer de la véracité absolue de cette proposition. Moi, je n'ai pas envie de perdre mon énergie à cela. Tout ce que je constate, c'est qu'affirmer que nous pouvons rendre service sans aucun intérêt personnel n'apporte rien qui vaille, que du contraire! Les fruits de cette croyance sont amères et toxiques et présagent d'un bien sombre avenir. Cela suffit à m'encourager à trouver d'autres hypothèses plus riches.

« Mon but n'est pas tant de faire apparaître telle ou telle vérité que de favoriser l'apparition d'autres représentations et vécus du réel, plus souples et plus ouverts. Si la psychothérapie réussit, cela ne prouve en rien que ce que j'ai avancé correspond à une quelconque réalité : mes théorisations ne sont qu'opératoires... »

Mony Elkaïm, Si tu m'aimes, ne m'aime pas.

Si celui qui se sent trompé et abusé après en avoir tant fait pour d'autres part de l'hypothèse qu'il y a bien une raison tout à fait personnelle pour justifier ses bonnes actions, il découvre qui il est et ce qu'il veut. Lorsqu'il connaît ses motivations profondes, de nouvelles possibilités s'ouvrent à lui : il n'est plus dépendant des autres. Il se sent responsable de sa vie et de ses choix.

Les parents de Bruno, 16 ans, le conduisent à tour de rôle chaque jour à ses activités sportives. Ils se sentent de plus en plus agacés et agressifs. Malgré tous leurs efforts de volonté et leurs raisonnements, ils ne peuvent s'empêcher de se montrer de plus en plus désagréables avec leur fils.

Suite à une conférence, une idée a fait son chemin : leur altruisme n'est peut-être pas totalement désintéressé et cela est d'ailleurs tout à fait sain et normal. Une réflexion commune a mis rapidement en évidence leurs attentes non satisfaites, entre autre, le coup de main attendu dans l'entretien de la maison qui leur semblerait tout naturel mais qui ne vient pas. Suite à cette prise de conscience, ils ont discuté avec Bruno et ont passé un contrat clair avec lui : «Nous voulons bien te conduire à tes activités à condition que tu aspires les chambres et que tu tondes la pelouse une fois par semaine, et que tu te charges de vider le lave-vaisselle chaque matin».

Bruno a d'abord été étonné. Au lieu de se plaindre et de crier comme d'habitude, ses parents ont expliqué calmement qu'ils ne pouvaient tout prendre en charge. Leurs conditions sont claires, Bruno peut les accepter ou ne pas les accepter. Il a du temps pour réfléchir. Un peu agacé, il s'est d'abord imaginé pouvoir se débrouiller seul mais, très vite, il s'est rendu compte que cela lui prendrait bien plus d'énergie et de temps que ce que ses parents lui demandaient en échange. Il a donc accepté le contrat.

Au début, ses parents ont dû lui rappeler calmement la vaisselle qu'il avait tendance à oublier. Un jour, ils ont même refusé de le conduire parce qu'ils n'étaient pas satisfaits de son travail. A présent, il n'y a plus de problèmes. Bruno fait sa part et trouve l'ambiance nettement meilleure. Ses parents se mettent moins souvent en colère, et cela n'est plus lié à son activité sportive. Il n'a plus à craindre les accès imprévus de colère lorsqu'épuisés, ses parents lui reprochaient tout ce qu'ils faisaient pour lui. Il sait qu'il pourrait même, en futur adulte responsable, faire d'autres propositions, si un jour celles-là ne lui convenaient plus.

Reconnaître nos attentes

Partir du postulat que tout ce que nous faisons, c'est aussi pour nous que nous le faisons, cela nous permet de mieux cerner notre frustration et d'en trouver l'origine en nous plutôt qu'à l'extérieur de nous. Si nous débordons parfois de colère à l'égard de ceux que nous aidons, c'est parce que nous espérions quelque chose en retour. Dès que nous savons définir ce quelque chose, la colère ne nous submerge plus. Elle se transforme en énergie qui nous permet d'obtenir ce que nous désirons en l'exprimant plus clairement ou en trouvant d'autres moyens de l'obtenir.

L'épouse qui prépare tous les repas, qui entretient la maison et accueille le mari quand il rentre, a des attentes qu'elle ne peut exprimer que si elle en devient consciente et si elle les accepte. Peut-être rêve-t-elle de sortir plus souvent au cinéma ou au restaurant, peut-être aimerait-elle recevoir un bouquet de fleurs le week-end, ou tout simplement passer plus souvent un petit moment à bavarder à deux... Bref, si elle découvre ce qui lui ferait plaisir et si elle en fait la demande claire à son conjoint, elle évite le moment où, à bout, elle ne pourra plus que s'écrier « Après tout ce que je fais pour toi ».

Evidemment, cette démarche n'est pas possible pour ceux qui rêvent toujours d'être, comme dans le ventre de leur mère, satisfaits avant même que le besoin et le désir ne se fassent sentir. Recevoir après avoir dû en faire la demande a un goût de « trop peu ». Cela ne leur procure pas le plaisir qu'ils espéraient et ils se lamentent : « Ce n'est pas pareil, il aurait dû y penser avant que je ne lui dise ».

Il faut bien à un moment donné renoncer à recevoir sans effort et sans demande tout ce dont on a besoin. Cela fait partie du processus de maturation affective. En grandissant, on apprend à demander. Nous vivons au milieu de personnes différentes de nous, qui ont d'autres besoins et une autre représentation du monde que nous. Elles donnent un autre sens aux mots que celui que nous employons. Comment pourraient-elles, dès lors, deviner ce qui nous ferait plaisir ou ce dont nous avons besoin ? Mais pour diverses raisons, certains d'entre nous ont des difficultés à demander. Ils manipulent donc leur entourage pour obtenir ce dont ils ont besoin sans devoir formuler de demandes.

Il n'est pas facile de renoncer au conte de fée et à la magie des satisfactions sans demande. Et pourtant, dans la plupart des cas, se demander « Mais qu'est-ce que j'attendais » quand monte la souffrance du « Après tout ce que j'ai fait... » nous éclaire, nous révèle à nous-mêmes et nous permet de trouver les moyens d'obtenir bien plus que ce qu'une bonne fée aurait jugé bon pour nous.

C'est une chance de pouvoir découvrir ce qui nous convient vraiment à nous et à nous seuls, dans notre différence et notre unicité. Nous sommes les seuls à savoir ce qui nous plaît vraiment. Un regard en nous-mêmes pour découvrir nos désirs les plus intimes suffit souvent à apaiser nos colères et nos frustrations et à débloquer les situations les plus difficiles.

Un enfant de 14 ans n'étudie pas assez. Sa mère s'angoisse et ne sait comment le motiver à étudier plus. Ses notes sont à la limite partout, et avant la session d'examens de juin, les professeurs ont affirmé que s'il ne faisait pas un sérieux effort, il devrait être réorienté. Sa mère fait tout ce qu'elle peut pour lui, elle passe des menaces et des punitions aux encouragements et aux promesses, elle complimente, prépare ses repas préférés, supprime la participation aux charges ménagères en espérant qu'il étudie. Elle se montre tendre : « Au moins, qu'il le fasse pour lui faire plaisir!». Mais à d'autres moments, quand elle a l'impression que ses sacrifices sont inutiles, sa colère éclate.

Insatisfaite de cette relation, elle participe à une réflexion comme celle que nous menons dans ce chapitre au cours de laquelle elle se demande en quoi le fait que son fils puisse échouer la concerne au point de la mettre dans de telles colères. Elle cherche aussi ce qu'elle fait pour elle en s'efforçant de le faire réussir lui.

Elle découvre ceci. Pour qu'elle se sente une bonne mère, son fils doit progresser et acquérir un minimum des compétences nécessaires afin de s'intégrer dans la vie et de devenir autonome. Elle aurait l'impression de ne pas avoir fait «son devoir» si, d'ici quelques années, elle devait constater qu'«il n'est bon à rien». Donc, tout ce qu'elle fait pour l'inciter à réussir ses études, c'est aussi pour réussir elle dans son rôle de mère, c'est pour avoir le sentiment du «devoir bien accompli», d'être à la hauteur dans sa tâche éducative. Enfin consciente des enjeux, elle explique alors calmement à son fils qu'en tant que mère et éducatrice, elle a la responsabilité de l'aider à grandir. Pour s'assurer qu'il trouve un jour sa place dans la société, s'il ne réussit pas dans les études qu'il a lui-même choisies, elle prendra ses responsabilités et choisira pour lui. En septembre, sa décision est prise, elle refusera qu'il soit réorienté vers des études plus faciles alors qu'il n'a montré aucun intérêt jusqu'à présent pour leur contenu. Elle le placera plutôt en contrat d'apprentissage pour qu'il apprenne un métier, dans le bâtiment. Ainsi au moins, à défaut de développer ses capacités intellectuelles, il acquerra des compétences professionnelles et développera son corps et ses muscles. Elle aura fait son devoir et sera satisfaite d'elle-même.

Tout ceci était très sérieux. La mère se sentait fière d'avoir osé voir la réalité en face. Elle appréciait le fait qu'elle puisse accepter une profession manuelle pour son fils. Ce n'était en rien des menaces, ni du chantage. C'était une décision bien pesée. Voir son fils sous contrat d'apprentissage lui convenait finalement même beaucoup mieux que de voir son fils entamer de longues études.

Quand elle a tout expliqué, le fils a immédiatement compris, au ton qu'elle utilisait, qu'il ne s'agissait plus des mêmes discours et que, contrairement au passé, cela se passerait comme sa mère le disait. Elle avait déjà fait des démarches près d'un entrepreneur qui était d'accord de l'intégrer dans son équipe.

Durant la session d'examen, il a choisi d'aller étudier chez sa grand-mère, pour ne pas être distrait. Non seulement il a réussi cette année-là en juin, mais depuis deux ans, ses notes sont nettement plus élevées et il sait quelles études il veut poursuivre. Sa mère ne s'occupe plus de sa scolarité. C'est sa vie, son problème. Elle est plus détendue puisqu'elle sait qu'elle se donnera les moyens de respecter ses besoins, ses valeurs et ses convictions dans l'éducation de son fils et qu'au bout du compte, quoi qu'il en soit, elle aura la satisfaction du devoir accompli. Elle n'a plus besoin de trouver des détours pour essayer de parvenir à ses fins.

... et les exprimer

Cet exemple n'est pas une recette à appliquer telle quelle dans d'autres situations semblables car ce qui a vraiment permis le changement, c'est que la décision de la mère crée en elle un état de paix et de sérénité.

Une fois encore ici, il est tout à fait vain de savoir si, dans l'absolu, cette décision était bonne ou pas. Il n'y a pas d'absolu ni de règles générales dans ce domaine. L'essentiel n'est pas là. Il est dans le senti de la mère. Si elle s'était mise à douter d'elle-même et du bien fondé de ses besoins, si elle avait cherché auprès de spécialistes «la» bonne solution, elle n'aurait pas obtenu les mêmes résultats et elle serait sans doute encore en train de se mettre régulièrement en colère sur son fils. Lui, de son côté, n'aurait eu aucun pouvoir ni de la satisfaire, ni de savoir ce que lui-même souhaitait. Il se serait sans doute enfoncé, comme bien d'autres, dans la passivité et le silence ou dans les comportements violents et délinquants.

A défaut de parvenir à influencer son fils dans la voie qui lui semblait la meilleure pour lui, une fois qu'elle a accepté d'agir pour elle et de se concentrer sur ses besoins à elle, elle a cessé de le manipuler et de faire pression sur lui en disant «C'est pour ton bien si je crie, que je gronde, que je menace...». Le fils, soulagé du poids de toutes ses manipulations, a su que, dans le cadre dans lequel il vivait, il avait la possibilité de choisir entre différentes propositions mais qu'il lui était interdit de se laisser vivre longtemps au gré des hasards et des rencontres, sans efforts ni progrès. Est-ce un bien ou un mal? C'est discutable. Dans l'absolu, personne ne le sait. Et puis, ce n'est vraiment pas important. Une seule chose est certaine, c'est que c'est sa réalité à lui, celle qu'il doit vivre, la seule qui soit. La mère, en acceptant ses sentiments et ses besoins sans jugement, a fait preuve d'amour pour elle-même, telle qu'elle est aujourd'hui. Elle a renoncé à être la mère idéale. Elle est restée «elle-même». C'est face à cette mère-là que le fils se trouve et pas devant une autre.

Tout ceci paraît bien simple. Après coup, c'est toujours facile. Quand on a découvert le besoin caché, c'est tellement évident qu'il semble impossible qu'on puisse ne pas en avoir été conscient plus tôt.

Reconnaître les bénéfices inavouables

Toutefois, il est des situations où les besoins de «l'altruiste» sont plus profonds et difficiles à définir, plus difficiles à accepter surtout, au point que l'on est alors tenté d'imaginer, dans un premier temps, qu'il est complètement désintéressé. Toutefois, ses colères et ses revendications dans un ou l'autre domaine de sa vie sont la preuve qu'il n'en est rien.

Reprenons l'exemple des parents de Bruno dont nous avons parlé plus haut. Cela n'est pas toujours évident de faire un contrat clair avec ses enfants. Dans ce cas, si le fils avait refusé de participer aux tâches ménagères et s'il avait préféré ne plus faire de sport plutôt que de devoir aider à la maison, ses parents se seraient peut-être sentis mal de le voir abandonner son activité. Une autre analyse se serait alors imposée. Qu'est-ce que cette activité leur apporte à eux? Se sentent-ils meilleurs parents parce que leur fils la pratique ? Ont-ils besoin de ce moment pour pouvoir faire des choses qu'ils ne pourraient pas faire si leur fils n'avait pas cette activité ? Ont-ils besoin de le voir faire autre chose que de rester toute la soirée affalé dans un divan devant la télévision ?... Il s'agit juste de mieux comprendre pourquoi c'est si important pour eux aussi que Bruno fasse cette activité.

Suivant leurs raisons profondes, que ce soit l'occuper, avoir du temps sans lui, ou tout autre chose, Bruno et ses parents trouveront ensemble les propositions qui satisferont à la fois les besoins de l'un et les besoins de l'autre. Il n'y a, par exemple, aucun problème pour un enfant de savoir que ses parents ont besoin de temps libre et que, pendant ce temps, il va devoir trouver une activité pour lui seul à laquelle ses parents ne participeront pas. «Cela nous arrange que tu aies une activité, parce que nous avons besoin d'être un peu seuls. Si tu préfères ne plus sortir de cinq heures à sept heures le lundi, tu devras rester dans ta chambre parce que nous voulons être seuls dans le living».

Cela semble certainement «égoïste» à certains, mais pour l'adolescent, cette proposition a au moins le mérite d'être claire. C'est plus facile pour lui que de devoir faire une activité qu'un autre estime être «pour son bien» alors qu'il ne sent pas personnellement en quoi c'est un bien pour lui. C'est épuisant et aliénant de subir les interprétations d'un autre. Je le répète, l'adolescent est toujours le mieux placé pour savoir ce qui est bon pour lui... à condition qu'il ait toutes les données en main, y compris les réactions directes et franches de parents qui se respectent.

> Une maman conduit son fils chaque jour à son entraînement de natation. Régulièrement, elle sent et exprime sa colère : «Tu ne te rends pas compte de tout ce que je fais pour toi !». Agacé, son fils lui répond : «Tu n'es pas obligée de faire tout cela, si tu veux, je peux y aller en bus, il y en a un qui passe toutes les dix minutes devant la maison et il s'arrête devant la piscine». Elle se fâche de plus belle, elle assure que ce n'est pas cela qu'elle a voulu dire, qu'elle l'aime et qu'elle veut l'aider. Elle continue à assurer ses déplacements : «Tu ne penses pas y aller en bus, tu pourrais faire de mauvaises rencontres ou te refroidir à l'arrêt... Je te conduirai». Le fils devient de plus en plus indifférent et impuissant devant les sautes d'humeur de sa mère qui le désarçonnent complètement. Il n'a aucune idée de ce qu'elle attend.

Comment expliquer nos contradictions ? Il faut bien admettre, dans ce dernier exemple, qu'il y a d'autres enjeux que de simples attentes déçues. A partir de cette situation, imaginons quelques-unes des raisons pour lesquelles une maman pourrait refuser à son fils de se passer d'elle pour pratiquer son hobby tout en lui reprochant sa dépendance dans la tension et la colère.

Nous partons bien entendu du postulat que ce que nous faisons pour les autres, c'est aussi pour nous que nous le faisons, donc que cette maman a certaines attentes lorsqu'elle se rend indispensable. Pour nous éclairer, nous pouvons nous poser des questions telles que : «Que se passerait-il si la maman ne devait pas passer autant de temps pour conduire son fils ? Comment cela se passerait-il si le problème soulevé trouvait par miracle une solution ? Autrement dit, qu'arriverait-il si le fils allait en bus à la piscine ? N'y a-t-il pas d'autres problèmes qui surgiraient alors, que la situation présente permet d'éviter ? ».

Il ne faut pas un grand effort d'imagination, avec de telles questions, pour découvrir diverses motivations potentielles. Conduire son fils, n'est-ce pas une façon de ne pas rester à la maison, et donc de ne pas être seule ou de ne pas se retrouver en tête à tête avec son mari ? Ou n'est-ce pas aussi une bonne raison, vu le temps que cela prend, de se faire aider par une femme d'ouvrage ou d'acheter des plats préparés plutôt que de devoir cuisiner comme sa mère le faisait ? A moins que le fait de se mettre dans une situation où elle est tellement dépassée lui permette de ne pas devoir gérer son temps libre et de garder ainsi l'illusion de tout ce qu'elle ferait si elle avait ce temps. Enfin, une mère peut sans doute aussi de cette manière nier le fait que son fils, qui est peut-être toute sa vie, est en train de grandir, qu'il devient autonome et qu'un jour il quittera la maison. De façon plus générale, cela peut aussi être le besoin de se rendre utile à quelqu'un, ou une manœuvre pour recevoir de la reconnaissance, de la tendresse, de l'affection. Cela peut aussi être rassurant d'avoir l'impression de faire quelque chose de valable de sa vie, d'être quelqu'un d'important et d'indispensable pour un autre.

Ce ne sont que quelques exemples. Je suis certaine que vous en avez trouvé bien d'autres !

LES MOBILES INCONSCIENTS DE CEUX QUI ONT ÉTÉ GRIÈVEMENT BLESSÉS NARCISSIQUEMENT

Nous avons décrit dans le premier chapitre une position dans laquelle une personne, suite à une blessure narcissique, se sent honteuse d'être ce qu'elle est. Dans cette position, elle ressent parfois, à des degrés divers, un besoin impérieux d'aider les autres, voire même de se sacrifier pour eux. Les mobiles de ce besoin restent le plus souvent inconscients. Ils sont d'autant plus puissants que la blessure narcissique est profonde ou précoce.

Satisfaire un besoin de réparer

Dès notre plus jeune âge, la frustration a fait naître en nous des sentiments de haine et des fantasmes de destructions. Dans notre illusion de toute puissance, nous prenons ces fantasmes pour la réalité : nous croyons avoir réellement détruit les personnes que nous aimons. Lorsque rien n'a infirmé cette croyance, nous ne nous sentons pas capables d'aimer sans faire mal, sans détruire. Nous nous croyons capables de détruire l'autre et cela nous angoisse. Nous avons peur de notre violence.

Lorsque, suite à une frustration, nous ressentons de la haine à l'égard d'une personne que nous aimons, nous avons peur de lui avoir fait mal ou de ne pouvoir maîtriser nos pulsions agressives. Nous craignons d'être un danger pour elles et nous culpabilisons. Nos sentiments de haine sont très forts. Notre angoisse intérieure relative à cette haine et à nos désirs de détruire ne cesse de s'accroître. Nous avons alors besoin de réparer, de nous sacrifier pour aider ceux que nous aimons et que nous avons détruits en fantasmes. Nous voulons les rendre heureux.

« Pour mieux saisir ce qu'est l'égoïsme, nous pouvons le comparer à la sollicitude envahissante dont fait preuve, par exemple, une mère surprotectrice. Alors que, consciemment, elle se figure avoir une affection particulière pour son enfant, elle nourrit en fait une hostilité profondément refoulée envers l'objet de ses soins. Sa tendance à surprotéger ne découle pas d'un excès d'amour pour l'enfant, mais de l'obligation de compenser son impuissance à l'aimer. »

E. Fromm, L'art d'aimer.

Apaiser la peur de l'abandon et la peur de la solitude

Tous, nous avons besoin des autres, ne fût-ce que pour survivre. Il est impossible de s'imaginer pouvoir subvenir seuls à nos besoins.

Celui qui se comporte en «faux-altruiste» est convaincu que lui n'a besoin de personne, qu'il se débrouillerait très bien, même mieux, s'il était tout seul. Persuadé que les autres ont besoin de lui et que ceux qu'il aide ne seraient rien sans lui, il ne veut pas reconnaître qu'il a aussi besoin des autres. Il ne sent pas ce besoin. Et c'est compréhensible. Pour ne pas souffrir, il s'est coupé de ses sensations et de ses émotions et s'est tourné vers le monde extérieur et les autres.

Quoiqu'il en dise cependant, c'est évident que, comme tout le monde, «le faux-altruiste» a besoin des autres. Et cela, même s'il fait le maximum pour éviter d'être en situation de devoir demander quelque chose à quelqu'un. Il a besoin des autres, ne fût-ce que parce qu'il vit dans une société où chacun a sa place et où le travail et le commerce permettent d'échanger des services et des biens qu'il serait impossible d'obtenir sans la division des tâches.

Si «le faux-altruiste» rêve parfois de ne pas dépendre des autres, de ne rien avoir à leur demander et de ne surtout rien leur devoir, c'est d'abord pour se rassurer. Même s'il se retrouvait seul et abandonné, il survivrait, il en est convaincu. Ne pas avoir besoin des autres le met à l'abri de la peur de l'abandon, puisque, s'il n'a besoin de personne, tout le monde peut disparaître sans qu'il ne soit mis en danger. Personne ne peut l'abandonner.

> Joseph n'a besoin de rien. Si ce n'était que pour lui, il se contenterait de moins. S'il a une maison, un salaire, une voiture, de beaux meubles, c'est pour sa famille. A l'entendre, lui vivrait bien dans une caravane ou dans une cabane au fond d'un bois. Il s'efforce de ne rien demander et de n'avoir besoin de rien, il a peur de déplaire. Il ne trouve rien de plus agaçant et de plus révoltant qu'un gosse difficile, exigeant, qui demande sans cesse. Pour lui, c'est mal de demander, d'avoir des besoins, et, pire encore, des envies. Il renforce ses convictions en lisant tout ce qu'il trouve sur la spiritualité orientale. Il se voit comme un homme qui a atteint un haut niveau ce sagesse.

Toutefois, pour éviter quand même d'être seul, le « faux-altruiste » s'entoure de gens qui sont dans le besoin et qu'il aide. Ces personnes ne risquent pas de partir puisque sa présence leur est indispensable.

Même si c'est souvent pénible et fatigant d'être entouré de gens malheureux, malchanceux, dépendants et torturés et si c'est loin d'être le repos auquel il aspire, le « faux-altruiste » s'épargne les souffrances de la solitude. Et puis, peut-être que lorsqu'il aura rendu l'autre heureux, il recevra enfin la reconnaissance, le soutien et l'aide qu'il attend pour lui-même commencer à vivre... C'est du moins ce qu'il espère.

Parvenir à se rendre à tout prix utile, voir même indispensable, c'est sans aucun doute un moyen de s'assurer la présence fidèle de ceux qui ne peuvent plus vivre sans leur « sauveur », c'est chercher à s'assurer une reconnaissance et un attachement éternels.

« L'altruisme » est donc bien un bon anxiolytique qui calme la peur d'être seul et abandonné : « Moi, je n'ai pas besoin d'eux, c'est eux qui ont besoin de moi ». Mais, dans le « Je ne les abandonnerai pas », on peut entendre très clairement « Ne m'abandonnez pas ».

Origines de la peur de l'abandon

Si autant d'adultes ne supportent pas la solitude au point d'être prêts à faire tous les sacrifices nécessaires pour s'assurer la présence de compagnons fidèles, c'est principalement parce qu'ils sont blessés dans leur narcissisme.

En général, durant leur enfance, les moments où ils se sont retrouvés seuls ont été traumatisants : ils se sont sentis incapables de satisfaire leurs besoins qui s'intensifiaient dans la solitude, incapables de faire cesser les excitations internes où externes qui les envahissaient trop brutalement. Ils n'ont donc pas eu l'occasion de découvrir, sans se sentir en danger, l'état de bien-être et de satisfaction interne de l'enfant comblé dans ses besoins physiques et dans ses besoins d'amour, de reconnaissance et de tendresse.

Un ou plusieurs traumatismes ou un milieu environnant toxique les ont plongés dans une situation où, face aux sensations débordantes venues de besoins insatisfaits, ils ont ressenti la profonde douleur non seulement d'être seul mais surtout d'être impuissant et immature pour faire face à leurs pulsions, ce qui a blessé profondément leur narcissisme. Ils se sont alors définitivement coupés d'eux-mêmes et ils n'ont gardé, à peine conscient et exprimable, que les restes d'un grand désir de proximité, d'un besoin d'exister, d'être reconnu, regardé, et d'être important aux yeux de quelqu'un.

Que ne feraient-ils pas dès lors pour être enfin désirés et aimés dans le calme et la paix ! Ce désir absolu n'a pas de représentation précise, c'est une vague promesse de sensations de bien-être et de volupté, d'immobilisme et d'éternité. C'est peut-être aussi le souvenir du paradis perdu : ne plus devoir se battre, enfin pouvoir se reposer et se laisser vivre au milieu de ceux qu'ils aiment et, plus inavouable, ils osent à peine l'espérer, de ceux qui finiront peut-être un jour par l'aimer !

L'enfant qui s'épanouit sous le regard aimant et encourageant de ses parents découvre le plaisir de s'adonner seul à des activités qui lui procurent du plaisir et une estime de lui-même. Au contraire, les enfants qui ont subi précocement de trop fortes frustrations peuvent difficilement rester seuls parce que, pour eux, la solitude est synonyme de faim non apaisée, de froid, de manque, de cris déchirants ou d'un silence trop lourd d'absence. Dès leur plus jeune âge, parfois, ils ont appris des comportements pour éviter à tout prix ce genre de situation. Même s'ils savent qu'ils recevront des coups, même s'ils doivent en souffrir, ils s'acharnent à agir sur les autres, à se mettre dans leurs pieds, à se rendre indispensables et incontournables.

L'adulte qui, dans son enfance, n'a pas reçu (ou n'a pas su, pour différentes raisons, accepter) un minimum d'amour, de sollicitude et de renforcements positifs dans son plaisir solitaire évite, de façon tout à fait inconsciente, de se retrouver face à lui-même : c'est trop angoissant. Il fuit dans l'alcool, la suractivité, il se tue au travail... ou il rend des services à l'un ou l'autre pour ne se coucher que lorsqu'il est certain de s'endormir sans penser.

Fuir le sentiment de vide et la dépression

Comment la dépression menace

Quand tout va bien, l'enfant a la chance de se voir valorisé et confirmé dans ses découvertes et dans les moyens qu'il met en œuvre pour satisfaire ses besoins. Il a la permission de dormir, de se nourrir, de bouger, de devenir autonome, d'affirmer sa différence. L'enfant qui s'est senti aimé et respecté dans sa recherche d'épanouissement a, à l'intérieur de lui, une euphorie agréable, une joie de vivre qui le porte et l'accompagne tout au long de sa vie. Il se sent puissant, fort, rempli d'une infinité de projets et capable de se donner à lui-même la reconnaissance, l'amour et la gratification dont il a besoin. Bref, il se sent vivant.

S'il n'en a pas été ainsi, si au contraire l'enfant a été blessé narcissiquement, c'est-à-dire si ses tentatives de devenir un être séparé et autonome ont rencontré le désaveu, la désapprobation, l'humiliation, le rejet, la frustration ou l'indifférence, s'il s'est senti trop immature pour les mener à bout, ou s'il a perdu l'être cher qui l'encourageait à grandir, même dans les moments qu'objectivement on pourrait qualifier de grand bonheur, il a toujours, en toile de fond, un mal de vivre, un mal-être indéfinissable. La dépression menace. Il dépend totalement des gestes et des paroles des autres pour se sentir au moins tolérable puisqu'il ne se sent pas aimable. Il ne sait pas se féliciter lui-même de ses bonnes actions et en tirer le plaisir qui rend la vie belle. Il a donc cruellement besoin du regard et de l'attention des autres. Etre gentil, se rendre utile et indispensable sont des moyens d'obtenir des autres la reconnaissance dont il a besoin.

Un idéal du moi tyrannique

Pour sauvegarder un minimum d'amour de lui même, l'enfant blessé dans son narcissisme a projeté ce qui lui semblait bon sur un de ses parents, ou s'ils étaient vraiment trop «moches» à ses yeux, sur un héros ou un être de rêve. Il s'est construit un «Idéal du Moi» écrasant. Il en est devenu l'esclave et il éprouve de la honte quand il n'est pas comme il imagine que papa, maman ou son héros le demandent, comme son Idéal du Moi le lui dicte.

Il se sent vivre quand il a le sentiment de se dépasser, quand il crée des situations où il reçoit des autres l'estime et la reconnaissance dont il n'a jamais assez et qu'il ne sait pas se donner lui-même. Il utilise pour cela l'alcool, les drogues, les jeux de hasard, les compétitions sportives ou la course aux promotions dans le travail. Le «faux-altruiste» utilise de la même façon l'aide aux autres. Il trouve un semblant d'exaltation et de goût de la vie dans le sentiment de dépassement de soi qu'il éprouve lorsqu'il se sacrifie pour les autres. Il évite ainsi de sombrer dans la dépression.

Une blessure qui continue à saigner

Lorsque nous nous trouvons devant un désir, une envie ou une pulsion qui a été désapprouvée ou qui n'a simplement pas été valorisée (ce que nous considérons souvent comme une désapprobation), nous ne pouvons pas l'accepter. Nous n'aimons pas cette force de vie qui nous pousse de l'intérieur si nos parents ne l'ont pas jadis aimée.

Lorsque, pour une raison ou pour une autre, nous sommes remis devant nos blessures, nous sommes à nouveau totalement découragés. Nous nous sentons insuffisants, petits et misérables. Notre élan vital est brisé, le temps se fige, nous sommes sidérés. Nous nous trouvons dans une impasse, notre tonus diminue, la dépression nous envahit aussitôt.

Même un grand bonheur en accord avec notre Idéal du Moi et ce que nous rêvons de devenir nous est insupportable s'il nous remet devant une de nos pulsions détestables parce que non acceptées et non aimées. Instinctivement, nous évitons à tout prix de réaliser les désirs qui ont été à la source de notre blessure narcissique, car, si nous les réalisions, la dépression apparaîtrait ou réapparaîtrait en force.

Tout ceci explique pourquoi tant de personnes semblent « se saboter » au moment où elles sont toutes prêtes d'atteindre leur but. Elles se justifient souvent alors en disant que c'est pour les autres ou à cause des autres qu'elles renoncent à ce qu'elles désirent tant.

L'engagement et la suractivité du « faux-altruiste » masquent sa fragilité. Il ne sait pas lui-même qu'au fond, ce qu'il cherche, c'est d'échapper à cette dépression latente qui le menace depuis si longtemps. Avant de tomber malade, il mène une vie normale, il a des relations authentiques, il connaît la chaleur des émotions intenses et il est entouré de compagnons agréables auxquels il est sincèrement et profondément attaché.

Une image à préserver

Le principal mobile du « faux-altruiste » est d'être à la hauteur de son Idéal du Moi afin de mériter l'amour de ceux qui l'entourent. Perfectionniste, il n'est jamais satisfait de lui-même. Il reste particulièrement vulnérable aux frustrations et aux déceptions. Même si extérieurement il semble réussir dans ses relations et avoir tout pour être heureux, il ne se sent jamais arrivé. Il est toujours en attente d'un ailleurs et d'autre chose. C'est ce qui explique qu'il ne reste jamais en place ! Et s'il accepte toujours plus, c'est aussi parce qu'il espère enfin trouver ce qu'il cherche.

Si quelqu'un ressent continuellement depuis sa plus tendre enfance la douleur du manque de reconnaissance et d'amour, aucun amour, aussi grand soit-il, n'a le pouvoir de guérir ses blessures ni le pouvoir de le combler. C'est sans doute pour cette raison que, le plus souvent, il est attiré et entouré par des personnes qui, blessées comme lui, lui renvoient ses propres manques et sa propre image. Comme il n'a pas une très haute estime de lui-même et que le plus souvent il se déteste, il finit par détester ceux qui l'entourent et la relation s'engage dans la violence ou vers une séparation.

Si l'Idéal du Moi de quelqu'un devient puissant, il s'autodéprécie et il s'affaiblit de plus en plus. Il fuit la dépression dans son antidépresseur, entre autre le dévouement au travail, le militantisme ou l'altruisme.

Si le « faux-altruiste » provoque, harcèle et reproche aux autres ce qu'il ne supporte pas en lui, entre autre d'être critiquable et de ne pas être à la hauteur, c'est pour prouver à son Idéal du Moi que ce n'est pas de sa faute s'il ne correspond pas au modèle qu'il s'est fixé. C'est de la faute des autres. C'est une manière d'arrêter de retourner son agressivité contre lui et de la diriger vers l'extérieur. Celui qui lui met des bâtons dans les roues joue son jeu et devient son allié : il accepte d'être la cause de ses malheurs. Trouver quelqu'un à qui en vouloir lui permet d'échapper à l'autodestruction.

Nous comprenons mieux dès lors l'impossibilité de certains couples de se défaire quand au moins un des deux partenaires a besoin de quelqu'un qui continue à lui nuire pour pouvoir se justifier face à son Idéal du Moi. C'est ainsi que certains, dans la position du « faux-altruiste », ne peuvent jamais vivre le grand amour dont ils rêvent. Pour garder un minimum d'estime d'eux-mêmes, ils ont toujours besoin de trouver un autre à accuser et à qui reprocher ce qu'ils ne supportent pas en eux. Mais au bout du compte, ils s'en veulent toujours de ne pas être capables de vivre des relations saines et de ne pas parvenir à être heureux et satisfaits d'eux-mêmes et de leurs proches... Ils finissent quand même par souffrir de la honte qu'ils ont mis tant d'énergie à fuir, la honte de ne pas être comme ils le devraient.

Toujours dans l'espoir de se justifier face à leur idéal du moi, d'autres « faux-altruistes » ressassent toujours le même thème, notamment l'injustice dont ils sont l'objet et qui leur permet de remettre la cause de leur échec sur l'extérieur. C'est plus facile et plus tolérable que de ne pas se sentir à la hauteur de l'image qu'on se fait de soi-même ! Certains autres deviennent tyranniques, de mauvaise foi et ambivalents. Ils recherchent l'amour tout en le fuyant.

Blessé narcissiquement, soumis à un Idéal du Moi tyrannique qui le remet sans cesse devant sa blessure, celui qui est dans la position du « faux-altruiste » se sacrifie moins pour le bien des autres, comme il le croit, que pour éviter de perdre la bonne image qu'il a de lui-même. Cette perte le précipiterait dans la dépression.

En d'autres termes, c'est pour être quelqu'un de bien à ses propres yeux qu'il agit comme il le fait.

Satisfaire des forces irrésistibles

« Devant la même pression sociale, l'un se comportera en révolutionnaire authentique, l'autre en passif docile, un autre en humoriste, un autre en dépressif et un autre encore en dément. Chacun réagit à l'événement selon les lignes de force ou de faiblesse de sa personnalité de base telle qu'elle a été inscrite dans sa psychogenèse personnelle au cours de son enfance

et son adolescence, bien avant l'événement actuel. »
J. Bergeret, La dépression et les états-limites.

« Je ne sais pas m'en empêcher, c'est plus fort que moi... » Chacun sait qu'il est impossible de raisonner quelqu'un qui déprime. Il en est de même pour celui qui fuit la dépression. C'est plus fort que lui, il ne sait pas faire autrement, il n'a plus aucune liberté et les raisonnements ont tout au plus le pouvoir de déplacer les difficultés.

Les peurs enfouies en lui, d'abandon et de perte «du bon objet» principalement, l'attirent irrésistiblement vers des personnes en difficultés qui sont susceptibles d'avoir besoin de lui. Si en plus, il a idéalisé cette attitude et s'est constitué une image agréable de lui-même comme personne généreuse et dévouée au bien-être d'autrui, il trouve dans chaque opération de sauvetage l'occasion de redorer son blason qui, comme nous le savons, en a toujours bien besoin.

Robin Norwood décrit, dans *Ces femmes qui aiment trop*, le besoin de certaines femmes — mais n'est-ce pas aussi le besoin de ceux qui sont dans la position du «faux-altruiste»? — de créer des relations de dépendance. Des femmes maltraitées et battues ne peuvent mettre fin à une relation malsaine : «Mais je l'aime», répondent-elles à ceux qui le leur conseillent. C'est compréhensible puisque, comme nous l'avons vu, leur conjoint, en leur étant nuisible, les empêche de déprimer ou de s'autodétruire.

Outre cet acharnement à créer des relations de dépendance le plus souvent passionnelles et douloureuses, « le faux-altruiste », comme d'autres types de « faux-self », répète des situations d'échec dans les autres domaines de sa vie. C'est plus fort que lui, il ne peut s'en empêcher. C'est ainsi qu'au-delà d'une volonté évidente et d'une lutte incessante pour s'en sortir, les mêmes difficultés d'argent, de perte d'emploi, de séparation se répètent dans sa vie et, si l'on y regarde d'un peu plus près, reconstituent l'ambiance et le contexte émotionnel de l'enfance, même si en apparence le scénario est totalement différent, voir même opposé.

Savoir ce qu'on ne veut plus, ce n'est pas suffisant. Comment peut-on vivre quelque chose qu'on ne connaît pas, qu'on n'imagine pas? Le «faux-altruiste» a trouvé les raisons apparentes de ses souffrances. «C'est parce que papa était indépendant qu'il n'a pas pu s'occuper de moi», «C'est parce que maman réclamait de l'argent à papa, qu'il la battait». Il en conclu que c'est mauvais de devenir indépendant ou de réclamer de l'argent. Il ne sera pas indépendant. Elle ne réclamera jamais rien à son mari. Ils espèrent ainsi sortir définitivement d'une situation très douloureuse.

Mais cela ne suffit pas. Au-delà des choses palpables et descriptibles, il y a l'ambiance du milieu. Un peu comme le poisson qui vit dans l'eau et qui ne sait pas comment les choses pourraient être autrement, parce que l'eau, c'est la seule réalité qu'il connaît, celui qui agit pratiquement toujours en «faux-altruiste» cherche et recrée toujours le même milieu, la même ambiance affective. Même si apparemment, les acteurs sont très différents, le ton de ce qui est dit, la manière d'entrer en relation, les rôles joués... restent pratiquement les mêmes. Le «faux-altruiste» ne peut que changer de rôle et prendre une fois la place de l'un, une fois celle de l'autre, mais il ne peut pas imaginer jouer une autre pièce. Il entre difficilement en relation avec les autres autrement qu'il l'a toujours fait.

Nathalie s'est bien promise, étant petite, qu'elle n'épouserait pas un marchand de légumes.

Elle raconte : «A la maison, c'était une guerre continuelle entre mes parents et entre eux et nous. Les affaires ne marchaient pas. Maman trouvait que c'était de la faute du métier de papa. Papa ne disait rien mais s'obstinait à ne faire aucun progrès et à rester aussi maladroit et indifférent. Moi, j'étais convaincue, comme maman, que tous les problèmes venaient du fait que papa était marchand de légumes, que trois fois par semaine, il devait aller au marché matinal et qu'il était tard quand il rentrait épuisé le soir.

Je me suis mariée avec un professeur. Au moins, il ne devait pas partir tôt le matin, et il était souvent à la maison. Malgré cela, c'était aussi la guerre entre nous. Je criais et l'accusais, comme maman, lui restait maladroit à mes yeux, indifférent, comme papa. Il semblait obstiné à ne rien vouloir comprendre des malaises que j'exprimais. Je l'ai quitté.

Depuis, j'ai vécu avec trois autres personnes. L'une sans travail, l'autre artiste et finalement un commerçant. Chaque fois, après les premiers mois, ou même parfois les premières semaines, voire les premiers jours, je me retrouvais, avec les enfants, dans le même type d'ambiance : insatisfaite, je faisais des reproches, puis des demandes à des hommes qui n'en avaient rien à faire.»

Nathalie a choisi de faire une thérapie. Elle veut comprendre. Elle se rend compte, avec tout ce qu'elle a vécu, qu'il ne suffit pas de dire : «Je ne marierai pas un marchand de légumes», pour créer un autre type de relation et d'ambiance dans son milieu familial.

Celui qui a été placé trop jeune dans certaines situations a été confronté à son impuissance et à son immaturité. Il n'a pas pu trouver une solution à ses difficultés. Il a été blessé dans son amour-propre de ne pas y être arrivé. Pour cette raison, comme l'enfant qui s'obstine à relancer sa flèche jusqu'à ce qu'elle atteigne enfin la cible qu'il a ratée jusque-là, il recommence toujours la même histoire. Il espère un jour lui donner l'issue rêvée. C'est pourquoi il remettra en scène les mêmes situations jusqu'à la fin de ses jours, s'il le faut. Il espère réussir, c'est sûr. En tout cas, c'est ce qu'il dit et réclame... mais en même temps, sans s'en rendre compte, réussir lui fait peur.

S'il trouve la clé du bonheur mutuel dans ses relations actuelles, s'il réussit là où ses parents ont échoué, s'il peut vivre avec un sentiment d'abondance, dans la paix et la sérénité, des tas de questions se posent plus ou moins consciemment à lui et des souffrances apparaissent ou réapparaissent. « Comment admettre que sa mère ou son père n'ait pas pu lui donner ce qu'il s'offre avec tant de facilité et de simplicité aujourd'hui ? Comment se pardonner de ne pas y être parvenu plus tôt, quand il en était encore temps pour combler ceux qu'il a tant aimé ? N'est-ce pas une trahison que de vivre au dehors ce qu'on n'a pas eu la permission de vivre dans le milieu familial de l'enfance ? Quel est le sens de toutes les souffrances passées, si elles n'étaient pas inéluctables ? Ses parents étaient-ils mauvais à ce point, qu'ils n'ont pas pu lui donner ce qu'il se donne avec autant d'aisance aujourd'hui ?... » L'observation quotidienne confirme que l'homme est parfois prêt à accepter le pire pour éviter d'être confronté à ce type de questionnement et de remise en question de ses croyances et de ses valeurs.

Celui qui a été blessé narcissiquement dans son enfance et qui n'a pas pu surmonter ses blessures est condamné, comme le porc-épic, à se rapprocher des autres pour se réchauffer et à s'en séparer aussitôt pour ne pas se blesser. Le blessé narcissique a aussi un art tout particulier pour se mettre dans des situations difficiles et s'autopunir. Il recrée sans cesse un problème du passé afin de le surmonter sans toutefois se laisser la moindre chance d'y arriver. Bref, des forces qui le dépassent dirigent sa vie, et c'est plus fort que lui, il ne sait pas faire autrement, que d'intervenir, comme il le fait, pour sauver les autres et le monde.

La colère qui possède les parents à certains moments et qui les envahit totalement contre leur gré illustre parfaitement tout ceci. Dans une situation où la réaction de leur enfant les place devant leur impuissance, ils sont incapables de raisonner et d'agir autrement que leurs propres parents. Le décalage entre ce qu'ils vivent et l'idéal qu'ils poursuivent les torturent au plus haut point. La seule issue possible est parfois celle de frapper et de faire mal à l'enfant qui représente ce qu'ils ne supportent pas de voir en eux.

Tout ou rien !

Celui qui vit principalement dans la position du « faux-altruiste » frappe par son caractère entier. Il est totalement dévoué à une cause ou à une personne mais si, pour une raison ou une autre, il se sent trahi ou trompé, il lutte avec le même acharnement contre cette personne ou cette cause.

Les traumatismes de l'enfance ou la nocivité du milieu dans lequel il a vécu expliquent cette impossibilité de considérer l'ambivalence et de synthétiser ce qu'il y a de bon et de mauvais chez lui, chez les autres, dans les associations et dans la société. En effet, il a du, pour se protéger, séparer le bon du mauvais, et ne voir chez les uns que le bon et chez les autres que le mauvais. Cela lui a permis de grandir dans une certaine cohérence, sans que ce qui lui semblait bon ne risque automatiquement d'être détruit par ce qui lui semblait mauvais.

Voici quelques exemples. Le corps peut être considéré comme mauvais et non digne d'intérêt, tandis que l'intellect est valorisé. L'action peut être encouragée lorsque son but est d'aider l'autre et interdite si c'est pour se faire plaisir à soi. Pour subsister et garder un minimum de sentiment de sécurité, certains ont du se convaincre que leurs parents étaient bons, que c'étaient le patron, la société, les gendarmes... ou même eux-mêmes qui étaient «méchants». Adultes, ils continuent à séparer le monde, tout ce qu'ils rencontrent et tout ce qu'ils sont en bons et méchants, en tout ou rien.

Dans leurs relations intimes, amicales ou professionnelles, ils passent du dévouement au désintéressement le plus total, de la gentillesse à la colère, de l'enthousiasme au découragement. Ils ont du mal d'assimiler et de synthétiser les aspects apparemment contradictoires d'une situation, d'une théorie ou d'une personne. Lorsqu'ils défendent un point de vue, ils sont souvent aveuglés au point de nier certains aspects importants de la réalité. Ils sont excessifs.

Le besoin d'aider l'autre est parfois un besoin de garder intacte ses belles images, ses grandes idées, sa conception du bien et du mal. C'est souvent un moyen de refuser l'ambivalence et de nier qu'il y a du bon et du mauvais dans tout.

Aider l'autre malgré lui, c'est parfois une tentative désespérée d'adapter la réalité à sa propre vision du monde et de soi. L'altruisme peut donc être un moyen de ne pas devoir se remettre en question.

Je ne mérite pas le bonheur

« Certains enfants ont "appris", sans s'en rendre compte, à refuser le bonheur par crainte d'attirer des événements malheureux. »
C. Rialland, Cette famille qui vit en nous.

En se noyant dans l'altruisme, certains confirment les messages reçus dans leur enfance : ce n'est pas encore le moment d'être heureux, le bonheur est toujours bien pour demain.

Du traumatisme vécu dans leur enfance ou simplement du milieu toxique duquel ils sont issus, de nombreux «faux-altruistes» ont retenu que le plaisir est mauvais. Se faire plaisir, c'est mal. Dans les milieux très catholiques ou dans les sectes telles que celle des «Témoins de Jéhovah», cette croyance est renforcée par des lois qui font des plaisirs sains de la vie un péché.

Quand ils étaient enfants, rien n'était assez bien, le bonheur n'était pas possible au présent. Ils seraient heureux dans un ailleurs, plus tard, demain peut-être si telle ou telle condition était remplie. Ils en ont conclu que, pour jouir de la vie, il faut en gagner le droit. Mais voilà, la barre remonte au fur et à mesure qu'elle devient accessible et ce droit n'est jamais acquis. Quand la souffrance et le rejet font partie du quotidien, on s'y habitue, et même si on continue de lutter pour atteindre le paradis promis, on finit par tenir à ce qu'on a vécu. C'est la seule chose que l'on connaisse ; le bonheur, finalement, on ne sait pas ce que c'est, c'est l'inconnu et, comme tout ce qu'on ne connaît pas, il fait peur. La croyance qu'on ne le mérite pas et qu'il n'est pas pour nous s'ancre ainsi de plus en plus facilement et profondément.

Devenus adultes, alors qu'apparemment ils ont tout pour être heureux, les blessés narcissiques continuent à espérer jouir d'un bonheur qu'ils sont convaincus, d'autre part, ne pas mériter. Voici un exemple assez courant de refus du plaisir qui illustre tout ceci.

Dans certaines familles, il n'est pas question de faire de la nourriture un plaisir. D'ailleurs, il faut manger pour vivre et surtout ne pas être réduits à vivre pour manger. Tous les moyens sont bons pour se protéger d'un plaisir qui risquerait de les corrompre et de les emmener sur des terres inconnues. Le manque de moyens financiers ou leur mauvaise gestion est sans doute le plus courant. Il ne faut pas que cela coûte cher de manger, il y a la maison à payer, l'entreprise à faire tourner, les économies à gonfler... La faim dans le Tiers-Monde, l'exploitation du Sud par le Nord, l'utilisation de produits chimiques dans la culture, l'idéal de minceur, de maigreur même parfois... sont aussi des prétextes bien commodes pour mal manger et suivre des régimes suffisamment austères pour qu'ils protègent du plaisir de bien manger.

Je ne contredis pas le fait que la justice, la santé et le respect des ressources naturelles méritent toute notre attention et celle des politiques et qu'un consommateur informé et responsable mange de manière plus saine. Toutefois, il faut bien se rendre compte qu'il y a des personnes qui utilisent des informations objectives pour reproduire, de façon tout à fait inconsciente, la situation familiale d'austérité alimentaire.

Annabelle se souvient qu'on mangeait mal à la maison. Sa mère choisissait les viandes les moins chères, souvent des abats, des légumes flétris... elle n'avait pas d'argent. Son budget alimentation était très serré. Quand l'aîné s'est fait un peu d'argent de poche et a ramené des friandises pour les plus jeunes, elle a refusé et a rappelé qu'indépendamment de l'argent, c'était mauvais de trop manger : la gourmandise est un péché. Pas d'extra, pas de nouveautés. Pas de friandises pour aller à l'école.

Annabelle a quitté ses parents. Elle a les moyens de dépenser plus pour la nourriture. Elle ne s'en prive d'ailleurs pas. Elle fait ses courses dans un magasin de produits diététiques et bio. Elle est sensible à l'exploitation du Sud par le Nord et n'achète comme toute friandise que quelques fruits secs ou des chocolats produits et vendus dans la dignité.

Ses enfants vivent l'alimentation comme quelque chose d'austère... Il faut se priver et dominer ses envies, car elles ne sont pas bonnes. Annabelle se donne toutefois d'autres raisons que celles que se sont données ses parents. Elle se rassure et se convainc qu'elle ne fait pas la même chose qu'eux. Elle ne le voudrait d'ailleurs pour rien au monde, elle a trop souffert de cette situation lorsqu'elle était enfant. Elle se sent libre de ne pas obéir aux dictats de l'Eglise et elle est fière de savoir faire rentrer assez d'argent pour nourrir convenablement sa famille, avec de bons produits.

Cela n'empêche qu'elle reproduit les schémas appris sans s'en rendre compte : manger est une nécessité, non un plaisir, il faut se priver de choses agréables pour garder la santé ou pour ne pas créer ou encourager des injustices.

Entendons-nous bien. Je ne critique pas les campagnes de conscientisation sur l'exploitation des pays pauvres par les pays riches et sur certaines aberrations dans les manières de se nourrir. Ce que je dénonce ici, c'est l'utilisation de ces informations pour se confirmer que le plaisir est interdit et nocif, voire même qu'il tue les autres.

On peut répéter de génération en génération les privations tout en leur donnant une justification différente. Toutes ces privations développent plus la peur de vivre que l'amour et le plaisir de vivre. Elles rendent coupables et même incapables de profiter « des bonnes choses » et de « se faire du bien ». Or, une personne saine aime faire le bien et évite le mal autour d'elle mais aussi vis-à-vis d'elle.

« ... le bien, c'est le respect pour la vie, la recherche de tout ce qui favorise la croissance et l'épanouissement, le mal, au contraire, tout ce qui contribue à brider l'existence, à la rétrécir, à la morceler. La joie est une vertu et la tristesse un péché. »

E. *Fromm,* Le cœur de l'homme.

La croyance qu'on ne mérite pas le bonheur conduit à une vie triste en éternelle attente d'un ailleurs meilleur, une vie « comme si ». Pour ceux qui ne peuvent être bien ici et maintenant, tout est lourd. C'est ainsi que des adultes sont amenés à jouer avec un enfant parce qu'ils ont lu que c'est bon pour lui, mais sans en tirer du plaisir pour eux-mêmes, sans être en train de jouer pour du vrai, de façon authentique. L'enfant est face à un adulte qui s'efforce de faire comme s'il jouait mais qui ne joue pas vraiment.

Justine, 35 ans, se souvient des sorties dans les bois ou en ville avec sa mère lorsqu'elle était adolescente. Elle vient de découvrir que sa mère n'aimait pas cela, mais qu'elle le faisait parce qu'il le fallait bien, pour la distraire, pour qu'elle ne reste pas oisive et qu'elle ne demande pas pour aller chez une copine. Jusque-là, elle avait toujours cru que sa mère aimait se promener avec elle.

Justine trouve l'attitude de sa mère horrible. Elle a envie de vomir, d'hurler... mais rien ne sort. Sa gorge serre. Elle étouffe, elle suffoque.

La conviction viscérale qu'ils ne méritent pas le bonheur explique aussi l'acharnement d'hommes et de femmes à entrer en relation avec des personnes à problèmes et leur obstination à trouver les gens heureux ennuyeux. Ils recréent sans cesse des situations chaotiques affectivement douloureuses afin de reproduire l'atmosphère de leur enfance, parce que, dans cette ambiance familière, ils savent comment se comporter. Ils pourront être heureux quand les autres le seront. Ils évitent ainsi la peur de l'inconnu et des changements.

Derrière «Je l'ai fait pour toi», il y a donc aussi très souvent un «Je l'ai fait pour mériter un bonheur futur».

Agir

Agir à tout prix, faire n'importe quoi, mais faire quelque chose, c'est aussi un moyen d'éviter la souffrance avant même d'avoir pu la sentir. L'acting out, l'action subite, imprévue, non programmée ni mentalisée, est typique chez celui qui est souvent dans la position «faux-altruiste». Il agit avant que l'autre n'ait eu la possibilité d'intervenir ou de savoir ce qu'il avait envie, ce qu'il aurait été bon de faire ou pas. Avec un «faux-altruiste», on se retrouve embarqué dans des situations parfois peu confortables où il devient de plus en plus urgent d'agir et de plus en plus difficile de prendre son temps pour réfléchir et analyser les diverses solutions possibles.

Le «faux-altruiste» fuit parfois dans l'action pour éviter d'être face à la réalisation de son propre désir comme cette femme qui, à peine installée, déménageait, alors qu'elle ne rêvait que de stabilité et de paix.

Nous savons que l'activisme augmente dans les situations de stress. Il a été notamment observé dans des entreprises en restructuration. Insécurisé de ne pas très bien savoir ce qu'il en sera à l'avenir, chacun s'agite et va même jusqu'à se créer du travail, que ce soit pour oublier la situation dans laquelle il est ou pour se faire remarquer positivement par le patron. C'est aussi parfois simplement pour se prouver à lui-même qu'il a bien sa place là. Cette agitation n'apporte pas vraiment un plus à l'entreprise, elle n'a pas de réelle efficacité. Au contraire, elle contribue plus à augmenter le stress dans l'entourage.

L'activisme du «faux-altruiste» est d'abord une réaction à son stress intérieur. Il agit pour se calmer et se rassurer. Ses actes ne sont malheureusement pas toujours opportuns, adéquats, efficaces. Ils sont parfois franchement nocifs. Mais l'important pour le «faux-altruiste» est plus d'agir et de réagir que d'analyser des effets et des conséquences.

Ce n'est que par la force des choses que le «faux-altruiste» s'arrête. C'est pour lui une épreuve difficile, parfois mortelle à un certain âge.

> Lors d'un grave accident qui la cloue au lit pour quelques semaines, Yvonne se rend compte qu'elle a passé sa vie dans l'action et la réaction. Tout était prétexte à agir.
> Quand les moyens financiers auraient permis un peu de relâche, elle projetait des vacances de luxe avec ses enfants, ce qui l'obligeait à faire des heures supplémentaires. Dès que des habitudes s'installaient, elle déménageait. Et si elle voyait une soirée de libre, elle entreprenait de coudre des vêtements. Jamais elle ne s'est arrêtée une minute. Elle se plaignait d'ailleurs souvent de n'avoir jamais une minute à elle et d'être la seule à ne pas s'être assise de toute la journée.
> Aujourd'hui, elle est forcée de s'arrêter. Elle se rend compte qu'elle n'est pas là où elle l'aurait voulu. Elle vit seule avec ses deux enfants, les compagnons qu'elle a rencontrés étaient tous paresseux, irresponsables, incapables non seulement de ramener de l'argent à la maison mais en plus de subvenir à leurs propres besoins. Après avoir abandonné des études d'infirmière parce qu'elle était enceinte, elle a vécu de petits boulots. Maintenant, elle fait surtout des ménages. Elle se plie en quatre pour ses gosses qui la font danser sur la tête et sur lesquels elle déverse ses plus orageuses colères.
> Quand elle regarde sa vie, elle a la nausée, elle se dégoûte elle-même et elle comprend que c'est pour ne pas se rendre compte de cette situation misérable qu'elle «s'en met jusqu'au-dessus de la tête». Plus que ses blessures physiques, ce qui la fait souffrir, c'est son inactivité. Elle ne peut plus fuir la réalité. Elle se voit là où elle est. Mais le pire de tout, c'est de ne pas savoir comment elle pourrait faire pour vivre autrement, pour se rapprocher de l'idéal qu'elle s'est fixé et pour s'offrir un style de vie plus digne des nombreuses compétences qu'elle s'est efforcée d'acquérir au fil des années.

Agir pour éviter de se retrouver face à soi-même ! Agir pour éviter de se retrouver face aux autres, face à leur colère, à leur mécontentement, à leurs remarques désagréables ou, pire encore, à leur indifférence. S'activer ne laisse pas le temps à l'autre de réagir ou de dire ce qu'il vit. Il n'a pas l'occasion de nous trouver incompétent. C'est le cas sans doute du psychologue qui, sans écouter son patient, passe d'une technique à l'autre, sans beaucoup de cohérence parce qu'il est talonné par l'obligation de réussir à guérir. C'est aussi le cas du professeur ou de l'animateur qui met en place des activités et des exercices, sans autre but que de les faire, en oubliant que ce ne sont jamais que des moyens. Malgré tout son arsenal pédagogique, il ne part pas du vécu et de la demande des élèves ou des participants qui, elle, ne germe que dans le silence et le vide. Mais le silence et le vide sont de véritables supplices pour celui qui choisit de fuir dans l'agitation et l'activisme. Dès lors, il agit pour agir.

Dans les relations, l'action permet de garder le contrôle et d'éviter ce qui fait peur. Par exemple, le fait de servir l'autre, de prendre des décisions à sa place, de le conseiller... ne lui laisse pas le temps de sentir et d'exprimer des désirs comme celui de partir seul une soirée retrouver ses amis ou de louer un studio et de quitter la maison... L'action est un moyen parmi d'autres pour enfermer les autres, à leur insu, dans des situations qu'ils n'ont pas nécessairement choisies. Les actions répétées ne laissent pas le temps aux autres de s'éloigner.

Etre aimé à tout prix

« "La privation de lien pousse le développement d'une personnalité dans une direction qui mène à l'effondrement dépressif...". Harlow, en remplaçant la mère du petit macaque par deux leurres, dont un nourrit et l'autre donne de la douceur, montre que "quand on enlève la mère-feutre", l'enfant, non tranquillisé, court en tous sens, cesse de boire, de manger et dormir, il ne peut plus percevoir ni traiter les informations venues du monde alentour. »

Cyrulnick, Sous le signe du lien.

Au-delà de toutes ces peurs et de tous ces aménagements, un de nos principaux moteurs à tous est notre besoin d'être en relation. Si nous n'en sommes pas convaincus par notre vie personnelle, si nous pensons que nous pourrions vivre seuls et sans amour, selon les scientifiques nous nous trompons. Les enfants non touchés dépérissent même si tous leurs autres besoins sont satisfaits. L'enfant dont les parents ne peuvent lui donner un minimum d'affection et d'amour va, pour en obtenir, essayer de changer ses parents. Il espère les rendre capables de lui donner ce dont il a tant besoin. Même si elle est agressive, la moindre attention vaut mieux que de l'indifférence.

Dans son enfance, Annie a appris à vouloir changer l'autre pour obtenir un peu d'affection. Elle lutte aussi continuellement contre elle-même et ses automatismes. Par exemple, en observant ses parents, elle a conclu que «C'est à cause de maman que papa est parti. Quand je serai grande, je ne serai pas comme maman, je serai gentille avec mon mari pour le garder près de moi».

Cette décision la rend capable de nier ses propres besoins pour répondre à ceux des autres, en vue de les garder près d'elle. Lorsqu'elle sent son envie de mettre des limites, automatiquement, le «pas comme maman» surgit. Mais elle ne sait pas comment c'est quand ce n'est pas comme maman. Elle n'a pas de modèle pour apprendre.

Celui qui n'a pas reçu ou qui n'a pas su recevoir l'attention nécessaire pour trouver en lui la confiance et la sécurité aspire à ce qu'il pense être le plaisir suprême : se sentir désiré et regardé. Mais il n'en a pas l'habitude et quand cela lui arrive, il perd donc ses moyens. Il n'a pas appris comment «répondre» à ce genre d'interpellation et il a peur. Comme nous l'avons vu, il sait mieux ce qu'il ne veut pas que ce qu'il veut. Il finit par s'attacher à des personnes aussi difficilement accessibles que ne l'étaient ses parents. Lorsqu'il se demande «Va-t-elle me donner un rendez-vous ?», il sent une excitation intense qu'il appelle «amour» ou «coup de foudre », alors qu'elle ne reflète que l'intensité de la frustration et la force du désir d'être enfin désiré ou « qu'on s'occupe de lui ».

Dans la position du « faux-altruiste », ce que le blessé narcissique fait pour les autres, c'est aussi pour lui qu'il le fait. Ses motivations, le plus souvent inconscientes, sont parfois tellement angoissantes et pressantes qu'il peut en perdre le sens de la réalité. Les images qu'il se fait de lui-même, de l'autre et de la vie l'empêchent de rencontrer l'autre tel qu'il est. C'est pourquoi les services qu'il rend sont souvent « à côté » et ses actions « altruistes » ont souvent quelque chose de malsain.

Chapitre 4
Entre toi et moi

« Sa mère ne se lassait pas de lui répéter tendrement : "Tu étais le bébé le plus mignon que j'aie jamais vu..." Au lieu de se sentir aimé et apprécié pour ce qu'il était dans le présent, il s'était alors senti rejeté et jaloux de l'image du "mignon bébé" que sa mère avait dans la tête. »
                                   Harold Searles, Mon expérience des états-limites.

Depuis notre plus tendre enfance, nous savons intuitivement ce que nous devrions être ou faire pour être « quelqu'un de bien », et cela quelle que soit la situation ou le contexte dans lequel nous nous trouvons. Les images de ce que nous devrions être sont parfois tellement fortes, tellement aveuglantes qu'elles nous empêchent alors de voir ce que nous sommes réellement.

De même, c'est difficile de voir les autres tels qu'ils sont, car un mot, un geste, un look a éveillé en nous l'image d'un type d'homme ou de femme bien précis que nous apprécions ou au contraire que nous n'apprécions pas. Toutes ces images nous poussent à fabuler et à agir, non pas en fonction des personnes que nous avons en face de nous, mais plutôt en fonction de ce que nous imaginons qu'elles pensent ou attendent ou du personnage que nous nous croyons obligés de jouer devant elles.

Si vous aimez être correct et respectueux, il vous est déjà certainement arrivé de vous retourner quand quelqu'un crie une insulte dans la rue, ou de ne pas oser le faire tout en pensant être la cible des cris. Lorsque vous êtes au volant de votre voiture, si quelqu'un s'excite sur son Klaxon, vous cherchez sans doute l'erreur que vous auriez pu faire. Dans ces situations, vous prenez donc systématiquement pour vous des critiques qui ne vous étaient pas adressées et vous les justifiez même peut-être. Toutefois, ce type d'erreur d'interprétation est facile à corriger. Il suffit, par exemple, de voir la personne à qui le message était envoyé.

Il existe d'autres formes de méprise, plus difficiles à percevoir. Tous et toutes, à des degrés divers, nous entendons parfois au-delà des mots qui nous sont dits : « Bonjour, c'est gentil de passer me dire bonjour ! », et nous comprenons : « Tu devrais venir plus souvent ! », ou on vous dit encore : « Vous ne mettez pas encore de chaussures à votre bébé ? », et vous pensez : « Il croit que je ne suis pas une bonne mère ».

Quand nous entendons quelque chose qui n'a pas été exprimé concrètement mais qui vient de nos images internes et quand nous réagissons en fonction de nos idéaux, nous créons des situations particulièrement complexes et dramatiques qui nous empêchent de rencontrer les autres tels qu'ils sont. Entre eux et nous, il y a des images.

Pour mieux expliquer tout ceci, imaginons un exemple. Une jeune mariée va dans sa belle famille et voit sa belle-mère regarder les chaussures de son mari sans rien dire. Elle se met à rougir, après avoir suivi le regard de cette dame. C'est comme si elle lui avait dit : «Une bonne épouse cire les chaussures de son mari». Or, la belle-mère n'a rien dit. La phrase vient du plus profond de la jeune dame. Dès qu'elle «l'entend», elle répond non, comme elle le croit, à ce qui a été dit, mais à ce qu'elle a cru entendre. Elle va commencer à se justifier maladroitement : «Il est rentré tard, il ne me les a pas données à cirer», ou à se défendre : «Je n'ai pas eu le temps, je sais que j'aurais dû cirer ses chaussures». Elle peut encore exprimer sa colère d'avoir épousé «un homme qui ne sait même pas cirer ses chaussures, alors que son frère à elle, lui, au moins, il le faisait», ou chercher un coupable : «C'est vous, chère belle-mère, qui n'avez pas bien éduqué votre fils, sachez qu'il va en souffrir, car moi, je ne les lui cirerai pas ses chaussures ! Et puis, il ne faudrait tout de même pas croire que moi, secrétaire ou ceci, ou cela, je vais être la bonne de mon mari».

Il est très probable que la belle-mère et le fils entendent aussi d'autres choses que celles que la jeune dame leur a dites. Ils répondent alors sans doute aussi non à ce qui a été dit, mais à ce qu'ils ont entendu à l'intérieur d'eux.

En rentrant, la jeune mariée pourra affirmer violemment à son mari éberlué qu'elle ne veut plus voir sa mère qui la critique toujours, ou sur un autre registre, qu'elle en a marre que lui la fasse passer pour rien en ne cirant pas ses chaussures, ou pourquoi pas, que s'il l'aimait, il ne lui ferait pas ce genre d'affront.

C'est le genre de situations fréquentes que l'on vit quotidiennement avec l'impression d'être dépassé et anéanti et de ne pas comprendre ce qui se passe. Chacun se retrouve seul dans son coin, vibrant d'autant plus de colère qu'il s'est senti jugé à tort, incompris, pris pour ce qu'il n'était pas. La belle-mère ne voulait sans doute pas faire de remarques désobligeante. Le mari n'en a peut-être rien à faire de l'apparence de ses chaussures. Il avait sans doute imaginé autre chose pour cette rencontre. La jeune mariée, elle, ne se sent ni aimée, ni respectée, ni acceptée.

Pour confirmer notre compréhension, reprenons cette histoire au début, plaçons-nous du point de vue de la belle-mère et imaginons ce que le fait de regarder les chaussures de son fils pouvait bien signifier. Vous avez déjà sans doute trouvé d'autres pensées que celles imaginées par sa belle-fille. En voici quelques-unes. «J'aurais dû lui apprendre à cirer ses chaussures», ou «Mon fils ne changera donc jamais, il se moque de son apparence», ou, pourquoi pas, «Ma belle-fille, elle au moins, elle ne se tracasse pas pour cela, les jeunes filles d'aujourd'hui ont plus de chance que nous». Cela pouvait également être un simple étonnement, un tracas : «Mon dieu, il est encore allé se promener dans le bois, pourvu que sa femme n'en souffre pas comme j'ai souffert quand son père partait». Son regard a pu aussi simplement s'égarer, sans même voir l'état des chaussures, pendant qu'elle réfléchissait à ne rien oublier pour recevoir au mieux le jeune couple.

Cet exemple illustre comment les images s'interposent entre nous et nos interlocuteurs, comment elles nous empêchent de nous rencontrer réellement. Aujourd'hui, plus que jamais, certains rôles sont particulièrement mis en avant par les médias et pèsent lourdement sur notre réalité quotidienne. L'amour est devenu un idéal, nous rêvons de former un bon couple, d'être de bons parents, de réussir socialement. De la même façon, nous évitons des images plus douloureuses, et certaines étiquettes comme celles de chômeur, de raciste... et bien d'autres ! Positives ou négatives, toutes ces images sont à la source de nos émotions et de nos actions, et ce n'est pas toujours pour le meilleur.

L'idéal du bon couple

Construisons un exemple, pour mieux comprendre comment les idéaux du bon mari, de la bonne épouse et du bon couple peuvent empêcher un homme et une femme de se rencontrer réellement.

Imaginons que la femme estime qu'elle sera une bonne épouse quand son mari sera pleinement satisfait dans tous les domaines de sa vie. Moins son mari se sent frustré et plus elle se sent valable, à la hauteur du rôle qu'elle veut jouer. Elle est une «bonne épouse» si son mari est «bien». Dès qu'il exprime une frustration quelle qu'elle soit, elle a donc à cœur de faire tout ce qui est en son pouvoir pour qu'il l'oublie. S'il rentre du travail fatigué et choqué par l'attitude de ses collègues, elle l'écoute, le conseille, trouve ce qu'il devrait faire pour éviter cela à l'avenir. Parfois, elle lui propose une séance de cinéma ou toute autre activité pour le distraire.

Le mari est dépossédé de sa frustration. Il ne peut pas prendre le temps de la vivre, de la ressentir et de la gérer en fonction de qui il est lui, et de ce qui est essentiel pour lui. L'idéal de l'épouse prend toute la place dans la relation. Aveuglée par ce qu'elle devrait être, l'épouse ne se permet pas de parler d'elle, de ses envies, de sa vie, de ses projets. Dès que son mari rentre, elle arrête de vivre pour elle. Elle se rend totalement disponible et remplit son rôle de bonne épouse. Lorsqu'elle propose une activité, ce n'est pas quelque chose qui lui fait plaisir à elle, c'est ce qui est censé le distraire lui.

Imaginons que le mari, de son côté, est convaincu qu'un bon époux doit avoir un travail stable et bien rémunéré. Il a entendu parler d'un travail qui lui conviendrait mieux, mais qui rapporterait moins. Il n'en a même pas parlé à sa femme. Ce n'est pas la peine de lui dire, ce n'est même pas la peine d'y penser. Il ne voit pas quelles restrictions il pourrait imposer aux siens. En bon mari et en bon père, il n'a pas le droit de priver sa femme et ses enfants de ce dont ils jouissent aujourd'hui. Il est le chef de famille et, comme son père l'a toujours fait, il doit ramener un salaire décent à la maison et garantir des rentrées suffisantes pour un style de vie digne de son milieu. Pour cela, il n'y a pas d'autres solutions que de garder son travail, même si cela ne lui plaît pas.

Le soir, quand il rentre fatigué et qu'il partage ses soucis quotidiens avec sa femme, il se sent soutenu. Convaincu qu'il est bon pour tous de tenir bon, il applique consciencieusement ses conseils, il se sent encouragé à continuer et dans ce qu'il fait. Or, sa femme, elle, ne sait pas que son travail ne lui plaît pas et qu'il pense à quelque chose d'autre. Tout ce qu'elle entend, ce sont les difficultés quotidiennes avec ses collègues.

Entre lui et elle, ses idéaux à lui et ses idéaux à elle forment un écran opaque, renforcé par les images qu'ils partagent du bonheur d'être à deux. Peut-être s'efforcent-ils d'aller en vacances, de pratiquer un sport ensemble ou de recevoir des amis... parce que cela fait partie de ce qui se fait à deux. Qu'ils y trouvent un plaisir ou pas n'est pas l'essentiel. Ce qui compte, c'est d'être un bon conjoint pour l'autre. Si cela se fait, ils le font. Ils nourrissent ainsi l'image qu'ils se donnent d'eux-mêmes. L'un ou l'autre se sent parfois honteux de ressentir de l'ennui, alors qu'il a «tout pour être heureux». Il le cache soigneusement et redouble ses efforts pour trouver du plaisir dans les petits déjeuners au jus d'orange et aux céréales, devant la fenêtre du jardin, et dans la lessive plus blanche que blanc qui sèche au soleil.

Cela dure des années, toute une vie parfois. Si l'ennui, la maladie ou la dépression deviennent trop présents, ils consultent parfois divers thérapeutes. Et au bout du compte, ce qui risque de sortir, c'est leur colère à chacun. Lui est excédé de ne pas recevoir ce qu'un bon mari comme lui doit recevoir, «après tout ce qu'il a fait pour elle», après avoir tant travaillé pour lui assurer des moyens financiers importants. Elle, fatiguée, se plaint de ne jamais être parvenue à supprimer ses frustrations. Il n'est pas heureux, elle le voit, elle le sent, elle le sait... et elle se sent une épouse minable.

Ensemble, ils s'ennuient. Ils ont fait le tour des vacances, des sorties, des réceptions et plus rien ne les comble. Pendant toutes ces années, chacun a fait du mieux qu'il a pu en croyant de bonne foi le faire pour l'autre, mais en le faisant en fait pour correspondre à l'image qu'il avait de l'époux, de l'épouse et du couple parfaits.

Aujourd'hui, s'ils veulent dépasser la crise qu'ils traversent dans leur couple, ils vont apprendre, en thérapie ou ailleurs, à découvrir et à exprimer leurs désirs profonds. Ils vont devoir s'inventer leur vie à eux, leur manière toute personnelle d'être à deux et de jouir de la vie à deux.

L'idéal de la bonne mère, du bon père

« (...) les secrets sont entretenus par le désir que nous avons d'idéaliser nos parents et par celui de paraître parfaits aux yeux de nos propres enfants. Faire le deuil de la perfection pour nous-même, nos parents et nos enfants est la première condition pour éviter que nos enfants ne s'engluent dans nos propres conflits irrésolus. »
S. Tisseron, Secrets de famille. Mode d'emploi.

Il en est de même au niveau de la vie parentale. Les parents sont envahis d'informations, de revues, d'émission de télévision, de conseils de spécialistes de la santé physique et mentale des enfants... Ils n'ont plus d'excuse : ils doivent réussir l'éducation de leurs enfants. Ces derniers ne peuvent qu'être heureux, épanouis, bien dans leur peau, bien intégrés socialement... toujours contents, ouverts à la pratique des sports et des arts qui leur sont proposés.

Mais voilà, c'est loin d'être le cas. Aux Etats-Unis et sans doute aussi chez nous, de plus en plus d'enfants de plus en plus jeunes font une dépression : le Prosac traite même les enfants de deux ans.

La violence des jeunes augmente de façon alarmante et le suicide est une des causes principales de mortalité chez les jeunes de 18 à 25 ans. L'alcool et les drogues font leurs ravages.

Le poids de l'image du bon père, de la bonne mère et du bon enfant n'est sans doute pas étranger à toute cette souffrance.

« Les parents s'appuient sur les "manuels" d'éducation, établissent dans leur subconscient un parallèle entre leurs interactions personnelles les plus intimes et l'assemblage d'un produit industriel. Leur enfant doit avoir de bonnes "performances", il doit "fonctionner" convenablement, et s'il y a des "ratés", ils en concluent que leur "technique" n'est pas bonne et qu'ils ont suivi une mauvaise "méthode". Et ils demandent des instructions au manuel d'éducation. »
B. Bettelheim, Pour être des parents acceptables.

Une mère soucieuse de bien faire s'informe de ce qu'elle doit faire. Elle tente tant bien que mal d'appliquer les conseils parfois contradictoires des spécialistes, de sa mère et de ses amies.

Prenons l'alimentation du bébé, par exemple. Il y a quelques années, on conseillait les légumes le plus tôt possible, vers deux mois. Aujourd'hui, on les reporte plus tard. Ils sont susceptibles d'être responsables de nombreuses allergies. La jeune mère reporte la soupe contre l'avis de sa propre mère qui ne comprend pas toujours pourquoi ce qu'elle a fait n'est plus valable aujourd'hui, alors qu'elle a « de si beaux enfants, si bien portants ». La pression et les tensions que cela représente sont difficilement descriptibles. Et la soupe, ce n'est qu'un détail.

Il en est de même pour toutes les questions qui se posent tout au long de la journée, à propos des soins, du bain, des repas, du repos, des jeux, des permissions, des interdits... Aucun geste ne peut plus être spontané. L'enfant pleure, faut-il le prendre à bras ou pas ? Que faire d'autre ? Des spécialistes, très sûrs d'eux, ont donné leur réponse à la question. La mère, elle, sait juste qu'elle ne sait pas, qu'elle doit se renseigner pour savoir ce qui, dans cette situation précise, est le mieux pour l'enfant. Comme tout ce qu'on doit faire et la manière de le faire est écrit avec précision, au moindre problème, si l'enfant pleure un peu trop, ou trop peu, la maman cherche le conseil le plus judicieux, à l'extérieur d'elle-même.

Le bébé se retrouve face à une mère inquiète de mal faire, une mère qui se veut parfaite... et dont les réactions changent suivant qu'elle a rencontré sa propre mère, une amie ou le pédiatre et en fonction du dernier article lu. Dans les réunions familiales, chacun a son commentaire à faire sur ce qu'on aurait dû ou ce qu'on devrait faire pour que l'enfant soit bien, qu'il se développe bien, et plus tard qu'il apprenne bien à l'école, qu'il soit un sportif ou un artiste de haut niveau... bref, qu'il soit un enfant idéal, un bon produit, bien fini.

Quoique la maman fasse, il y a toujours bien quelqu'un pour lui en faire le reproche. S'il n'y a personne, elle même trouve dans une émission de télévision ou dans un livre l'erreur qu'elle a commise et qu'elle s'empresse de réparer. Si l'enfant pleure, s'il ne marche pas aussi vite qu'on ne l'espérait, s'il ne s'exprime pas bien, voire même s'il n'a pas envie d'apprendre à lire à deux ans, elle se sent coupable de ne pas être une bonne mère. Le père culpabilise aussi de ne pas être un bon père.

Pour diminuer la pression, ils remettent parfois le tort sur l'autre : le père regrette que la mère passe tout, la mère, que le père soit si froid et si peu compréhensif. Leur enfant n'évolue pas comme le modèle, or ils se sentent responsables de son évolution insatisfaisante et souffrent à l'idée d'avoir commis une erreur. Finalement, ils en concluent qu'ils ne sont pas à la hauteur, parfois, ils démissionnent.

Etre parent aujourd'hui, surtout si on n'a pas fait ses preuves dans d'autres domaines, est un véritable défi. De l'infirmière de l'enfance aux enseignants en passant par les voisins, chacun y va de son avis. Plus les parents semblent «inadaptés», isolés et pauvres, et plus ils sont suivis, encouragés, conseillés. Certaines allusions font mal, par exemple, qu'ils ne savent pas habiller leur enfant, alors qu'il suffirait de s'adresser à tel ou tel service d'aide et de vente de deuxième main, qu'ils ne suivent pas assez les devoirs, qu'ils les nourrissent mal.

Parfois un cercle vicieux s'installe. En voulant bien faire, les parents se mettent dans des situations de plus en plus critiquables, ce qui fait augmenter la pression. Par exemple, pour se montrer valables, certains achètent de grosses friandises ou des «gadgets» pour que l'enfant soit bien vu à la récréation. La publicité ne montre-t-elle pas des enfants entourés parce qu'ils ont eu la chance d'avoir une maman qui dépose dans leur sac tel lunch ou telle friandise? Evidemment, cette attitude fait l'objet de commentaires désapprobateurs. «Ils feraient mieux de payer de la viande et des légumes! Quand on a un petit salaire, on ne dépense pas inopportunément!...»

Nombreux sont ceux qui ne savent vraiment plus quoi faire pour être reconnu comme bon parent. Le comble, c'est que très souvent, le service de prévention de centre d'accompagnement familial renforce le message des médias en continuant à conseiller de suivre les «bonnes» recettes. Très rares sont ceux qui aident les parents à se faire confiance.

> Dans un groupe de soutien aux mères, Carine, célibataire, raconte que débordée par de nombreux problèmes, épuisée, n'en pouvant plus, elle a laissé pleurer son bébé de trois semaines pendant qu'elle regardait un film. Elle a mis le babyphone au minimum. Aussitôt, les réactions fusent: le bébé était trop jeune, il a pu être traumatisé, on ne peut pas, il faut se faire aider, appeler quelqu'un ou faire un effort, mais ne pas laisser pleurer un enfant de la sorte.
>
> Or, Carine avait trouvé le seul moyen à sa portée pour se détendre et récupérer entre deux tétées. Le film à peine terminé, elle se sentait prête à donner le repas suivant à l'enfant enfin endormi, dès qu'il s'éveillerait et pleurerait. Le bébé allait se retrouver dans les bras d'une maman calme, reposée et contente de le retrouver. Imaginez l'escalade si Carine s'était forcée de calmer le bébé, en référence à des conseils extérieurs.
>
> Aurait-elle pu lui communiquer autre chose que sa fatigue, son épuisement, son énervement? Elle aurait sans doute dû bercer l'enfant longtemps, avant de lui imposer un repas rapproché. La tétée dans de telles conditions allait être une expérience pénible aussi bien pour la mère que pour le bébé. La nuit promettait alors d'être agitée et l'état de fatigue et de tension de la mère risquait de s'aggraver. On n'ose imaginer la suite. Combien de mère se retrouvent-elles de la sorte au bord de l'épuisement lorsque l'enfant a à peine 2 ou 3 mois?
>
> Heureusement, Carine a fait confiance à ce qu'elle sentait... et le groupe a revu sa position et ne l'a pas condamnée.

Je suis convaincue qu'aucun conseil n'a de valeur si les parents se trahissent et dépassent les limites de ce qu'ils se sentent capables de donner ou de faire.

« Notre mère est-elle heureuse d'être femme ? Si c'est le cas, il est très probable qu'elle nous accepte en tant que fille et nous transmette, comme sa propre mère l'a sans doute fait, une image positive de la féminité. En tant que fils, elle ne nous demande pas de réaliser sa virilité manquée, de devenir l'homme idéalisé qu'elle aurait voulu être. Elle nous laisse vivre en paix. »
C. Rialland, Cette famille qui vit en nous.

Le bébé a surtout besoin d'entrer en relation avec une personne vivante, spontanée, heureuse de vivre. Un apprenti « bon parent » est froid et ressent plus le désir de bien faire que le plaisir d'être avec l'enfant. L'enfant sent que la personne qui s'occupe de lui ne le fait pas par plaisir mais parce qu'il faut et comme il faut, qu'elle est rigide, les yeux toujours figés sur un livre de recette, les mains prêtes à composer un numéro de secours. Imaginez-vous un instant à sa place ! C'est tellement meilleur de partager un moment avec quelqu'un qui a du plaisir d'être là avec vous. Je ne sais pas vous, mais moi, si j'étais enfant, je préférerais de loin un parent qui prend du plaisir avec moi, même s'il commet ce qu'un témoin extérieur pourrait concevoir comme une grave erreur, qu'un parent parfait mais froid et rigide.

Personne ne sait mieux qu'une mère ce qu'elle doit faire. Ce qu'elle sent arrive souvent au bon moment.

Lorsque après quelques semaines, elle se permet de faire attendre un peu le bébé qui pleure pour son repas, le temps de finir ce qu'elle est en train de faire, c'est souvent juste au moment où le bébé a besoin de cette frustration pour avoir l'occasion de fantasmer. Nous savons que pour s'épanouir psychiquement, l'enfant a besoin de fantasmer et d'expérimenter la frustration dans ses fantasmes.

De même, lorsque le papa reprend sa place et réclame un peu de temps et d'attention à sa femme, c'est le moment pour l'enfant de se rendre compte que sa mère n'est pas à lui tout seul, qu'elle a une vie hors de lui. Lorsqu'après quelques années, les parents persistent dans leur désir de sortir le soir alors qu'il n'ont pas pu joindre la baby-sitter, c'est aussi souvent au moment où l'enfant est heureux d'apprendre à rester seul...

Si les parents doivent sans cesse remettre en question ce qu'ils vivent à la lumière de théories extérieures à eux, ils perdent leur naturel et l'éducation de leur enfant devient une lourde corvée. Et cela dépend de l'enfant ! Il ne reçoit pas les frustrations nécessaires pour lui pour grandir. Il se sent une charge et très tôt, il se culpabilise d'être à l'origine du « mal-être » de ses parents, de leurs disputes, de leur honte, de leur dépression.

L'idéal de la réussite sociale par le travail

Avoir un travail, une bonne place, donne un certain prestige et un sentiment de réussite sociale. Comme les études y donnent accès, les jeunes trouvent leur place dans le travail et la réussite scolaires. Qu'est donc le travail pour avoir un tel pouvoir ?

Pour la plupart, le travail se définit aujourd'hui par rapport à son caractère contraignant. C'est ainsi que ce qui est un loisir pour certains est un travail pour d'autres. Dans le travail, il y a la notion de contrat, de comptes à rendre, d'obligation. Pas question de ne pas finir ce qui a été commencé.

C'est le travail qui, en assurant un salaire, permet de subvenir à nos besoins élémentaires et autres. Si l'argent qu'on y gagne permet plus d'autonomie pendant le temps où l'on ne travaille pas, en lui-même, il rend toutefois le travailleur dépendant notamment d'une organisation qui n'est pas la sienne : le patron décide la cadence, les méthodes... Ce n'est souvent qu'en dehors du travail que les décisions sont personnelles, que l'on se sent autonome, responsable, créatif et libre. Gagner un maximum en travaillant un minimum de temps permet d'acquérir dans la contrainte les moyens financiers d'alléger les tâches quotidiennes (par des robots notamment) pour récupérer un maximum de temps libre.

Ce temps libre toutefois n'est paradoxalement réellement profitable que si l'on a un travail. Les chômeurs profitent difficilement de tout ce temps que les autres souvent leur envient : l'oisiveté n'est pas acceptée par l'opinion publique. Dans de nombreuses associations, et notamment au niveau politique, on n'a du poids que si l'on a prouvé ce qu'on valait sur le marché de l'emploi, même si pour certains cela signifie être capable de s'aliéner une quarantaine d'heures par semaine ou plus.

Je viens d'assister dans une maison de quartier au monologue d'une jeune psychologue très courageuse, sensée être là à l'écoute des sans-emplois sans formation. Ses images du travail et de l'intégration et celles de nombreux chômeurs ne peuvent que se heurter. C'est comme si elle et eux parlaient dans des langues étrangères et vivaient sur des planètes très éloignées l'une de l'autre.

Engagée avec un sous-statut, elle affirme qu'il y a encore une longue liste d'offres d'emploi qui prouvent qu'il y a des places à prendre et des chômeurs qui ne font pas ce qu'il faut pour s'en sortir.

Elle regrette la suppression du pointage journalier : l'humiliation quotidienne rappellerait au moins aux chômeurs l'état dans lequel ils se trouvent et les pousserait donc, chaque jour, à trouver une solution. C'est d'ailleurs ce pointage bi-mensuel qui l'a poussée, elle, toute diplômée qu'elle est, à accepter de mettre des revues sous enveloppes. Ayant fait un bon temps chrono, elle a pu être engagée pour ce travail qui, à défaut d'être épanouissant, lui a permis de retrouver sa dignité.

Ainsi donc, à l'entendre, le travail, quel qu'il soit, a une valeur inestimable : il permet de justifier son existence, d'avoir droit au pain quotidien et de donner le bon exemple aux enfants.

Installée dans un quartier défavorisé, la jeune psychologue fraîchement diplômée a, à force de volonté et de courage, enfin obtenu un emploi qui se rapproche un peu plus de ce qu'elle espérait pendant ses longues années d'étude. Grâce à des préformations données dans la maison de quartier, elle va pouvoir donner aux chômeurs assez de honte de leur état pour qu'ils retrouvent la motivation d'en sortir à tout prix et coûte que coûte. Qu'importe le flacon, pardon le travail, pourvu qu'on ait l'ivresse !

S'en sortir, c'est avoir du travail, n'importe quoi. Même si c'est pour gagner moins, même si c'est tuant, abrutissant, il faut travailler pour la société qui vous nourrit...

Les images de cette jeune dame interpellent et touchent, c'est évident. Si vous avez un travail bien rémunéré, la considération de votre directeur et la certitude de pouvoir vous présenter où vous voulez, quand vous le voulez, pour changer d'emploi et changer de vie, vous pouvez encore croire qu'il suffit de vouloir pour pouvoir et que les personnes au chômage n'y sont que parce qu'elles le veulent bien. Mais, il faut bien le dire, aujourd'hui, de moins en moins de personnes sont dans d'assez bonnes conditions pour oser tenir de tels propos. La vie nous montre chaque jour que les choses sont bien plus complexes et qu'il est très difficile d'y distinguer le bien et le mal avec autant de présomption.

Si, pour certains, n'importe quel travail est plus désirable que d'accepter d'être un parasite social, pour d'autres, mieux vaut chômer que de participer à une société qui donne la priorité et le pouvoir aux financiers. Ces derniers se demandent, par exemple, si la personne qui travaille à la recherche de nouvelles armes nucléaires ou chimiques peut être plus fière d'elle que le chômeur de longue durée ? Nuançons cette réflexion selon l'échelle de valeurs de chacun pour nous demander si nous pourrions être fiers de travailler par exemple dans la spéculation financière qui appauvrit le Tiers-Monde ? Dans la fabrication de tapis, de vêtements et de chaussures qui embauche une main d'œuvre sous-payée, parfois même des enfants ? Dans la vente de gadgets à tempérament ? Serions-nous fiers d'une vie oisive grâce aux revenus de nombreux « clapiers » loués aux chômeurs et aux étrangers ? Oserais-je aller plus loin et vous demander ce que vous pensez de certaines formes d'enseignement détruisant toute initiative, toute créativité, toute autonomie chez les jeunes ? De l'aide sociale qui ne respecte pas les valeurs et la culture de la personne qu'elle aide ? Des contrôles de chômeurs qui ont pour seul but un maximum d'exclusions ?

La liste n'a pas de fin. Si vous êtes de ceux qui ont la chance d'avoir un travail, je vous invite à y réfléchir : de quoi pouvez-vous être fiers dans votre travail ? En fonction du type de société dont vous rêvez pour vos enfants, avez-vous la chance d'avoir un travail en parfaite harmonie avec vos convictions ?

Après de telles réflexions, nos images se ternissent et laissent la place à l'ouverture à l'autre. Nous sommes moins enclins à critiquer. Si le travail n'est pas toujours totalement bon, le chômage ne doit pas être toujours totalement mauvais. Ne connaissez-vous pas autour de vous l'un ou l'autre exclu qui vit dignement de ses allocations ou de sa pré-pension et dont l'action et les réflexions seraient un apport riche pour notre société ? Moi, j'en connais. Est-ce une raison suffisante, parce qu'ils ne sont pas productifs, pour mal les considérer ou même ne pas les considérer du tout et pour ne pas leur laisser une possibilité d'expression ?

Les mesures prises pour la lutte contre la pauvreté et le chômage sont votées sans que les millions de personnes sans travail aient la possibilité d'exprimer ce qu'elles attendent de la société et de la vie. C'est vrai qu'en tant qu'exclus, ils n'ont plus rien à dire et ils ne sont pas représentés, puisque par définition, ils ne sont plus dans le coup !

Peut-on, si l'on rêve d'une société où l'épanouissement de chacun est important, accepter que la valeur première soit la rentabilité, et qu'un test d'embauche puisse être une course contre la montre (et contre les autres candidats), pour mettre un maximum de revues sous enveloppes, par exemple ?

Peut-on préférer voir un chômeur servir de l'essence pour un prix dérisoire, plutôt que de le savoir inactif devant sa télévision alors que nous avons des appareils qui permettent de se servir soi-même ? A part soulager la colère de ceux qui crèvent de jalousie parce qu'ils s'astreignent à un travail pénible, je n'en vois pas l'intérêt !

Rappelons-nous que l'homme a trouvé la possibilité de se libérer des charges ingrates, des travaux lourds et fastidieux en inventant des machines qui ont été la cause du licenciement de personnes ayant un statut, et que ce serait un terrible recul que d'obliger des êtres humains à faire ce travail pour justifier leurs maigres allocations de subsistance, sans statut ! Franchement, est-ce vraiment ce type de société que nous voulons offrir à nos enfants ?

Pouvons-nous accepter que les psychologues, les intervenants sociaux, les enseignants, les infirmiers, et bien d'autres, aient de moins en moins de possibilités de travailler dans des contrats de travail dignes de ce nom ?

Pouvons-nous nous permettre de critiquer le chômeur qui refuse un emploi qui va à l'encontre de ses principes moraux ou qui refuse de brader ses diplômes sociaux ? N'est-il pas, à sa façon, en train de défendre ses convictions ? Certes, l'allocation de chômage le lui permet. Sans elle, il n'aurait pas le temps de réfléchir à sa liberté et à son épanouissement, il devrait manger et donc trouver un travail quel qu'il soit, même aux dépens de son équilibre intérieur.

C'est ce que font ceux qui acceptent tout et n'importe quoi, à n'importe quelles conditions pourvu que cela s'appelle « travail » et que cela leur permette de garder intacte l'image qu'ils ont d'eux-mêmes. Eux, ils n'ont plus la possibilité de rêver au monde qu'ils voudraient créer pour leurs enfants.

De quel droit pouvons-nous juger de la qualité de la vie et de l'activité ou la non-activité d'un chômeur enfermé chez lui ? Ceux qui étudient, réfléchissent, cherchent des solutions et créent sont plus nombreux qu'il n'y paraît. J'ai souvent été surprise par la profondeur de la réflexion, par l'ouverture d'esprit, et la capacité de lecture de personnes marginalisées qui passent leurs journées à penser et à observer. Quelle richesse s'ils pouvaient communiquer leurs trouvailles à tous ceux qui n'ont plus le temps de s'arrêter et de réfléchir au sens de la vie et à l'évolution de notre société !

Mais comment pourrions-nous dépasser l'image que nous avons de quelqu'un qui n'a pas réussi socialement pour entendre ce que dit un exclu, puisqu'il n'a pas de travail ? Comment aller au-delà de cette espèce de condescendance que nous pouvons avoir quand nous regardons par exemple les objets créés à partir de rebuts par des « quart-mondistes » ? Certes, nous pouvons trouver cela bien fait, et très bon pour eux, mais pas pour nous... Ne faudrait-il pas élargir la notion de réussite sociale et celle de travail, pour pouvoir garder un regard ouvert à la différence de l'autre ?

Nous avons encore cette chance en Europe, de jouir de l'héritage des luttes libératrices du XXe siècle, de croire aux valeurs fondamentales démocratiques, et aux droits de chacun et de bénéficier d'un minimum vital sans devoir nous renier. Puissions-nous le garder. Ce droit donne la permission de rester humain et vivant à tous ceux qui sont prêts à en payer le prix. S'il y a des problèmes de jalousie et d'injustice, étendons ce droit plutôt que de le supprimer.

Il faudra sans doute encore beaucoup de temps, de patience et de réflexion pour diminuer l'impact de nos idéaux et pour devenir capables de regarder tout homme pour ce qu'il est, et non pour sa réussite sociale et son travail. Certains ne pourront le faire que si eux-même ou un de leurs proches se retrouve chômeur... ce qui est dans l'ordre du probable pour un nombre toujours plus grand d'entre nous.

LES ÉTIQUETTES QUI FONT PEUR

Comme nous venons de le voir, des idéaux nous dirigent et nous imposent un style de vie et de comportement qui parfois nous empêche d'être nous-mêmes et de nous sentir bien dans notre peau, à notre place. A côté de ces idéaux, il y a aussi des étiquettes qui nous font peur et nous imposent d'éviter certains comportements, certaines attitudes que nous prendrions spontanément.

Mauvais conjoint, mauvais parent, mauvais enfant...

A côté du bon conjoint, du bon couple, du bon parent, du bon enfant, de celui qui réussit socialement, nous avons aussi des images de mauvais conjoint, de mauvais couple, de mauvais parent, de mauvais enfant, d'exclusion. Ces images viennent souvent des expériences de notre enfance : nous nous sommes promis que nous ne frapperions pas nos enfants, que nous ne nous disputerions pas avec notre conjoint, que nous ne refuserions rien à nos chers petits, que nous réussirions dans la vie... et que nous ne deviendrions pas comme papa, maman, le grand-père ou le méchant voisin qui donnait tant de soucis aux parents. Lorsque, dans une situation donnée, nous avons l'impression de nous rapprocher de ces images qui nous font horreur, un écran s'interpose entre nous et l'autre. Même si ce ne sont que des flashs dont la plupart du temps nous ne sommes même pas conscients, ils font jaillir des émotions négatives qui parfois nous mettent hors de nous. Cela peut aller jusqu'à l'explosion de colères incontrôlables et violentes et la mise à mort (psychologique, mais parfois aussi physique) des êtres qui nous sont les plus chers.

Reprenons quelques exemples rapidement. Il est prouvé que c'est la peur d'être un mauvais amant et de ne pas être à la hauteur qui est le plus souvent à la source des problèmes d'impuissance. Chez les femmes, le fait de fuir à la fois l'image de «putain» et de «béguine» les conduit à se retrouver seules ou à accepter dans la relation sexuelle des choses qui les blessent profondément dans leur vie intérieure et dans leur corps.

Nous avons vu que lorsqu'on essaie de se sentir «bon père, bonne mère», on agit en perdant toute spontanéité. Lorsque les parents souffrent de ne pas être à la hauteur, ils infligent une grande souffrance à l'enfant qui sent très bien qu'il ne répond pas aux espoirs portés sur lui, qu'il n'est pas reconnu pour ce qu'il est. Tout ce que ses parents font et disent ne s'adresse pas à lui en tant qu'enfant bien réel, mais à l'enfant imaginé, cet enfant qui sera parfaitement réussi quand ses parents seront parfaits. Lui, il est le «mauvais enfant», celui qu'ils n'attendaient pas, celui qui ne parvient pas à combler ses parents.

Lorsque l'enfant, par son comportement et ce qu'il est, place ses parents dans une position telle qu'ils ne parviennent pas à être bons, la peur d'être de « mauvais parents » prend le dessus. Les parents se voient devenir ce qu'ils s'étaient jurés de ne jamais devenir. La souffrance qui en résulte est parfois intolérable et la colère surgit comme moyen d'autodéfense. Ils en veulent à l'enfant de les mettre dans cette situation de « mauvais » parents. « Après tout ce qu'ils ont fait », comment se fait-il que l'enfant ne se comporte pas mieux ? Ne serait-ce pas un mauvais enfant ? N'y a-t-il pas une explication génétique ? Ne serait-ce pas l'héritage de la flegme du grand-père ou du quotient intellectuel de l'oncle Jules ? Chercher un coupable ailleurs soulage. Comme les livres confirment que, effectivement, certains enfants ne pourront pas se développer normalement, ils en prennent leur parti. « Il fallait bien que cela tombe sur nous, ce n'est pas de veine ! Cela ira peut-être mieux avec un autre enfant », et ils décident parfois d'en « faire » un autre. « Dans la fratrie, il y en aura toujours bien un qui sortira du lot et leur fera honneur ! »

La violence de la pression subie par les parents retombe très souvent sur l'enfant. Sans doute plus encore dans les milieux défavorisés lorsque les parents sont suspectés d'être de mauvais parents ou lorsqu'ils sont considérés comme des parents à risque (par exemple, lorsqu'on affirme qu'un parent qui a été battu lorsqu'il était enfant battra ses enfants). Puisqu'il faut un bon et un mauvais, l'enfant sera, dans certains cas, le mauvais. Il est facile de comprendre que les parents démunis, exclus, sans aucun autre moyen de se valoriser que d'être de bons parents, ne supportent pas d'échouer dans tout : leur douleur est parfois si terrible que, pour la soulager, ils battent leurs enfants.

Chômeur

Le travail tient une place importante dans notre société et dans l'image que nous avons de nous-mêmes. A l'enfant, nous demandons ce qu'il veut devenir quand il sera grand. Dans les réunions de familles ou comités en tout genre, une question qui déglace l'atmosphère est : « Que faites-vous dans la vie ? », sous-entendu : « Où travaillez-vous ? Comment gagnez-vous votre vie ? ». Parler de son travail est un moyen de gagner l'estime de ceux qui nous entourent. Pour certains, la réussite professionnelle, comme jadis, lorsqu'ils étaient enfants, la réussite scolaire, est d'ailleurs la principale source de reconnaissance.

Dans la famille, avoir ou ne pas avoir un travail n'est pas indifférent. Dans le choix amoureux, bien que cela soit parfois inconscient, certaines situations professionnelles et sociales favorisent ou défavorisent l'attrait de l'un pour l'autre. Tout changement dans ce domaine engendre donc naturellement une crise dans le couple. De même, certains parents, les papas surtout, fondent leur autorité sur leur statut professionnel et ne savent plus comment regarder leur enfant dans les yeux quand ils se retrouvent au chômage. C'est un peu comme si la perte de leur emploi les «dépersonnalisait», comme si sans cela, ils n'étaient plus rien ni personne : ils se sont tellement identifiés à leur profession qu'ils ne savent plus qui ils sont en dehors d'elle.

Dans toutes les relations, dès que le statut professionnel change, un équilibre doit être retrouvé. En effet, par notre travail, nous exprimons ce que nous sommes. Parfois, nous devenons même ce que notre travail fait de nous : l'enseignant, le policier, le garde forestier, le maçon... par exemple, sont marqués dans leur personnalité par leur profession, ils ont besoin d'enseigner, de diriger, d'être seul dans la nature ou de construire, même lorsqu'ils se retrouvent au chômage. Quand ils passent tout à coup tout leur temps à la maison, de nouveaux problèmes surgissent : prise de pouvoir, longues sorties alors que le conjoint s'attend à plus d'investissement maintenant qu'il ou elle «a tout son temps», discours et leçons, envie de tout transformer, de commencer divers travaux...

Dans les associations ou les rencontres informelles, ce n'est pas non plus la même chose si on a ou si on n'a pas de travail. Culturellement, nous avons l'habitude de donner plus de poids à l'avis de certaines personnes, et ce en fonction de ce qu'elles sont dans la vie, de leur place dans la société. Si un enfant a des problèmes à l'école, on prendra plus de précautions pour le dire aux parents et on associera ces derniers d'autant plus facilement aux mesures à prendre si leur statut professionnel est élevé.

Sachant cela pour l'avoir vécu lorsqu'il avait lui-même un travail, le chômeur ne sait plus comment se mettre ni que dire quand il prend la parole dans un groupe, quand il doit remplir la fiche d'inscription de son enfant à l'école ou quand celui-ci lui demande ce qu'il doit répondre quand on lui demande ce que font ses parents. Il est tenté de rester chez lui. Il est honteux.

Devenir chômeur dépasse donc de loin la perte d'un travail. C'est aussi perdre la reconnaissance sociale et la possibilité de s'exprimer derrière une étiquette. Que vaut la parole d'un chômeur, même bardé de diplôme, à côté de celle d'un médecin, d'un ingénieur, d'un enseignant, d'une vendeuse ? Les mêmes mots venant de l'un ou de l'autre ne seront pas compris de la même façon.

Chômer, c'est aussi parfois perdre l'estime de soi et la confiance en soi. Ne pas travailler parce qu'il n'y a pas de travail, c'est devoir cesser son activité professionnelle parce que des machines ou des personnes plus performantes sont arrivées, c'est être éjecté d'une organisation, d'un horaire, d'un cercle de collègues, de relations, c'est être mis au rebut : on n'a plus besoin de vous. Non seulement, c'est quitter le monde du travail pour un ailleurs, un inconnu inquiétant, mais c'est aussi ne plus être à la hauteur, se sentir dépassé, hors circuit et donc fragilisé pour la recherche de cet ailleurs que l'on n'ose plus espérer meilleur.

A l'idée de rejoindre le cercle des chômeurs s'associe la triste perspective de faire la file pour aller «pointer» sa carte et de se retrouver dans cette foule hétéroclite de gens, marqués par la souffrance, l'alcool, la pauvreté ou, au contraire, souriants, bavards, pressés parfois, en habit de travail ou derrière une poussette d'enfant... Dans les réunions de famille, c'est devenir celui à qui on demande où il en est, comment son problème se résout, ou celui à qui on ne demande plus rien, parce qu'il y a trop longtemps que cela dure, celui devant qui on se tait parce qu'on n'ose plus parler de projets, de vacances, d'ambiance de travail, de voiture...

Perdre son emploi, c'est aussi perdre son salaire et se retrouver à la charge des autres. C'est rester beaucoup plus de temps à la maison. C'est être celui ou celle qui attend que les autres rentrent en préparant un repas, en rangeant un peu, en s'occupant du ménage, ou celui qui, 24 heures sur 24, 7 jours sur 7, reste avec le parent, le conjoint ou le bébé. C'est parfois aussi n'attendre personne et rester seul des journées entières.

Tomber du côté des sans-emploi, c'est devenir au fur et à mesure du temps qui passe un sans-loisirs, un sans-vacances, un sans-horaire, un sans-voiture, parfois un sans-abri. C'est aussi être perçu comme un sans-volonté, un sans-expérience, un sans-courage, un sans-ambition, un sans-avenir, bref c'est être du côté des «loosers» dans une société qui fait la place belle aux «winners»...

Enfin, pour ceux qui avaient à cœur de participer à l'économie du pays, devenir chômeur, c'est porter la même étiquette que ceux qu'on regarde, à tort ou à raison, comme des profiteurs qui empochent leurs allocations et travaillent en noir, tirant un maximum de la société sans jamais rien donner, élevant leurs enfants, s'adonnant à la lecture, à la peinture, aux études, au jardinage, au bronzage, sur le compte de la société pendant que des mères choisissent de rester à la maison sans rien gagner ou que les autres travaillent !

Réactions de ceux qui ont peur de devenir chômeur

Devant de tels tableaux, on comprend qu'un grand nombre d'entre nous ont été marqués et se sont promis : «Devenir chômeur... quelle horreur ! Moi jamais».

Cette décision devant la vision sordide et effrayante d'une personne qui a perdu son emploi coûte parfois cher. Pour ne pas devenir chômeur, certains acceptent des conditions illégales de travail et participent à la surenchère dans la disponibilité. Ils se valorisent parfois même de cette soumission. Ils espèrent ainsi attirer l'admiration de ceux qui les voient se sacrifier de pareille façon. Ils répercutent autour d'eux le stress qu'ils s'imposent ou tolèrent et rendent le travail de plus en plus inhumain et inaccessible. La peur du chômage les bloque : l'efficacité et la créativité deviennent difficiles... Ils compensent par le nombre d'heures supplémentaires et de dossiers faits à la maison pendant les soirées et le week-end.

Pour éviter le chômage, certains se laissent presser comme des citrons. Ils perdent petit à petit les capacités de jugement, d'imagination, de décision... Ils ressemblent plus à des machines qu'à des êtres humains, et ils risquent donc d'être rapidement remplacés. La hantise du chômage les pousse à se soumettre toujours plus pour sauver leur emploi. Or, c'est une illusion. Si ils se laissent détruire, ils ne nuisent pas seulement à eux-mêmes, mais aussi à tous ceux qui les entourent et à l'entreprise dans laquelle ils travaillent... Malades ou incompétents, ils provoquent ce qu'ils redoutaient le plus : leur exclusion.

Chacun, à défaut d'en faire l'expérience, rencontre un jour ou l'autre un chômeur. Dans toutes les couches sociales, de plus en plus de familles sont touchées. C'est fini de croire que cela n'arrive qu'aux autres. Pour une majorité de la population, la hantise du chômage devient donc de plus en plus forte. Elle enferme les hommes dans des moules de plus en plus étroits avant de les exclure. Plus l'idéal auquel ils se soumettent devient inaccessible, plus ils se coupent d'eux-mêmes pour ne pas souffrir de ne pas être à la hauteur. Désireux de s'adapter coûte que coûte, ils dépassent leurs limites et acceptent parfois le pire pour se conformer aux modèles sociaux imposés. A force d'accepter l'inacceptable, ils finissent par devenir malades et par déprimer.

Celui qui perd son emploi alors qu'il croit avoir tout fait pour ne pas le perdre est gêné et honteux. Il est parfois tenté de se révolter contre le monde extérieur et les autres pour sortir de sa honte.

Etiqueté, réduit à être demandeur d'emploi dans une société où les propositions sont rares et pas toujours humainement acceptables, ce chômeur se sent exclu, inutile, bon à rien, seul. Avec son travail, il perd le moyen de se réaliser, de s'intégrer, d'être socialement reconnu. Il perd aussi ses compagnons d'autre fois, avec qui il partageait ses expériences professionnelles et ses loisirs.

Le chômeur fait peur et il le sait. Il sent ou il imagine le malaise des autres face à lui, il s'enferme devant la TV ou dans ses lectures. La perspective de sa journée le cloue dans son lit jusqu'en fin de matinée. Le soir, il a l'impression de n'avoir rien fait de bon de sa journée, il tarde à se coucher. Il se met ainsi à vivre de nuit plus que de jour.

La vie de tous les jours devient lourde, il n'y a plus de semaine ni de week-end. Plus de vacances. Chaque jour est dimanche, mais sans moyen de sortir, de se déplacer, de s'offrir une entrée quelque part ou un restaurant... chaque dimanche est un jour comme les autres. Le chômeur est de plus en plus fatigué sans rien faire.

Après quelques semaines, il ne se sent plus du tout à la hauteur de faire tout ce qu'il a fait autrefois : se lever tôt, travailler toute sa semaine, rencontrer des personnes, se concentrer sur son travail. Ses compétences d'hier ne semblent plus être les siennes. Petit à petit, il doute de lui-même, de ce qu'il est, de ce qu'il a été. La moindre action lui demande parfois des heures de réflexions, d'hésitation. Et plus le temps passe et plus une rencontre avec un employeur potentiel devient utopique.

Réactions de ceux qui n'ont pas peur d'être chômeur

Ceux qui ne sont pas soumis à cette image négative du chômage le vivent tout à fait différemment. Ils donnent un autre sens à ce qui leur arrive. Pour eux, le chômage, c'est un moment de repos, de réflexion, de vie familiale, de créativité ou de réorientation. Ils vivent donc plus positivement l'expérience de la perte d'emploi. Certains ne cachent pas leur contentement de pouvoir enfin se reposer un peu, de ne plus devoir courir comme des fous. Ils se réjouissent de pouvoir s'occuper un peu de leurs enfants ou même d'eux-mêmes; ils reprennent des cours, des lectures, la danse, la musique... avant de se remettre (parfois, pas toujours) à la recherche d'un emploi qui « colle » mieux à leur personnalité.

S'ils ont pu se libérer de leurs propres images négatives, ils n'ont cependant aucun pouvoir pour changer celles des autres. Ils dérangent. Souvent incompris ou enviés par ceux qui continuent à travailler, mal à l'aise dans les groupes où l'on ne parle que d'expérience professionnelle ou de vacances, ils se sentent parfois obligés de mentir et de cacher leurs sentiments profonds. Il y a des choses qui ne se disent pas. L'idée qu'un chômeur puisse être heureux, par exemple, est intolérable pour bon nombre de nos contemporains qui en ont assez de payer autant de taxes.

Pour ne pas se laisser paralyser par la peur du chômage, il faut être solide, avoir une grande confiance en soi et être capable de rester suffisamment centré sur soi. Il ne faut pas avoir été trop souvent ou trop profondément blessé dans son narcissisme. Il ne faut pas s'identifier aux étiquettes.

Ceux qui vivent bien leur chômage savent qu'il y a moyen de trouver l'estime de soi-même en dehors des clichés sociaux. L'expérience reste difficile. Ce n'est pas facile de voir disparaître ses anciens amis, par exemple. Mais il est possible de s'entourer de personnes plus proches, avec lesquelles il est permis de parler de son plaisir de vivre et de sa joie de se découvrir et de rechercher ses motivations profondes.

Ensemble, certains chômeurs se questionnent sur leur développement personnel, sur la société, le travail et l'évolution sociale. Face aux discours sur l'efficacité, la rentabilité et la mondialisation inévitable, ils parlent d'allocation universelle, de permission d'être utile et créatif et de respect de l'humain. La diminution de leurs moyens les oblige à diminuer leur consommation, mais ils se réjouissent de la valeur inestimable de leur temps. La liberté de se rencontrer pour ce qu'ils sont, et non pour ce qu'ils font, n'a pas de prix. Leurs relations sont parfois plus vraies qu'elles ne l'ont jamais été.

Quand ils font envie à d'autres, ils contribuent à diminuer l'impact négatif de l'étiquette « chômeur ». Et lorsque la pression de cette image sur les travailleurs diminue, ces derniers ne sont plus prêts à se sacrifier pour adopter l'idéal imposé. Les mauvaises langues disent que c'est pour garder les bénéfices économiques de la hantise du chômage que nos politiciens s'acharnent à ce point à remettre tout le monde au travail, coûte que coûte, et à faire la sourde oreille quand on aborde la possibilité d'une « allocation universelle ».

Raciste

Pour expliquer l'impact des images négatives, j'ai choisi un deuxième exemple : le racisme. Les horreurs de la guerre 40-45 ont blessé profondément le narcissisme de l'Europe et le racisme fait peur. La plupart d'entre nous ont peur de se faire traiter de raciste.

Lorsqu'un enfant rencontre un africain dans la rue et lui demande pourquoi il est noir, on le fait taire, tout gêné : ce n'est pas bien, il doit faire comme s'il n'y avait pas de différence, comme s'il n'avait rien remarqué. On lui apprend à faire comme si de rien n'était. Dire à un africain : « Tu es noir », c'est être raciste aux yeux de certains. Or, cette différence existe et il n'y a pas de relation vraie possible tant qu'elle n'a pas été acceptée de part et d'autre. Il en est de même dans la rencontre d'une personne handicapée, d'une femme dans un milieu masculin ou d'un homme dans un milieu féminin, d'une personne mesurant un mètre cinquante, ou de quelqu'un qui a une grosse tâche de vin sur le visage.

Dans certaines villes, des groupes de jeunes sèment la terreur. Quels jeunes ? Certains disent que ce sont toujours des étrangers. D'autres répondent aussitôt qu'il n'y a pas qu'eux, qu'il y a aussi les jeunes du pays. Si, dans un quartier donné, quelqu'un constate que, le plus souvent, ce sont par exemple des nord-africains qui agressent, il est étiqueté de raciste. Or, ce n'est qu'à partir des faits concrets que l'on peut essayer de comprendre une situation particulière et de se donner les moyens d'adapter un programme d'intervention concret pour cette situation précise.

La stratégie à mettre en place est différente si ce sont des jeunes du pays ou des émigrés, et dans ce cas, il y a aussi des différences suivant leur pays d'origine et leur culture. Il semble évident qu'un éducateur de rue, face à un groupe de jeunes, ne s'adressera pas à eux de la même façon, selon qu'il s'adresse à des belges, à des français, à des américains, à des anglais ou à des asiatiques. C'est tout naturel, quoique l'on dise, et quelque soit notre idéal. C'est aussi une preuve de maturité affective que de s'adresser à l'autre différemment selon qu'il est jeune, âgé, fille ou garçon, intellectuel ou de culture ouvrière... Pourquoi ne pas en être conscient et utiliser cette capacité que nous avons de nous adapter aux personnes à qui nous nous adressons ? Pourquoi ne pas approfondir notre connaissance de l'autre pour réagir, non en fonction de nos clichés, mais en fonction d'une connaissance plus approfondie de la culture de l'autre ? Si, par exemple, nous avons à faire à des jeunes qui vivent dans un milieu ou les tissus familiaux sont plus forts et ou la solidarité se vit au quotidien, nous pouvons utiliser d'autres ressources que si ce sont des jeunes livrés à eux-mêmes, sans attache culturelle. Connaître l'autre dans sa différence et sa culture, c'est se donner l'occasion de mieux communiquer avec lui. Ceux qui craignent d'être racistes n'osent plus mettre le doigt sur les différences. Ils entrent en relation « comme si » il n'y en avait pas. La relation reste superficielle.

Je suis personnellement convaincue que la peur du racisme empêche certains de nos hommes politiques de comprendre la différence entre la violence des uns et celle des autres. Faut-il laisser aux partis extrémistes et racistes la recherche de solutions radicales ? Ne pourrions-nous pas chercher des solutions adaptées aux différentes villes et aux différents quartiers ?

Pour ne pas être raciste, nous nous comportons de la même façon envers tous, nous ne faisons pas de différence... ou du moins nous faisons comme si nous n'en faisions pas, puisque ce n'est réellement et concrètement pas possible de ne pas en faire. Nous rêvons de solutions idéales valables pour tous dans toutes les situations. Nous globalisons les problèmes et généralisons les solutions. Nous reportons les interventions ponctuelles tant que « la » solution n'a pas été trouvée.

Notre peur du racisme est aussi utilisée par l'étranger. Lorsqu'une élève algérienne à qui ses professeurs imposent le cours de gymnastique se plaint de racisme, cette étiquette empêche la rencontre et le dialogue : l'élève se bloque parce qu'elle se sent victime d'un acte raciste, alors que ce n'est pas une question de différence de race qui entre dans ce genre de décision. Le professeur se sent également coincé. S'il souhaite être juste vis-à-vis des autres, et apporter des réponses à chacun de ses élèves en fonction de leur individualité propre, il ne se sent pas reconnu dans sa démarche. Et comme toujours lorsqu'on se sent piégé, la colère monte. Il est alors pratiquement impossible pour l'un comme pour l'autre d'entendre les souhaits de l'autre. C'est une impasse. Si, dans ce même exemple, chacun partait du fait qu'effectivement, il y a une différence, si la jeune fille exprimait son souhait et ses motivations personnelles, si le professeur pouvait exprimer les siens, indépendamment de toute étiquette, il serait peut-être possible de trouver un compromis.

REFLETS D'UNE SOCIÉTÉ

« *On dirait surtout que notre époque a tout déporté de la faute sur le plan du narcissisme devenu l'endroit douloureux (...), la libération sexuelle a remplacé la crainte de la faute par le souci de la normalité. Et les choses ne s'arrêtent pas aux performances adolescentes. On dirait que toute notre organisation sociale, distribuant la liberté, a enfermé le citoyen dans l'exigence à réussir. Tout petit, l'enfant se trouve ainsi pris dans l'inquiétude des parents et le diagnostic technique de l'école; a-t-il quelque peu traîné à apprendre l'alphabet qu'un monde s'agite autour de lui en rencontres dont il est l'objet et qui menacent d'effondrer sa fragile assurance par quelque enjeu d'importance.* »

A. Jeanneau, Narcissismes et Etats-Limites.

L'importance accordée aux idéaux dans notre société structure notre personnalité d'une autre manière que la peur du péché de nos parents. La culpabilité et l'angoisse de castration du névrosé sont remplacées par le sentiment d'infériorité et la peur de l'abandon du déprimé. Certains auteurs pensent que, de par ce fait, notre culture engendre plus d'états limites que de névroses telles que Freud les a décrites[3].

A force de devoir se conformer aux images imposées, nous finissons par vivre à côté de nous-mêmes. Nous ne savons plus qui nous sommes. Nous savons seulement ce que nous devrions être et ce que nous ne sommes pas, et nous en sommes honteux. Nombreux sont ceux qui brillent de mille feux, tout en se fuyant eux-mêmes. Plus nombreux encore sont ceux qui s'enferment et s'isolent parce qu'ils ne peuvent pas coller à ce qu'on attend d'eux. Face à leur souffrance, ils ont le choix. La première possibilité, c'est de l'assumer, de la traverser, pour pouvoir enfin oser remettre en question leurs images. Nous venons d'en avoir un exemple avec les chômeurs qui se sont libérés des images négatives sur le chômage. L'autre possibilité, celle que la plupart choisit, c'est de nier la souffrance et de la fuir. Cette dernière possibilité est auto-destructrice.

Autour de nous, tout nous encourage à éviter à tout prix la souffrance. Les effets des drogues, des alcools et des médicaments sont vantés dans la publicité : nous sommes continuellement invités à trouver dans des substances ou d'autres choses extérieures telles que le travail, le sport, la consommation... l'apaisement de notre «mal-être», la possibilité de nous dépasser, de faire reculer nos limites, de devenir l'être idéal que nous aspirons à être.

Lorsqu'un instituteur, en préparant une marche de vingt kilomètres avec ses élèves, leur conseille de prendre sur eux un combiné vitaminé conçu pour rendre un coup de fouet aux sportifs, cela semble anodin. Les parents n'y prennent pas garde et ils s'empressent d'ajouter ce fameux produit dans le sac de leur enfant. Et pourtant, ce simple geste va avoir de lourdes conséquences. Dans une longue marche, il y a le premier souffle suivi d'un coup de pompe, et lorsqu'on force un peu, le deuxième souffle vient tout à fait naturellement. La sensation de bonheur à l'arrivée vient aussi du sentiment de s'être dépassé, d'avoir puisé en soi des ressources inconnues. Prendre une substance extérieure aux premiers signes de fatigue, c'est aussi ne pas se permettre de faiblesse. C'est se donner un coup de fouet quand le corps dit non, c'est refuser d'apprendre à écouter ce qui se passe à l'intérieur. C'est enfin trouver à l'extérieur le soutien que l'on aurait trouvé tout naturellement en soi en dépassant ses limites... et peut-être en devenir dépendant.

VIVRE À CÔTÉ DE SOI

Nous sommes invités à fuir comme la peste toute souffrance, tout sentiment négatif. Or, ces derniers nous révèlent à nous-mêmes et nous incitent à nous prendre en main, à découvrir nos désirs les plus profonds et à nous donner les moyens de les réaliser.

Si nous regardons le passé pour y trouver les moments où nous avons le plus progressé, nous constatons que c'est le plus souvent après nous être sortis d'un coup dur, d'un deuil, d'une déception, d'un accident ou toute autre contrariété que nous nous sommes sentis heureux et fiers de nous et que nous avons trouvé une certaine paix. Lorsque nous avons eu la chance de pouvoir toucher un fond, nous avons pu jouir du bien-être de la remontée.

Que serions-nous devenus si nous avions noyé nos maux dans les anxiolytiques, l'alcool ou les distractions de tout genre ? C'est à travers nos souffrances que nous apprenons à trouver un sens à nos échecs et à nos « malheurs ». Ne les nions pas !

Fort de notre expérience, si nous aimons et si nous acceptons notre vie et les moments durs que nous avons traversés, nous acceptons le fait que nos enfants et nos proches ont aussi des épreuves à traverser. Prenons l'exemple de l'enfant qu'on endort avec des somnifères ou qu'on ne laisse jamais pleurer. Il ne pourra pas vivre la déception de ses tentatives hallucinatoires. Or, ces déceptions sont indispensables dans la constitution de sa personnalité et dans sa relation à la réalité et aux autres.

Pour épargner aux jeunes la souffrance psychologique de se sentir inférieurs ainsi que la honte de ne pas être comme il faut, les différences ne sont pas organisées, elles sont gommées. Par exemple, dans les écoles, on distribue les bulletins par ordre alphabétique, sans mettre en valeur les premiers de classe. Il ne faut pas mettre les élèves en compétition, ni humilier le plus faible. On oublie que par la même occasion, on se prive de modèles, de références : « Un tel, il a bien travaillé, je vais regarder comment il s'y prend ».

Par le fait même de gommer les différences, on enlève la possibilité de reconnaître l'autre pour lui-même en tant qu'être unique et donc par définition différent. On n'apprend pas non plus aux enfants à s'accepter eux-mêmes plus limités dans certains domaines, plus doués dans d'autres et à trouver leur propre voie. C'est un fait que nous ne sommes pas tous égaux et que nous ne sommes pas tous fait pour tout. S'en rendre compte est un premier pas important dans l'orientation professionnelle. Nous rencontrons des étudiants qui, à 18 ans, «essaient» la médecine, puis le droit, la communication ou la psychologie... Ils ne savent vraiment pas ce qui leur conviendrait. En leur épargnant les obstacles et la frustration de se sentir limité ici et doué là-bas, on les a aussi empêchés de se découvrir. Pour eux, tout semble rester possible. Mais rien n'est vraiment passionnant. Celui qui ne fait pas le deuil de ce qu'il ne sera jamais n'a pas la permission d'être simplement ce qu'il est.

Par son refus de la différence, la pression sociale incite chacun à se couler dans le moule de la femme, de l'homme, de l'enfant, de l'être «normal», «parfait». Elle tue la création, l'art, l'initiative, la passion.

Dès qu'il y a un moule, on cherche les moyens de forcer l'autre à se mouler. Les médias divulguent les recettes les plus farfelues pour changer le comportement et l'humeur de celui qui exprime des sentiments hors normes. Il suffit de feuilleter des magazines féminins, par exemple, pour découvrir les moyens dont dispose la femme pour avoir à ses côtés un homme modelé sur ses désirs. Cela semble aussi concerner de plus en plus d'hommes puisque des magazines du même type leur sont à présent réservés.

Les publicités utilisent abondamment ce besoin d'agir sur les autres et de contrôler leurs actes et leurs émotions pour qu'ils se conforment à nos désirs et à l'être idéal que nous aimons en eux. Les religieux catholiques ont prôné l'amour qui transforme, ils ont enseigné que l'on peut racheter l'autre par la force de notre amour et que c'est un devoir d'assister son prochain sans juger. Les films et les romans exaltent des relations passionnelles dans lesquelles prédominent l'exploitation, les contraintes, la manipulation par les chantages, les menaces, les mensonges et les tromperies. Tous les moyens sont à notre portée pour faire de l'autre un alter ego et ainsi nous épargner les souffrances qui jaillissent de nos différences.

Faire disparaître la souffrance, la douleur et la frustration de l'expérience humaine, quel rêve! Nous avons cru qu'avec les progrès de la science et de la psychologie, les enfants pourraient ne pas les connaître. En voulant épargner des souffrances et des frustrations à nos enfants, nous en avons créé d'autres. Par exemple, nous avons expliqué la colère, la cruauté et les actes répréhensibles par le manque d'amour reçu et donc par des causes extérieures qui déresponsabilisent.

L'enfant qui a un tee-shirt tâché, ce n'est pas parce qu'il n'a pas fait attention en mangeant ou en jouant, au fait que certaines taches partent difficilement, c'est parce que sa mère n'utilise pas la bonne lessive. Celui qui est rejeté dans la cour de récréation, c'est parce qu'il n'a pas la «bonne» collation, et le plus souvent celui qui n'a pas de bons résultats, c'est parce que ses parents ne le soutiennent pas assez.

Nous sous-entendons continuellement devant l'enfant que si quelque chose ne va pas, s'il est frustré et s'il n'est pas à la hauteur, c'est que ses parents ou ses éducateurs n'ont pas fait ce qu'il fallait.

Un médecin des urgences à l'hôpital trouve dans son bureau une mère et ses deux enfants que l'infirmière a fait entrer. La mère et son fils sont sur les deux tabourets, le long du mur, et la petite fille s'est accroupie par terre à coté d'eux. Il demande quel est l'enfant qui est blessé au doigt. C'est la petite fille. En regardant la mère, il fait remarquer, sur un ton de reproche, que c'est la seule qui n'a pas un siège. Inutile de décrire toutes les vraies raisons pour lesquelles elle n'avait pas de siège, ni toutes les suppositions possibles dans une telle situation, comme par exemple, le fils est-il le préféré de sa mère? Sachons simplement que la chaise du patient, devant le bureau, était restée libre, que c'était la plus confortable et celle qui revenait à l'enfant blessé.

L'intervention du médecin a renforcé chez la petite fille, enfant d'accueil dans cette famille, le sentiment de ne pas être aimée et de ne pas avoir de place. Les choses auraient été tout autres si le médecin lui avait dit: «Il y avait une chaise là, tu pouvais t'asseoir, cela aurait été plus agréable pour toi». Il l'aurait mise devant sa responsabilité de prendre en charge ses besoins, de prendre soin d'elle et de prendre sa place, plutôt que de l'encourager à attendre passivement l'intervention des autres.

Finalement, en insistant sur leurs droits, nous incitons les jeunes à se déresponsabiliser et à chercher un coupable à l'extérieur, dans la société. Nous leur confisquons par la même occasion leur pouvoir et nous empêchons l'émergence de réflexions du type: «Si la poudre de maman ne vient pas à bout de toutes les taches, comment puis-je faire pour garder mes vêtements propres? Si mes parents boivent, quand et comment puis-je m'organiser pour faire mes devoirs?». Quand nous ne leur apprenons pas à se remettre en question et à progresser à partir de leur réalité, de leurs essais et de leurs erreurs, nous maintenons les jeunes dans la dépendance.

A force de déresponsabiliser les enfants et de mettre en avant leurs droits, nous maltraitons les parents qui, face à un idéal inaccessible, se sentent jugés et désapprouvés dans leur parentalité si l'enfant, pour une raison ou une autre, se sent triste ou agressif, s'il échoue à l'école ou s'il n'a pas de copains.

Dans les groupes d'enseignants, d'intervenants sociaux ou de militants politiques, nous rencontrons quelque chose de semblable. Quand les nouveaux apportent de nouvelles compétences, ils sont souvent écartés car ils sont vécus comme menaçants par ceux qui rêvent encore d'être tout-puissants. Au lieu d'être des stimulants dans le projet et d'apporter un esprit de saine compétitivité, ils éveillent auprès des blessés narcissiques des sentiments d'impuissance et d'incompétence qui sont insupportables. Ils sont donc rapidement évincés.

Que ce soit dans un milieu privé, social, professionnel ou politique, il est toujours plus facile d'incriminer la réalité et les autres plutôt que de se remettre en question. Jusqu'à un certain point, seulement, car cet aveuglement entraîne parfois une réalité très difficile à vivre. Ceux qui, de déboires en déboires, finissent par toucher un fond choisissent parfois enfin de chercher en eux-mêmes les possibilités de changements.

Vu le contexte culturel, social et économique dans lequel nous vivons, nous sommes de plus en plus rapidement confrontés à nos sentiments d'infériorité et d'incompétence. Ce n'est que libérés de nos croyances les plus tenaces que nous pourrons nous ouvrir à de nouveaux courants de pensée. C'est ce chemin vers une autre forme d'amour et d'altruisme que nous découvrirons dans la deuxième partie.

DEUXIÈME PARTIE

QUAND L'ALTRUISME DEVIENT AMOUR

« L'amour représente la liberté de se forger soi-même, d'aller au bout de son désir. L'amour fou rend libre, libre des autres et de la société, libre des tabous et des compromis. »
     D. Auteuil, Interview de Louis Danvers, Le Vif-L'express.

C'est donc bien par intérêt personnel et par besoin que certaines personnes aident les autres. Pourquoi pas ? Finalement, heureusement qu'il y a des personnes dévouées, qui ressentent ce besoin, pour que nous puissions continuer à vivre les joies du service, de l'entraide et de la solidarité.

Apprendre à aimer

A certains moments, nous sommes fiers de notre générosité, de notre capacité de donner et de nous dévouer. Mais, à d'autres moments, si nous avons l'impression qu'on abuse de notre bonté ou si, indépendamment de tous nos efforts, les personnes que nous aimons continuent à aller mal ou à se détruire, nous souffrons. Nous sommes alors de tentés de lutter contre nous-mêmes et contre notre tendance à «être trop bon». Probablement sans succès (ou si peu), et avec une grande tristesse de devoir renoncer à cette partie de nous-mêmes à laquelle nous tenons tant.

Au lieu de lutter contre notre besoin d'aider les autres, en participant, par exemple, à des formations pour apprendre à dire Non, pourquoi ne déciderions-nous pas de nous perfectionner, d'apprendre à mieux aimer et à donner de manière «plus juste» et plus appropriée ?

« Il semble qu'une méthode aussi simple que l'analyse de notre propre pensée puisse améliorer de façon significative nos performances. C'est une observation intéressante, même si l'on peut penser que, dans un système complexe, cette auto-analyse pourrait tout aussi bien nourrir nos doutes, miner notre confiance en nous, et ainsi nous empêcher d'agir efficacement. »

Dietrich Dörner, La logique de l'échec.

L'auto-analyse continuelle pour elle-même ne conduit pas loin. Elle risque de nous bloquer dans le sentiment stérile d'incompétence et de nullité. Par contre, lorsque nous désirons apprendre, lorsque nous nous plaçons dans une logique d'apprentissage, l'auto-analyse n'est plus gratuite, elle a un sens. De même que le sportif s'observe sans cesse pour découvrir les gestes à améliorer, chacun de nous peut observer ce qui, en lui, le freine ou le bloque dans la poursuite du but qu'il s'est fixé.

Dans cette démarche d'apprentissage, nous acceptons que nous ne sommes pas parfaits et que nous ne le serons jamais, mais que nous sommes «perfectibles». Au lieu de nous apitoyer sur une situation comme si elle était inévitable, nous cherchons ce qui ne nous satisfait pas. Nous tirons les leçons de nos actions, et notamment de nos échecs. Et surtout, nous projetons d'autres possibles.

Pour acquérir de nouveaux comportements et de nouvelles attitudes, il faut d'abord avoir une vision claire et positive de ce que l'on veut apprendre. C'est cette vision qui crée le désir et la motivation de progresser. La lecture de Dörner, Kourilsky, Lynch, Missoum, Robbins, Watzlawick, Blanchard, et de bien d'autres, vous aidera à vous fixer des objectifs clairs, à décider de vos priorités, et à ne pas hésiter à «rectifier le tir» au fur et à mesure que vous recevez de nouvelles informations susceptibles de vous faire revoir vos positions.

Nous avons tous des objectifs, des buts que nous poursuivons sans même en être conscients. Quand nous avons une mauvaise image de nous-mêmes et que nous ressentons le besoin d'aider, par exemple, nous agissons pour nous valoriser et pour éviter d'être rejeté ou abandonné.

D'où viennent ces buts inconscients qui nous motivent? Nous les avons définis à un moment donné de notre vie, à partir des croyances issues de nos expériences de vie, et nous en avons fait une sorte de «modèle théorique».

Le premier modèle qui nous inspire, celui que nous utilisons «par défaut», sans même y réfléchir, c'est celui que nous avons élaboré dans notre plus tendre enfance, alors que nous étions incapables de subvenir à nos propres besoins. Nous gardons de nombreuses croyances de cette époque où nous étions totalement dépendants des autres.

Encore aujourd'hui, si nous n'y prenons garde, la plupart de nos décisions sont déterminées par les conclusions que nous avons tirées plus ou moins consciemment tout au long de notre vie, à partir de ce que nous avons supposé être les conséquences de nos actes. Si les buts que nous nous sommes fixés nous conduisent à reproduire sans cesse des situations qui ne nous conviennent pas, il est temps de les revoir et d'en choisir d'autres.

Le système de croyances que nous élaborons au fil du temps n'est jamais définitif. Il doit continuellement être réactualisé car nous ne détenons jamais «la» vérité. En nous inspirant d'autres «modèles théoriques», en testant d'autres croyances que les nôtres, nous recadrons notre vécu. En donnant un autre sens à nos expériences, nous débloquons des situations qui semblaient sans issues.

Lorsque nous faisons dépendre notre vision d'une seule variable, nous créons des impasses. Ce type de vision est déprimant car, lorsque nous n'avons aucun pouvoir sur le seul élément susceptible d'être modifié, nous nous sentons terriblement impuissants.

Par contre, si nous enrichissons et nuançons sans cesse nos informations et nos connaissances, nous nous rendons compte que plusieurs variables interviennent en même temps. Il est dès lors plus facile de changer quelque chose, si pas d'un côté, de l'autre. Notre réflexion devient circulaire. Le moindre changement sur une seule variable a un effet sur toutes les autres.

J'espère que les quelques réflexions sur l'altruisme et sa «justesse», que vous trouvez dans ce livre, vous permettent d'enrichir vos modèles théoriques et vous libère de vos peurs et de vos hontes. Mon but n'est pas de construire un nouveau modèle, il y en a déjà tellement! J'espère simplement vous donner des outils pour élargir votre réflexion.

« Toutefois, toute prise de conscience qui n'est qu'intellectuelle et ne comporte pas de travail émotionnel est insuffisante pour se transformer. Il ne suffit pas de connaître les causes de sa souffrance, il faut renaître à soi-même et au bonheur de vivre. »

C. Rialland, Cette famille qui vit en nous.

Le seul modèle théorique susceptible de vous aider est celui que vous vous construisez sans cesse en fonction de vos expériences, de vos émotions et des informations que vous recevez. Seul ce modèle vous donne l'envie et l'audace de vivre d'autres expériences et d'entrer en relation avec les autres «autrement» que vous ne l'avez toujours fait. En changeant les mots que vous utilisez pour parler de votre vécu, vous accédez à un autre type d'expériences. Ce sont ces nouvelles expériences qui vous permettent d'évoluer. Pas les mots ni les théories! Comprendre, parler de soi, comprendre et justifier nos comportements ne change rien. Nous rencontrons tous les jours des personnes qui savent pourquoi elles vivent mal et qui continuent à vivre mal. L'interprétation de ce qu'on vit doit déboucher sur des décisions et des actions concrètes.

Une explication ou une interprétation n'a de valeur que par l'usage que vous en ferez. Elle n'est pas bonne ni mauvaise en soi. Une seule question se pose : le sens que vous donnez à votre vécu vous permettra-t-il de débloquer une situation dans le respect de chacun ou, au contraire, vous encouragera-t-il à à vous enfermer dans la dépendance, le non-respect de vous-même et des autres?

Les mots ont le pouvoir qu'on leur donne. Les mêmes mots peuvent libérer ou nuire. L'histoire de l'Eglise catholique montre que même un texte comme l'Evangile peut-être utilisé pour contrôler et dominer ou pour libérer.

Libérons-nous petit à petit de nos veilles croyances. Corrigeons les objectifs que nous nous sommes fixés lorsque nous étions enfants, comme par exemple éviter à tout prix l'abandon et la solitude, se plier aux autres parce qu'on est à leur merci, devenir un autre pour plaire à nos parents...

Clarifions sans cesse nos motivations profondes et nos émotions. Et enfin, prenons des décisions concrètes... Alors, nous pourrons, dans un plus grand respect de nous-mêmes et des autres, changer les situations qui génèrent de la souffrance, pour nous et nos proches.

Tout un programme !

Impossible d'apprendre à aimer sans une bonne connaissance de soi et sans qualités pour communiquer.

Commençons donc par progresser sur le chemin sans fin et toujours nouveau du « Connais-toi toi-même » !

Depuis des siècles, les grands maîtres ont enseigné des techniques pour vivre de bons moments avec soi-même dans la solitude, le silence, la méditation. Inspirons-nous de leurs enseignements pour apprendre à passer du bon temps seuls, avec nous-mêmes.

Découvrons au plus profond de nous nos désirs cachés et ce qui nous fait particulièrement plaisir. Découvrons nos émotions et nos sentiments, soyons conscients de ce que nous vivons. Acceptons d'être confrontés à une variété d'émotions, ne fuyons pas nos tristesses, nos colères, nos peurs... Comme les joies et le plaisir, ces émotions nous informent de ce que nous sommes et elles font naître en nous la sensation d'être vivants. Si nous étouffons ces émotions dites négatives, si nous nous barricadons, nous nous coupons aussi de nos émotions positives, nous ne sentons plus le bonheur non plus. C'est le flot de nos émotions, quelles qu'elles soient, qui nous guide et qui nous permet de développer et de partager ce qui nous est propre, ce qui fait de nous un être unique.

Etre bien seul, face à soi-même, c'est aussi nécessaire pour la santé spirituelle et mentale que de manger pour celle du corps. Ce n'est pas facile, lorsqu'on ne l'a jamais fait, de s'habituer à passer de bons moments seuls. Il faut parfois du temps pour découvrir ce qui nous fait plaisir. Mais lorsqu'on y a goûté, on ne sait plus se passer de ces moments-là. On n'hésite plus jamais entre passer un moment seul ou ce même moment mal accompagné !

La connaissance de soi ne suffit pas. Certains sont conscients de la situation dans laquelle ils sont. Ils se plaignent de ne pas être capables de vivre seuls, d'avoir peur de l'abandon, de ne pas savoir vivre sans contrôler les autres... Ils regrettent de ne pas savoir faire autrement. C'est leur passé, leurs parents, leur conjoint, leur(s) « ex » qui les ont blessés, détruits. Ils se sentent diminués, incapables d'aimer mieux. Leurs observations et les informations qu'ils reçoivent nourrissent sans cesse leur sentiment d'impuissance et d'incompétence. Ils sont perdus, ils tournent en rond, s'enlisent dans les marécages du doute ou se noient, fascinés par leur propre reflet.

Lorsqu'on voyage, si on se rend compte qu'on tourne en rond dans une région, on s'arrête pour regarder une carte. Cela ne sert absolument à rien de situer sur cette carte le point d'où l'on vient et celui où on est si on ne décide pas où l'on veut aller ainsi que le chemin que l'on choisit de prendre pour atteindre ce but.

De même, dans notre vie, chercher à savoir d'où nous venons n'a de sens que si cela nous permet de décider où nous voulons aller. Traduisons nos plaintes en but positif. Lorsqu'une situation ne nous convient pas, demandons-nous comment ce sera quand cela ira mieux. Focalisons notre regard sur un but positif ! Dynamisés par notre projet, mettons-nous en mouvement ! Alors, parfois même sans nous en rendre compte, nous changeons et nous progressons. Voici un exemple de cette démarche d'analyse suivie d'un engagement vers un but positif. Il est tiré de *L'amour lucide* de Gay et Kathlyn Hendricks.

« Les neufs pièges de l'amour inconscients :
Dans mes relations, je laisse l'autre se comporter de façon destructrice. Je m'entoure de gens qui me laissent poursuivre des modèles destructeurs. Je poursuis une relation qui ressemble à celle de mes parents. J'établis des relations avec des gens dont la personnalité et le comportement ressemblent à ceux de l'un ou de mes deux parents. En réaction aux relations de mes parents, je crée des relations qui sont le contraire des leurs. Un traumatisme d'enfance génère un modèle que je ne cesse de répéter dans mes relations. Dans mes relations, je participe continuellement aux conflits ou je les évite à tout prix. Bien que j'aie la possibilité de réussir à portée de main, je gâche tout. Parce que je n'ai jamais appris à être véritablement indépendant, je crée des relations dans lesquelles je peux perpétuer ma dépendance.
Les six engagements :
Je m'engage à me rapprocher de l'autre et à me libérer de tout ce qui m'en empêche (...) à me développer complètement en tant qu'individu (...) à me révéler entièrement dans mes relations et à ne rien dissimuler (...) à aider les êtres qui m'entourent à atteindre leur plein épanouissement (...) à agir en étant conscient d'être responsable à 100 % de ma réalité (...) à avoir du plaisir dans mes relations intimes. »

Vous trouverez certainement les livres et les personnes qui vous aideront à progresser dans la connaissance de vous-mêmes et des techniques de communication. Ils sont nombreux. Si vous êtes conscients que c'est quelque chose que vous voulez développer et faire grandir en vous... si vous vous fixez des objectifs, si vous les évaluez, les modifiez et notez vos progrès... vous vous surprendrez de la rapidité des changements.

Si la tâche vous semble trop lourde, si vous êtes trop fatigué, déprimé, angoissé, si vous avez du mal d'y voir clair dans votre vie, n'hésitez pas à trouver une aide extérieure, un coach ou un thérapeute, qui vous aide à vous « situer » sur la carte et à définir des buts concrets !

Personnellement, je n'ai pas l'intention d'écrire des pages en plus sur la connaissance de soi et la communication. Dans les pages qui suivent, je développe quelques réflexions qui, je l'espère, vous aideront à élargir votre modèle théorique et à recadrer vos expériences passées d'altruisme, afin d'imaginer des manières de venir en aide aux autres plus satisfaisantes pour tous.

Dans le cinquième chapitre, nous nous demanderons : «Comment "donner juste"? De quoi l'autre a-t-il réellement besoin? Comment être assez détaché de ses mobiles personnels pour répondre aux demandes de ceux que nous rencontrons, plutôt que de donner en fonction de nos propres critères?». Dans le sixième chapitre, nous verrons comment «toucher le fond pour mieux remonter», autrement dit comment utiliser nos expériences de manière responsable, en refusant d'être victime des autres et de notre passé. Dans le septième chapitre, je vous parlerai de l'évolution de nos relations, du désir de fusion à l'amour d'un autre «Autre». La connaissance des étapes de notre développement affectif nous aide à nous fixer des objectifs concrets et positifs dans notre vie relationnelle.

Chapitre 5
Apprendre à « donner juste »

« Vous êtes des enfants de Dieu. Votre petitesse ne sert pas le monde ! Votre attitude n'a rien de sage lorsque vous vous rabaissez pour que les autres, autour de vous, n'aient pas peur. En ne laissant briller notre propre lumière, nous donnons inconsciemment aux autres la permission de faire de même. Au fur et à mesure que nous sommes libérés de notre peur, notre présence automatiquement libère les autres. »
1994, Discours inaugural, Nelson Mandela.

Certains thérapeutes développent chez celui qui est dans la positon du « faux-altruiste » la capacité de dire « NON ». Ils imposent un nouveau postulat : « S'occuper de soi, c'est bien ; rendre service, c'est malsain ». Ils invitent leurs clients à lutter continuellement, et le plus souvent sans succès, contre leur désir d'aider. Pourquoi ? Cela a-t-il vraiment un sens ?

Si depuis votre plus tendre enfance vous avez développé la capacité de devancer les désirs de l'autre et le désir de donner et de faire plaisir, vous avez en vous un capital inestimable qu'il ne faut surtout pas détruire au nom d'une certaine image de la santé mentale. Au contraire ! Développez cette compétence en l'améliorant.

« Pour un caractère productif, le don revêt une signification entièrement différente. Il constitue la plus haute expression de puissance. Dans l'acte même de donner, je fais l'épreuve de ma force, de ma richesse, de mon pouvoir. Cette expérience de vitalité et de puissance accrues me remplit de joie. Je m'éprouve comme surabondant, dépensant, vivant, dès lors comme joyeux. Donner est une source de plus de joie que recevoir, non parce qu'il s'agit d'une privation, mais parce que dans le don s'exprime ma vitalité. »
Fromm E., L'art d'aimer.

« Nous avons toujours cru que l'amour des possessions est une faiblesse à surmonter. Il s'attache à la part matérielle de l'existence et, si on le laisse prendre de l'importance, il risque de perturber l'équilibre spirituel pour la conservation duquel nous nous battons. C'est la raison pour laquelle il

nous faut très tôt apprendre la beauté de la générosité. En tant qu'enfant, on nous enseigne à donner ce à quoi nous attachons le plus de prix, afin de goûter pleinement ce qu'est le don : dès le plus jeune âge, on devient le donneur d'aumônes de la famille.»
C.A. Eastman, L'âme de l'Indien.

Il est possible de faire évoluer votre capacité à donner du stade où prévaut l'échange et le besoin de recevoir en retour au stade où le don devient l'expression d'une force intérieure, d'une puissance. C'est seulement alors que vous découvrirez le plaisir de vous vivre comme une source débordante et inépuisable.

Pour parvenir à cela, il faut que puissiez être assuré que vous y trouverez votre compte, que vous garderez un espace personnel inviolable que vous pourrez développer. Cette sécurité de base apaisera vos colères.

Si vous acceptez que ce que vous faites pour les autres, c'est aussi un peu pour vous que vous le faites, et si vous reconnaissez votre part d'«égoïsme», vous pourrez apprendre à faire des demandes claires pour exprimer simplement ce que vous attendez. Vous ne serez alors plus obligés de manipuler et de contrôler les autres pour obtenir satisfaction et pour vous garantir le minimum dont vous avez besoin pour développer la vie en vous.

Pour vous convaincre qu'il est nécessaire de penser d'abord à vous et pour vous encourager à vous libérer de votre culpabilité judéo-chrétienne ou autre, rappelez-vous que : «Il n'y a pas de plus grand amour que de donner sa vie pour ceux qu'on aime», et que, si vous sacrifiez votre vie, vous n'aurez plus rien à donner. Donner votre vie, c'est donner ce qui est vivant en vous : votre joie, votre espérance, la foi dans vos possibilités, vos passions, votre savoir, vos émotions, vos réflexions, votre courage de ne compter que sur vos propres ressources pour atteindre vos buts... Ne peut donner sa vie que celui qui est vivant !

A tout âge de la vie, nous pouvons apprendre à vivre pleinement et à donner sans compter... mais aussi sans se perdre. Comme tout apprentissage, c'est plus facile si on est bien accompagné !

SI C'EST VRAIMENT POUR TOI QUE JE LE FAIS

«Que feraient les parents de ce jeune homme "raté" et dépendant si celui-ci devenait débrouillard et autonome ? Que leur resterait-il comme raison de vivre s'ils perdaient ce souci ? Qui se chargerait de les distraire de leurs tensions, de leur ennui, de leurs différends ? Le jeune homme lui-même est-il prêt à perdre le confort et la quiétude de la dépendance ? Si la fille de 15 ans redevient l'enfant charmante et attachante dont rêvent ses parents, comment réussiront-ils à accepter son départ, qui doit survenir

un jour ou l'autre ? Si ce mari éternel chômeur et dépendant de sa femme devenait auto-suffisant, comment pourrait-il rassurer son épouse qu'elle ne doit pas avoir peur de le perdre ? »
François Belpaire, *Intervenir auprès des jeunes inadaptés sociaux.*

Etre conscient de ses attentes, et les exprimer, ce n'est qu'un premier pas. En effet, dans l'étude de la relation entre le «faux-altruiste» et celui qu'il aide, nous observons qu'il n'y a pas que «l'altruiste» qui se sent frustré. Ce qu'il croit bien faire pour l'autre est loin d'être toujours bien reçu. Et à son interpellation «Après tout ce que j'ai fait pour toi», il est parfois très étonné de s'entendre répondre : «Mais qu'est-ce que tu as fait pour moi ? J'aurais préféré que tu ne fasses rien ! Ce n'est pas ce que je voulais. Tu as ruiné ma vie, mes espérances... Je ne t'avais rien demandé ! Je me serais mieux débrouillé sans toi. Ton aide m'a enfoncé...».

Pour apprendre à aimer, il faut donc apprendre non seulement à être conscient de ses propres besoins, mais aussi apprendre à reconnaître ceux des autres et à les respecter.

Renoncer au «faux-altruisme» pour devenir un «vrai-altruiste», c'est savoir sortir de soi et de ses propres schémas de pensée pour découvrir l'autre tel qu'il est réellement. C'est s'ouvrir à sa différence, à ses besoins et à ses demandes.

Comme un bon violoniste qui recherche toujours une plus grande justesse des notes, le «vrai-altruiste» recherche la justesse de ses actes en corrigeant sans cesse ses interventions en fonction des retours qu'il reçoit.

L'entraînement à l'écoute est indispensable pour entendre les demandes particulières des autres. Bien que ce point soit capital, je ne m'y attarderai pas puisque de nombreux ouvrages et de nombreuses formations le traitent. Je préfère développer quelques réflexions à propos des besoins fondamentaux de l'être humain, et principalement de ceux qui sont généralement ignorés par le «faux-altruiste».

Rendre notre altruisme plus «juste», c'est nous efforcer de répondre aux demandes de l'autre afin de lui donner ce qu'il a besoin pour s'épanouir.

J'ACCEPTE D'ÊTRE UN PARENT HUMAIN

Nos enfants sont certainement les personnes à qui nous avons le plus envie de donner. Nous rêvons d'ailleurs de tout leur donner. Nous voudrions être des parents parfaits. S'ils pouvaient ne manquer de rien ! Si nous pouvions avoir une réponse à toutes leurs demandes ! Mais ce rêve n'est-il pas plus la réponse à nos propres besoins qu'aux leurs ?

« La place de l'enfant, c'est-à-dire le respect dû à ses désirs, est en ce moment, et dans bien des familles, ou trop grande puisque les parents renoncent à leur propre place pour favoriser celle de leur enfant, ou trop petite, car les parents ayant tout fait pour cet enfant, il devra "tout faire" sauf son désir pour assurer au moins à ses parents une place de "bons" parents dont ils ont absolument besoin. »
C. Olivier, L'ogre intérieur.

Contrairement au courant actuel qui veut que les parents soient parfaits, de nombreux psychologues affirment que, pour grandir et se constituer une identité propre différente de celle de sa mère, le jeune a besoin de découvrir que celle-ci n'est pas une sainte.

En effet, si elle est pour lui comme un dieu, inaccessible dans sa perfection, comment pourra-t-il accepter ses propres limites et les défauts auxquels il est si cruellement confronté ? Comment pourra-t-il accepter de ne pas être parfait ni tout puissant ? Comment pourra-t-il imaginer d'autres opinions que celles de sa mère (seules ses opinions sont valables puisqu'elle est si parfaite) ? De même, comment pourra-t-il se tourner vers des centres d'intérêts que sa mère ignore et mener une autre vie que celle de ses parents ? Avec une mère « parfaite », il est évidemment impensable de rencontrer ceux que cette mère n'aime pas. Il est impossible de se séparer d'elle et d'expérimenter le fait que finalement on est toujours seul au monde.

De même, comment un jeune peut-il apprendre à se faire confiance et à surmonter ses échecs s'il voit dans son père un homme qui a toujours réussi tout ce qu'il entreprenait ? Comment peut-il ne pas se trouver minable, lui qui, quel que soit ce qu'il entreprend, n'arrive jamais à la cheville de cet homme ? Comment peut-il digérer toutes ses maladresses, ses échecs, ses déceptions ? Il n'a pas de modèle à qui s'identifier. Son père semble faire partie d'une autre race, celle de dieux, alors que lui, il n'est qu'un pauvre humain limité.

Nos enfants ont besoin de relations vraies, avec de vrais êtres humains, avec des adultes qui ont des émotions et des besoins comme eux et qui les assument. Ils ont besoin d'adultes qui sachent se faire respecter, sans sadisme, à qui ils peuvent obéir, sans toutefois se soumettre... Ils doivent avoir l'occasion d'apprendre à créer des relations dans lesquelles ni l'un ni l'autre ne devient esclave.

« L'enfant a besoin de se désespérer, de ne pas pouvoir tout obtenir de ses parents, il a besoin du choc violent avec leur volonté pour renoncer à les soumettre à ses désirs, comme sa nature première d'être humain l'y pousserait spontanément. »
Christiane Olivier, L'ogre intérieur.

Nos enfants ne peuvent pas se construire dans une relation avec des robots, face à des êtres déshumanisés dont le seul souci est de ressembler à l'image artificielle du «bon parent».

Accepter devant nos enfants que nous ne connaissons pas tout, constater que nous n'avons pas toujours raison, c'est reconnaître devant eux que nous ne connaissons pas leur vérité, que nous ne savons pas tout ce qui est bon pour eux, ni ce qu'ils devraient faire ou ne pas faire de leur temps et de leur vie. Si nous acceptons que nos peurs sont parfois non justifiées et que, par ailleurs, nous devons gérer les conséquences de certaines de nos illusions, nous leur donnons la permission de chercher leurs propres solutions, de vivre leurs expériences, de tester leurs croyances, de prendre des risques et d'assumer les conséquences de leurs actes. S'ils nous ont vu fatigués, découragés, en train de pleurer à certains moments, et puis capables de reprendre le dessus, ils ont appris par l'exemple comment on peut survivre à des événements difficiles ou à des erreurs et des échecs.

« Toute situation vécue dans la souffrance ne doit pas être acceptée comme "naturelle" ou "fatale". Il est essentiel de parler aux enfants de tout ce qui concerne leur origine, la nôtre, et plus précisément d'évoquer avec eux tout ce qui nous préoccupe sans qu'il soit besoin de rentrer dans les détails. Une telle attitude leur évitera de se croire la cause principale de tous nos soucis, ou de découvrir un jour qu'ils ont été pendant des années ces exclus d'une partie de la vie familiale qui pourtant les concernait. »

S. Tisseron, Secrets de famille. Mode d'emploi.

Le fait d'accepter de ne pas être tout-puissants et omniscients aide les parents à affirmer clairement des limites, des règles et des lois qui ne sont pas édictées «pour eux, pour leur bien» mais pour le bien de tous, pour qu'une vie sociale soit possible, parce qu'eux-mêmes, comme leur enfant, ils ont des limites et ils ne sont pas capables de tout supporter.

Incarné dans une réalité

L'enfant s'éveille à différentes choses, différentes activités, différents centres d'intérêts. Si, toutefois, il ne se sent pas reconnu dans ces domaines, il les abandonne, pour en chercher d'autres. Les parents ne savent encourager chez leur enfant que ce qui les touche, ce qu'ils perçoivent, ce qu'ils ressentent, et c'est bien ainsi. L'enfant doit s'identifier à des personnes bien réelles pour grandir et se forger une identité propre. Agir comme papa ou maman, les imiter, se modeler sur eux, c'est peut-être frustrant et limitant, mais c'est surtout très structurant.

Ce qui est nocif, par contre, c'est lorsque les parents, pour diverses raisons, empêchent l'enfant de ressembler à son père, à sa mère ou à un de ses ancêtres. Lorsque les parents n'aiment pas leur vie, lorsqu'ils veulent absolument protéger leurs enfants de tout ce qu'ils ont mal vécu, l'enfant ne peut alors que ne pas être ceci ou cela, ne pas être comme un tel... bref, parfois ne pas être du tout.

« Toute identification est une amputation, un renoncement à devenir quelqu'un d'autre, à réaliser une autre possibilité de soi. Les enfants mal identifiés ne connaissent pas ces amputations épanouissantes : être homme ou femme, c'est tout pareil, disent-ils, riche ou pauvre, ici ou ailleurs, mort ou vivant... Pourquoi apprendre ça plutôt qu'autre chose ? Pourquoi se battre pour obtenir un résultat alors que l'échec n'a pas d'importance ? Pas de projet, pas de compte à régler, pas de névrose douloureuse pour donner sens à nos souffrances. Rien. L'équilibre dans le néant. Ces non-musculations du moi organisent des destins de guimauve, des biographies à pages blanches. Parler ou se taire ? Rien à dire. Rien à faire. »

Cyrulnick, Sous le signe du lien.

Anne s'habille en jeans et en gros pull. Elle se coupe les cheveux très courts. Elle est active, dynamique, souriante... Elle se donne à fond dans son travail.

Un jour, son mari est parti. Il avait rencontré une vraie femme ! C'est vrai qu'elle ne se sent pas bien en tant que femme, qu'elle déteste se mettre en jupe ou se maquiller.

Elle se souvient qu'à la maison, son père et ses frères se moquaient des femmes qui « coûtent cher à l'entretien » et qu'ils ignoraient la petite fille qu'elle était quand elle « se pavanait ». Par contre, lorsqu'elle se comportait comme un garçon, ils la soutenaient et l'encourageaient. Anne ne s'est pas sentie reconnue en dehors d'un rôle masculin par ses parents. Son mari ne l'a pas reconnue dans ce rôle.

Aujourd'hui elle cherche qui elle est, elle.

Lorsque les parents imposent un modèle idéal, irréel, flou, non humain, non visible, non concret, l'enfant essaie d'incarner les fantasmes de ses parents. Quand le modèle est trop irréel, trop parfait, et qu'il n'est représenté par aucun être humain, concret, l'enfant n'accepte pas ses particularités et ses limites. Il ne fait pas le deuil de ce qu'il ne sera jamais. Il reste dans l'illusion de sa toute puissance !

« Pour pouvoir être identique à soi-même, il faut avoir été identique à quelqu'un ; il faut s'être structuré en incorporant, en "mettant dans son corps", en imitant quelqu'un d'autre. »

G. Corneau, Père manquant, fils manqué.

De nombreux adultes ne se sont pas sentis reconnus en tant que personne unique, riche et différente. Ils ne se sont jamais sentis à la hauteur. A tort ou à raison, ils reprochent aujourd'hui à leurs parents de leur avoir repris la vie qu'ils leur avaient donnée, de ne pas les avoir laissés découvrir leur individualité, leur propre désir, leur propre voie.

Enfermés dans leurs reproches, certains gardent l'illusion d'un «ailleurs autrement» avec des parents idéaux. Ils semblent toujours attendre de leurs parents ou de leurs substituts ce qu'ils n'ont pas reçu et ce dont ils pensent avoir besoin pour devenir un être humain idéal dans un monde idéal. C'est sans doute parce que leurs parents leur ont fait croire qu'ils auraient atteint la perfection, si la réalité avait été autrement.

Certains de ces adultes cependant, à un moment donné de leur vie, arrêtent de nier la réalité. Ils comprennent qu'ils sont seuls, imparfaits dans un monde imparfait, et que la seule vie qu'ils ont à vivre, c'est la leur, et pas une autre. Personne d'autre qu'eux à présent ne les prendra en charge ni ne subviendra à leurs besoins... C'est à eux de se mettre en marche, pas à pas, pour réaliser leurs rêves. Il arrêtent d'attendre le miracle et ils retroussent leurs manches pour s'offrir ce dont ils ont besoin et pour acquérir les compétences nécessaires à leur réalisation personnelle.

José était fils unique. Ses parents se sont sacrifiés : le père, ouvrier, voulait pour son fils une bonne situation. La mère, très peu scolarisée, faisait répéter ses leçons à José, tant bien que mal et sans trop les comprendre. José a toujours su que ses parents se dévouaient corps et âme pour lui donner un bel avenir, qu'ils sacrifiaient leur propre vie, les loisirs et le confort qu'ils auraient pu s'offrir, et il se sentait reconnaissant. Il se sentait aimé. José est devenu ingénieur. Le jour où il a reçu son diplôme, il était fier d'apporter à ses parents le plaisir de voir l'aboutissement de tous leurs efforts.

Aujourd'hui, il a quarante ans. Ce qu'il fait ne lui plaît absolument pas. Quand il était petit, il jouait à l'explorateur. Il rêvait de le devenir. Mais les adultes, eux, ne rêvent pas, et il est devenu adulte et raisonnable : il a enterré son rêve.

Un jour, il s'est rendu compte que ce qu'il croyait être une vérité n'en est pas une : il y a des adultes autour de lui qui rêvent, et il y a même des adultes qui réalisent leurs rêves. Il existe des professions qui permettent d'explorer. Contrairement à ce que ses parents et lui croyaient, non seulement c'est possible d'être explorateur, mais en plus, un métier, ce n'est pas nécessairement un ensemble d'obligations ennuyeuses ; certains trouvent un réel plaisir dans leur vie professionnelle.

«Avec le recul», dit-il, «je comprend que si j'avais mis autant d'énergie à poursuivre mes rêves qu'à faire plaisir à mes parents, j'aurais pu trouver les moyens de les vivre et de me faire plaisir en travaillant... J'aurais pu trouver une profession épanouissante dans laquelle je me sentirais explorateur et heureux. Je ne l'ai pas fait, je ne savais même pas que c'était possible. J'ai adopté la façon de penser et de vivre de mes parents, à la seule différence que je suis ingénieur et que mon père était ouvrier.»

Suite à cette prise de conscience, José a traversé des mois pénibles, passant de la tristesse, à la colère : il en a voulu à ses parents. Pourquoi ne lui avaient-ils pas donné l'essentiel : le plaisir de vivre ? Sa vie lui semblait fichue. Son travail l'épuisait, il n'en pouvait plus. Il se sentait tellement déprimé et anéanti que le médecin a dû lui prescrire un congé de maladie.

Pendant ce congé, un déclic s'est produit. « Si les parents continuent à poursuivre leur rêve à eux, pour eux, c'est plus facile pour les enfants d'en faire autant : ils ont vu comment on faisait. C'est vrai que mes parents m'ont tout donné sauf la chose la plus précieuse aujourd'hui à mes yeux : la possibilité de rencontrer des personnes vivantes et heureuses de vivre. Mais aujourd'hui, je peux prendre ma vie en main. Il n'est jamais trop tard pour se remettre à rêver. Maintenant je sais que cela existe.

Je n'ai plus besoin de mes parents. Je peux aller chercher ailleurs ce qu'ils n'ont pas pu me donner. Je veux apprendre à être vivant, à être heureux de vivre, je veux vivre mes rêves et je veux une vie professionnelle enrichissante. Alors, je regarde, j'écoute, je lis, j'en discute... et surtout je cherche en moi. »

Accepter d'être incarné dans une réalité, c'est aussi accepter de descendre d'une lignée familiale. C'est accepter son passé familial, avec ses héros et ses moments de gloire mais aussi ses histoires et ses personnages honteux. C'est parler de ses racines. C'est oser voir les souffrances et les hontes de ses ancêtres. C'est chercher, savoir, dire d'où l'on vient. C'est oser dire qui l'on est, ce que l'on vit. C'est reconnaître ses souffrances et ses hontes.

Interrogez votre arbre généalogique pour comprendre la répétition de certains scénarios dans votre vie et dans votre famille. Découvrez les valeurs et les croyances qui vous ont été transmises. Vous pourrez ainsi mieux choisir votre propre vie et enfin construire vos propres croyances.

Nos enfants aussi ont besoin de connaître leurs origines, l'histoire qui a fait qu'ils sont là aujourd'hui, les peurs, les rêves et les attentes qui ont accompagné leur venue au monde, et leur éducation ainsi que leurs « dettes » éventuelles. Ils construisent intuitivement la réponse à toutes leurs questions grâce aux histoires que nous leur racontons.

« C'est un secret qu'on ne peut dévoiler, souvent un secret honteux d'un parent, une perte, une injustice ; en cachant ce deuil indicible, on l'installe à l'intérieur de soi-même, dans un "caveau secret", dans une "crypte" : c'est un "fantôme" (qui recouvre ce secret inavouable d'un autre), secret qui peut se transmettre de l'inconscient d'un parent à l'inconscient d'un enfant, d'une génération à l'autre. (...) Le "fantôme" semble poursuivre son œuvre en silence et en secret. Il se manifeste par des mots occultés, par un non-dit, par un silence, par des béances dans la réalité, des lacunes laissées en soi par les secrets d'un autre. »
                                                A. Ancelin Schützenberger, *Aïe, mes aïeux !*

JE RESPECTE TA MÈRE ET TON PÈRE

De nombreux «faux-altruistes», notamment ceux qui travaillent dans des associations caritatives, dénigrent avec les meilleures intentions du monde les parents de certains enfants. Ils laissent planer le doute que, si leurs parents étaient «comme il faut», les choses se passeraient autrement. Ils projettent sur l'enfant leur propre vision de la vie et de leurs parents, leur propre attente de parents idéaux dans un monde idéal. En agissant de la sorte, ils risquent de nuire au développement de la personnalité de l'enfant.

Dès son plus jeune âge, l'enfant s'identifie à ses parents. Nous avons tous en quelque sorte une mère et un père intérieurs. Ce sont des parties de nous-mêmes qui ont leur mot à dire dans nos décisions, dans nos choix, dans l'expression de nos goûts et de nos dons.

Lorsqu'un des deux parents se dévalorise, ou est dévalorisé par l'autre ou par l'environnement social, l'enfant est profondément blessé dans sa personnalité. C'est une partie de lui-même qui est ainsi dévalorisée et qu'il ne peut que mépriser. Il se sent nul, non seulement parce qu'un de ses parents est nul, mais aussi parce qu'il est impuissant à le changer. En même temps, il se culpabilise d'en vouloir ainsi à un de ses parents et il met en place des comportements réparateurs envers ceux qui lui rappellent son parent dévalorisé. Il se «coupe» donc en deux, d'une part, la partie de lui-même qui s'est identifiée au parent honteux, d'autre part, une autre partie qui méprise la première, qui l'accuse de la même manière que les adultes qui dévalorisent son parent, et qui finit par le culpabiliser.

Suite à ce clivage de sa personnalité, l'enfant a des comportements contradictoires, un peu comme s'il obéissait à différentes voix. Certains de ces comportements étonnent son entourage. Par exemple, alors qu'il sait que c'est honteux et que les conséquences sont lourdes ou parfois même, alors qu'il n'est au courant de rien, il reproduit les comportements honteux du parent évincé. Il lui marque ainsi son empathie en se retrouvant dans le même type de situation. C'est un moyen aussi de rétablir la communication : «Tu peux m'en parler, puisque je suis dans la même situation que toi».

On ne peut rien donner de vraiment valable à un enfant si on ne respecte pas fondamentalement ses parents. Il y a moyen de dénoncer certains de leurs comportements sans leur faire honte.

De même, aimer vraiment son enfant, c'est savoir prendre du recul par rapport à son propre vécu affectif pour continuer à respecter son autre parent, au-delà des sujets de querelles et de séparation. Malheureusement, de nombreuses mères se dévouent corps et âme à leur enfant sans savoir leur donner ce minimum : le respect de celui qui est leur père.

Je te donne un père

Que de pères ne trouvent pas leur place ! Que de pères ne sont pas reconnus ! Que de femmes veulent les transformer en deuxième mère, leur refusant tout autre rôle que celui de materner ! Qu'il est difficile pour une mère de permettre à son enfant d'avoir une relation avec son père, en dehors d'elle, sans qu'elle n'intervienne pour dire au père ce qu'il devrait dire ou ne pas dire, ce qu'il devrait faire ou ne pas faire, ce qu'il devrait être ou ne pas être. Elle, elle sait et elle a toujours raison. Le père, lui, ne sait pas.

A l'intérieur de leur couple, les mères veulent protéger l'enfant de la violence, des limites, des interdits, des émotions paternelles.

Pour obéir aux images idéales, certaines se sont promises d'être mères avant d'être épouses et amantes. D'autres ont une image du père autoritaire, frustrant, castrant. Elles n'ont peut-être même pas eu un tel père, mais elles ont hérité cette image de leur mère, de leur grand-mère ou de la culture ambiante !

De nombreuses mères veulent protéger à tout prix leurs enfants, même si pour cela, elles mettent leur couple en péril. Elles rêvent d'un père idéal et elles exigent pour leur enfant un père maternant, parfois même un père-Dieu, infiniment bon, qui ne soit jamais frustrant... Elles acceptent difficilement, voire même refusent carrément, que le père coupe le cordon ombilical.

« Un père absent peut être un bon père si la mère le parle bien. »
    Cyrulnick, *De la parole comme d'une molécule.*

Ce n'est déjà pas facile pour un père de trouver sa place dans la famille. Il ne faut pas demander quel rôle lui est réservé quand l'enfant est né hors du couple !

De plus en plus de mères choisissent d'élever seules leur enfant. Dans cette situation, elles sont tout pour cet enfant... Personne n'est là pour le séparer d'elle, pour rappeler à l'enfant qu'il n'est pas tout pour elle. Personne n'invite l'enfant à s'ouvrir au monde et aux autres.

Devant un unique parent, l'enfant en général n'ose pas prendre le risque de s'opposer et de faire sa crise d'adolescence. Il ne peut se permettre de tout perdre ! De plus, il sent la fragilité de celui qui s'est totalement sacrifié pour lui. Il apprend vite que toute contestation de sa part et toute prise de position personnelle est vécue comme une injustice et un manque de reconnaissance pour « tout l'amour qu'il a reçu » !

Tout enfant a besoin, pour grandir et vivre des relations matures, de se prouver qu'il est fort et qu'il peut vivre sans ceux qui l'ont conçu. Or, il est souvent confronté au fait que son parent isolé est faible et qu'il a besoin de lui, de sa reconnaissance, de son amour... qu'il n'a que lui pour être aimé ! Il n'est donc pas question de l'abandonner et de faire sa vie.

La présence du père est indispensable pour l'enfant. Les spécialistes de l'enfance ne cessent de le rappeler. S'il n'y a vraiment pas de père, trouvez-lui un beau-père ou un grand-père ou un oncle (paternel de préférence) qui joue son rôle.

«... le rôle du père est précisément celui-là : aider l'un et l'autre à ne pas tomber dans une relation qui nie leurs besoins d'évolution respectifs. En permettant la formation du triangle familial, sa présence bloque l'accès automatique du fils à sa mère et permet à cette dernière de demeurer femme dans le regard d'un homme au lieu d'être uniquement mère dans celui d'un enfant.»

G. *Corneau,* N'y a-t-il pas d'amour heureux?

Le père triangule la relation. Il dit à l'enfant : «Ta mère est aussi ma femme». Il aide l'enfant à renoncer à la symbiose avec sa mère, à faire face aux frustrations et à s'intégrer le plus harmonieusement possible dans un monde réel. Ceux qui n'ont pas eu de père, ou au moins un autre adulte que la mère qui joue son rôle, cherchent toute leur vie un guide. Ils sont parfois prêts à suivre un gourou ou à s'inscrire dans un parti totalitaire.

Le père incarne aussi la différence. Il crée un monde d'oppositions, homme-femme entre autre, qui permet à l'enfant de choisir ce qu'il sera et qui lui permet de renoncer à ce qu'il ne sera pas. Il apporte des informations différentes de celles qu'apporte la mère, puisqu'il est un autre qu'elle.

Cette différence est nécessaire pour faire naître la prise de conscience et pour développer la pensée abstraite. Aux Etats-Unis, on a observé chez les couples d'homosexuels qui adoptent un enfant, et qui réussissent leur éducation, un positionnement différent des deux «parents», l'un jouant le rôle maternel, l'autre jouant le rôle paternel.

L'amour de type maternel est inconditionnel. L'enfant reçoit en principe l'amour de sa mère simplement parce qu'il a grandi en elle. Il est aimé simplement pour lui-même, parce qu'il est son enfant. Cet amour maternel donne une sécurité de base, une confiance en soi et dans la vie.

L'amour de type paternel est conditionnel. Le père aime son enfant parce qu'il lui ressemble, parce qu'il fait ce qu'il demande ou ce qu'il espère. Cet amour doit souvent être mérité. On peut aussi le perdre. L'amour paternel, surtout s'il s'accompagne d'affection, invite l'enfant à se dépasser et à prendre des responsabilités.

Avec son père, l'enfant apprend qu'il a le pouvoir de se faire aimer, s'il fait ce qu'il faut pour. Il apprend à reporter ses désirs, à accepter des compromis et des frustrations pour faire plaisir à l'autre et garder la relation. Il apprend à se laisser conduire et influencer par quelqu'un qu'il aime, tout en continuant à s'affirmer. Il découvre ce qu'il peut accepter pour l'autre sans se trahir, et les concessions qu'il ne peut pas faire s'il veut rester lui-même. Il prend conscience de ses limites et de la nécessité de faire des choix, et donc aussi de renoncer à certaines choses.

Le père est très important pour le développement affectif de ses enfants : il permet à son fils de s'identifier et il est le premier amour de sa fille.

En privant l'enfant d'un père, on le prive de repères, d'occasions de s'affronter, de se battre, de se forger une personnalité. On lui refuse une occasion de sortir du giron maternel et du doux cocon familial. On ne lui donne pas la permission de regarder « ailleurs » ce qui s'y passe.

Le père représente le monde de la pensée, de la loi, de l'ordre et de la discipline, le monde des réalisations humaines, de l'aventure et des découvertes. Il forme l'enfant et le guide dans la société des hommes.

La femme qui élève seule son enfant, parfois dans la haine de l'homme qui l'a engendré, et même de tous les autres hommes, sacrifie peut-être sa vie pour ses enfants mais elle n'agit certainement pas dans son intérêt. On ne peut absolument pas parler d'amour maternel ! Si elle aimait véritablement son enfant, elle se soucierait de son développement, à partir de son propre fond à lui, de ses propres intérêts, pas à partir de ses craintes, de ses rancœurs et de ses buts à elle. Une mère ne peut plus, à l'heure actuelle, ne pas savoir que c'est vital pour ses enfants d'avoir un père. Elle ne peut plus ignorer qu'en démolissant l'image que ses enfants ont de leur père, ce sont ses propres enfants qu'elle détruit.

Une mère qui vit seule doit être capable de permettre à ses enfants d'avoir des relations régulières et intimes avec d'autres personnes qu'elle, et notamment des hommes, qu'ils soient ou non dans le cadre d'une activité professionnelle : amis, voisins, parents des copains, psychologues, enseignants, travailleurs sociaux... De nombreuses mères seules, surtout si elles ne s'épanouissent pas dans leur travail, ne savent pas confier leur enfant à un psychologue ou à un professeur sans se sentir diminuée et personnellement attaquée de n'avoir pas pu elles-mêmes écouter, comprendre et aider leur enfant. Après une ou deux séances, les difficultés financières justifient l'arrêt des entretiens. Mères, pères, amies, confidentes... elles s'efforcent de jouer tous les rôles. Elles placent ainsi leurs enfants dans un monde indifférencié où ils n'ont pas d'autres choix que de s'identifier totalement à leur mère.

Une mère seule doit absolument préparer le moment où ses enfants ne seront plus là. Pour cela, elle doit se garder une portion de vie à elle, intouchable, qu'elle développe au fur et à mesure que ses enfants grandissent et s'éloignent d'elle. Plus elle trouve de la reconnaissance et de l'amour à l'extérieur de ses enfants, moins elle est dépendante d'eux. Ses enfants ont alors la permission de s'opposer à elle et de la quitter. N'est-ce pas le but de toute éducation, de quitter son père et sa mère ? N'est-ce pas la condition primordiale pour pouvoir réellement parler d'amour paternel et maternel ?

Nous avons parlé des mères. Nous pourrions refaire un autre développement en ce qui concerne les pères qui élèvent seuls leurs enfants. Les enfants de pères célibataires ont notamment aussi besoin d'être confrontés à la différence d'autres personnes, afin d'apprendre qu'ils ne peuvent pas tout être à la fois : homme et femme, ouvrier et patron, à la maison et au stade... Ils ont également besoin de savoir que leur père vit en dehors d'eux et qu'il ne compte pas que sur eux pour satisfaire leurs besoins affectifs.

JE TE RECONNAIS LE DROIT À LA DIFFÉRENCE

Au-delà de ses centres d'intérêts et de ses actes, l'enfant a besoin d'être reconnu pour lui-même, pour ce qui en lui est unique. Certains sont l'objet de mille et une attentions, mais qui toutes s'adressent à un « autre » que lui. La sollicitude d'une mère est sans doute la pire des choses qu'il soit si elle est « à côté de la plaque », si elle s'adresse à l'enfant qu'elle a rêvé ou pire, à l'enfant qu'elle craint, cet enfant qui vit en elle et qui est tout à fait autre que l'enfant réel qu'elle a en face d'elle.

Déjà bien avant sa naissance et tout au long de sa vie, tous les parents imaginent leur enfant avec certaines qualités ou certains défauts. Chez certains, ces images prennent une place démesurée, par exemple lorsqu'ils voient dans l'enfant l'image d'un ancêtre idéalisé ou au contraire banni. Toutes ces images surgissent plus ou moins consciemment et provoquent chez les parents de la joie, mais aussi des peurs, des colères et des tristesses. Tout ce qu'ils font et tout ce qu'ils disent est dicté autant par les images qu'ils ont en tête que par l'enfant réel qui est devant eux.

Geneviève a un frère alcoolique et mégalomaniaque qui décline psychologiquement au fur et mesure qu'il échoue dans son effort d'intégration sociale (pour autant, dit-elle, qu'on puisse parler d'effort). Il ne sait pas garder un boulot mais rêve de gagner royalement sa vie et de réaliser de grandes œuvres. Il refuse ou sabote toutes les aides. Par exemple, sous la pression de l'entourage, il fait une cure de désintoxication. Mais il se fait renvoyer de la clinique pour avoir introduit des bouteilles d'alcool !

Quand Cédric, le fils de Geneviève, rêve de devenir chanteur à 5 ans, puis pilote de Formule 1 à 10 ans, ce n'est pas Cédric qu'elle voit et entend, mais une image déformée par les rêves que son frère faisait et les émotions que ces souvenirs suscitent en elle. Geneviève le ramène donc violemment sur terre en lui ordonnant d'arrêter de rêver et en le suppliant de penser à une profession « réaliste » !

Un jour, Cédric rentre fièrement de l'école et parle de devenir savant et chercheur. L'image du frère s'interpose immédiatement, et Geneviève, à bout, entre dans une violente colère. Quand va-t-il enfin comprendre que la vie, ce n'est pas du rêve, et qu'il faut absolument rester les deux pieds sur terre ? Que faut-il donc qu'elle fasse pour qu'il arrête de se lancer dans la première idée venue ? Confuse après sa colère, elle se calme et lui dit tendrement : « C'est pour toi que je dis cela, ce serait bien si tu trouvais une profession qui t'assure une bonne place et un bon salaire. Et puis, comme cela, les autres te respecteront ! Pourquoi ne serais-tu pas conducteur de trains, par exemple, comme le voisin ? »

Cédric a commencé à avoir de moins bons résultats et a dû recommencer son année scolaire. Il fume des « joints » et va boire sa bière avec ses copains à la sortie de l'école. Dans la classe, c'est le caïd. Il se sent mûr, adulte. Il traite les autres de gamin, et on l'entend souvent tenir des propos comme : « Pour qui tu te prends, il ne faut pas rêver, reste les pieds sur terre ».

Impuissante devant Cédric qui « file du mauvais coton », comme elle dit, elle a demandé de l'aide et elle commence à se rendre compte que Cédric n'est pas son frère... Geneviève a eu le sentiment de faire quelque chose de bien en guidant son fils de la sorte. Mais en fait, elle n'a pas vu son fils, elle ne l'a pas entendu et n'a pas interagi avec lui. Elle n'a pas vu, derrière tous ses rêves, l'être unique qu'il était en train de devenir, ce à quoi il avait envie de s'ouvrir, ce qui le passionnait et ce qui le faisait vibrer. Entre elle et Cédric, c'est le frère qui s'est toujours interposé.

De nombreux adultes comprennent un jour avec effroi que tout ce que leurs parents ont fait pour eux, tous leurs sacrifices, c'est plus pour l'enfant imaginaire qu'ils portaient en eux que pour l'enfant réel qu'ils étaient. Eux, en tant que personnes uniques et différentes de leurs parents et de leurs fantasmes, ne se sont pas sentis reconnus, aimés, écoutés, accompagnés par leurs parents. L'ont-ils été par d'autres ? Certains, sans doute, ont eu cette chance. Ceux qui ne l'ont pas eues cherchent toute leur vie à combler ce manque.

« Voici l'individu confronté à une évidence criante qu'il ne peut plus nier : l'intérêt que le parent affichait à son égard était au départ profondément narcissique, il ne s'intéressait pas à lui en tant que personne réelle et distincte, mais seulement en tant qu'extension de lui-même. »
　　　　　　　　　　　　　　　Searles, Mon expérience des états limites.

Je te permets d'exprimer toutes tes émotions

Il existe peu d'endroits dans lesquels nous puissions être acceptés et reconnus dans notre vécu.

En famille

Certaines émotions de l'enfant sont difficilement gérables pour les adultes. Selon leur propre éducation, les parents expriment et entendent plus difficilement la tristesse, la colère, la jalousie, la joie, les peurs... Voyons quelques exemples.

Il y a des familles où l'on ne peut pas être triste. Tout est mis en place pour éviter la tristesse. S'il le faut, la réalité est niée, les autres sont accusés... Or, la tristesse, comme tous les autres sentiments, est indispensable pour un bon développement de la personnalité. Notre première grande tristesse, c'est que notre mère ne puisse pas tout pour nous et que nous ne puissions être tout pour elle. Nous regrettons amèrement qu'elle ait ses limites, qu'elle ait ses propres occupations, sa vie sans nous, et qu'elle aime d'autres personnes que nous, notre père ou un compagnon, nos frères et nos sœurs... C'est cette tristesse qui nous permettra de renoncer à elle, d'arrêter d'attendre d'elle, ou de toute personne que nous prenons pour elle, qu'elle nous sauve, nous comble, nous protège. C'est cette tristesse qui nous permet de devenir autonomes.

Tous les sentiments ont leurs raisons d'être et sont nécessaires au bon développement de l'enfant. Même ceux qui nous semblent les plus moches, comme la jalousie.

Dans certaines conditions, la jalousie est un des moteurs qui nous permet d'entrer en compétition avec d'autres, de nous offrir une place, une maison, des vacances et tout ce dont nous avons besoin ou envie. Parce que la jalousie n'est pas acceptable par ses parents, l'aîné est souvent amené à la refouler. Pour être félicité d'être si gentil avec le bébé, l'enfant protège le nouveau venu qu'il déteste. Il renie son propre sentiment pour se conformer aux attentes de ses parents. Ne se permettant plus de demander, il devient celui qui donne, il est « adulte » trop tôt. Il se sent responsable de satisfaire les besoins d'un autre. Il refoule sa violence et remplace la saine compétition en apprenant à dominer les autres par la bonté.

(A propos de la jalousie d'un aîné dans une famille.) « L'enfant (...) prend pour conserver une place, le rôle de protecteur, de bienfaiteur de celui qu'en fait il déteste (...) La violence (...) refoulée (...) continue à œuvrer souterrainement, lui faisant vivre tout échange affectif comme une relation de parentage à sens unique, lui-même continuant à ne pas avoir de parents "intérieurs" et à connaître l'insatisfaction au sein de toutes ses relations intimes, parce qu'il a offert ce qu'il aurait dû demander. »

C. Olivier, L'ogre intérieur.

A l'école

Et dans le milieu scolaire? Ce n'est pas non plus facile d'y être soi-même, d'y exprimer ses émotions. Les enseignants voient leurs élèves àtravers les images véhiculées qui vont de l'élève modèle idéal, studieux, motivé, sociable, actif, qu'ils ont peut-être été, ou que les nouvelles méthodes pédagogiques promettent, à l'élève violent, menaçant, voire même armé qui, bien entendu, fréquente toujours une autre école que la leur, mais dont ils ont peur. Face à cela, le jeune n'est pas perçu dans sa réalité unique et dans la façon tout à fait personnelle qu'il a de ressentir ses émotions et de concevoir sa vie et son avenir.

Aujourd'hui, un jeune n'a, par exemple, plus le droit de ne pas aimer l'école «après tout ce qu'on fait pour lui». En cas de désintérêt, il est envoyé chez son titulaire ou le psy, pour comprendre ce qui ne va pas dans sa vie, pour vérifier s'il n'a pas de problèmes familiaux, ou d'insertion, ou à défaut, des difficultés psychologiques que l'on pourrait soigner.

Et pourtant, en y réfléchissant au-delà des clichés et des obligations sociales, ne pensez-vous pas qu'un être sain puisse avoir d'autres envies et d'autres plaisirs que de passer ses journées en classe à étudier? «On n'est pas sérieux à dix-sept ans...».

Fabrice rêve d'apprendre un métier, d'aller travailler, de devenir autonome. A 12 ans, il déborde d'énergie et d'idées: il voudrait rendre service au marchand de légumes à côté de chez lui pour s'acheter un ordinateur, il pense aussi aider le marchand de poissons exotiques, pour profiter de toutes les explications qu'il donne à ses clients et pouvoir ainsi mieux s'occuper de son aquarium...

Il a déjà imaginé des tas de boulots dans lesquels se dépenser, juste pour le plaisir d'être intégré dans une équipe d'adultes, d'apprendre de nouvelles choses sur le tas et occasionnellement aussi, pour gagner un peu d'argent.

Mais voilà, par mesure de protection, pour éviter les abus, pour que lui, jeune de 12 ans, ne soit pas exploité, des lois ont été votées, des lois qui prolongent sa scolarité et lui interdisent le travail avant 16 ans, des lois qui l'empêchent de travailler bénévolement en vue de se former ou simplement de s'occuper, parce que cela lui plaît. C'est pour son bien, évidemment, pour que ses parents ne puissent pas lui demander trop jeune de rapporter de l'argent à la maison, pour qu'un adulte ne puisse pas profiter de sa main d'œuvre gratuite ou bon marché.

Quand il exprime son désir de prendre sa vie en mains, ses parents, ses professeurs et ses éducateurs lui expliquent la chance qu'il a de pouvoir aller à l'école. Son père lui a promis un ordinateur s'il y travaillait bien. Fabrice doit comprendre que dans la société dans laquelle il vit, son désir d'autonomie est prématuré. Il devrait plutôt avoir envie de réussir son bac: on aura besoin de cadres demain.

Le désir personnel des jeunes compte moins que ce que la société, dans sa grande générosité, désire pour eux. Les adultes disent savoir ce qui est bon pour eux. Certains jeunes font semblant d'y croire. D'autres sont envahis par la colère qu'ils retournent parfois contre eux.

Comment ne pas comprendre leur violence grandissante devant tant de sollicitude et de précautions pour les mener là où ils n'ont pas décidé d'aller ? Nous ne pouvons pas espérer voir les jeunes épanouis et heureux sans entendre leurs désirs et y répondre. La question qui se pose à chaque parent et à chaque éducateur est donc celle-ci : « Comment faire quelque chose vraiment pour les jeunes, c'est-à-dire quelque chose qui ne soit pas seulement le reflet de nos attentes et de nos frustrations ? Comment interagir avec eux en harmonie avec leurs rêves ? ».

Quand nous sommes tentés de dire : « Après tout ce que j'ai fait pour toi », c'est peut-être important de nous demander : « T'ai-je vraiment reconnu ? Ne suis-je pas aveuglé par mes peurs et mes attentes ? ».

« Il a toujours plus de travail scolaire qu'il n'en peut assumer, il y a toujours quelqu'un à qui il souffre d'être comparé. Ses responsabilités scolaires sont loin d'être clairement définies ; la finalité de ses études est pour lui si lointaine qu'il la discerne à peine. L'enfant moderne ne peut donc jamais être sûr d'avoir accompli convenablement son travail. Il ne peut être certain de sa valeur personnelle si elle est déterminée par la façon dont le maître apprécie ses efforts, ou si elle dépend de sa capacité à donner à ses parents des satisfactions émotionnelles en modelant sa personnalité selon leurs goûts au lieu de suivre ses propres penchants, ses talents et ses expériences personnelles. »

B. Betthelheim, Pour être des parents acceptables.

En thérapie

Il en est de même dans le vaste domaine des thérapies. Le patient qui cherche un thérapeute se heurte souvent à la difficulté de faire entendre sa demande et de se faire respecter tel qu'il est. En effet, au-delà du bien-être du patient, le thérapeute doit prouver son efficacité en fonction des critères qu'il s'est choisi. Ce n'est pas toujours conciliable d'à la fois respecter la demande du patient et de satisfaire son propre besoin de puissance et de réussite professionnelle.

Aurélie est étiquetée schizophrène. Son seul souci, son seul centre d'intérêt, la seule activité à laquelle elle s'adonne avec plaisir et de plus... avec un certain art, c'est la peinture. Elle se sent parfois coincée, bloquée. Elle voudrait, elle demande qu'on l'aide à s'exprimer plus librement dans sa peinture et qu'on l'aide à dépasser les nombreux blocages qui la paralysent.

Le responsable de la communauté thérapeutique dans laquelle elle vit propose de développer sa capacité de tenir un ménage et d'assurer différentes tâches ménagères. C'est son challenge, il aime prouver qu'il est capable de rendre des psychotiques autonomes. Ce que ce thérapeute n'a pas fait, en réponse à la demande de la patiente, c'est de l'aider à libérer sa créativité. L'apprentissage des travaux ménagers, ce n'était pas pour elle, mais pour lui, car, à ses yeux, un progrès dans ce domaine signifie un progrès général de la personne. Les médicaments qu'il lui donne vont plus dans ce sens également, et certains d'entre eux sont des inhibiteurs de la créativité. Aurélie décline de mois en mois, malgré un traitement médicamenteux de plus en plus puissant.

De nombreux nouveaux courants spirituels refusent de nous donner le droit d'être ce que nous sommes. Incapables de nous reconnaître autres que fils de Dieu ou de l'Univers, certains thérapeutes nous invitent à lutter contre notre ego égoïste et à découvrir notre vrai Moi intérieur... au détriment de celui que nous exprimons. C'est un peu comme dans certains milieux, quand les drogues douces sont encouragées pour leurs propriétés d'élargissement de la conscience parce qu'elles sont censées faire disparaître nos particularités considérées comme gênantes dans la rencontre de l'autre.

Dans ces contextes, nous sommes souvent amenés à valoriser en nous celui que nous pourrions devenir au détriment de ce que nous ressentons et de ce que nous désirons réellement. Or, c'est une illusion de croire que la conscience cosmique remplacera notre ego. Notre ego s'est formé au fil de nos rencontres et de nos expériences. C'est lui qui tempère nos désirs et leur donne une forme socialement acceptable. C'est lui qui gère l'agressivité et la violence qui nous envahit lorsque nous ne nous sentons pas reconnu, lorsque nous ne trouvons pas de place. C'est notre ego qui nous protège de nous-mêmes et des autres. C'est lui, en fait, qui fait de nous un être unique et différent, marqué par son histoire et ses émotions personnelles.

Si nous sommes prisonniers d'un idéal qui veut supprimer l'identité personnelle, serons-nous encore des êtres humains capables de vivre en société ?

Plus l'ego est fort, plus il nous évite d'entrer dans une pensée unique, dans des moules préfabriqués. C'est avec un Moi fort que nous pouvons entrer en relation, nous confronter, nous opposer, nous associer... sans jamais nous mélanger ni perdre notre identité. Vouloir effacer les limites de ce Moi, rêver d'éveiller la conscience et de la faire participer à celle de l'Univers et du Tout, c'est nier l'individu, c'est ne pas aimer l'homme dans sa finitude, dans son humanité.

« Toute philosophie qui dissout le particulier dans le tout aboutit aux camps de concentration. Le Nouvel Age n'exalte pas une race comme le fascisme mais la masse humaine toute entière réunie dans le culte de Gaïa et prête pour l'aventure du "fascisme planétaire". »

C. Olivier, L'ogre intérieur.

Dans la société

Le manque de respect de l'autre existe aussi au niveau social. Tout ce que notre société fait pour les pauvres, ce n'est pas vraiment pour eux.

Comme la mère a un enfant rêvé, notre civilisation rêve l'homme idéal. Dans une société qui donne la priorité à l'économique et à la production, le travail est la seule valeur de référence. Comme nous l'avons déjà dit, tu es quelqu'un de bien si tu travailles, si tu acceptes pendant un temps relativement important de ta vie de te soumettre à la volonté d'un patron qui va décider pour toi ce que tu vas faire, comment tu vas le faire et à quel rythme. En contrepartie, tu recevras un salaire qui te permettra entre autre de t'acheter des biens de consommation et notamment tout ce qu'il faut pour que la préparation des repas, l'entretien de la maison, du linge, du jardin... te laissant un maximum de temps libre.

Depuis des siècles, quelles que soient les dispositions prises, de nombreuses personnes refusent d'entrer dans ce système. Elles préfèrent l'oisiveté, même si cela les empêche de vivre comme tout le monde. Quoi qu'on ait fait, quelles que soient les interventions de l'Etat Providence pour inciter au travail, y compris les peines allant jusqu'à l'enfermement au XVIIIe siècle, rien n'a empêché l'oisiveté et le vagabondage. Aujourd'hui particulièrement, malgré les nombreuses mesures prises et tous les efforts fournis dans la lutte pour l'égalité des chances, on s'effraie de voir s'agrandir le fossé entre les riches et les pauvres. Les sans-abris et les mendiants se multiplient et dérangent. Est-ce parce que certains craignent qu'ils soient «contagieux» que des mesures sont prises pour les cacher, pour qu'ils ne traînent pas dans nos rues, dans nos gares ni dans nos bâtiments publics?

Devant de tels constats, sommes-nous certains d'avoir tout fait pour les pauvres? Les a-t-on vraiment écoutés dans leur différence?

J'ai un jour été choquée de voir, dans un forum politique sur la pauvreté et l'exclusion, que seuls des intervenants sociaux et des professionnels aient été entendus, aucun «pauvre». J'ai été surprise de voir avec quelle sincérité un délégué syndical a remis à sa place un intervenant qui affirmait que certains chômeurs sont heureux de pouvoir ne pas travailler. Pour lui, c'est impensable qu'il existe des «pauvres» heureux de leur état et qui ne demandent qu'une chose : qu'on les laisse en paix, qu'on les laisse se contenter de peu.

Dans ce forum, j'ai beaucoup entendu parler de «ces gens-là», et de comment on pourrait s'y prendre pour leur apprendre à mieux cuisiner, à consommer plus de soins médicaux, à faire leurs achats plus raisonnablement, notamment en privilégiant les produits blancs et en renonçant à tout bien de luxe... Jamais il n'a été question de leur besoin de reconnaissance, de leur droit de vivre autrement, de leur droit de refuser l'aliénation d'un travail. Chaque tentative dans ce sens a été arrêtée : «Nous voulons du concret, pas de longs discours».

Les résultats des recherches en sciences humaines restent enfouis dans les revues spécialisées et n'influencent pas (ou si peu!) les programmes de nos partis politiques traditionnels.

Et pourtant, quelle richesse si on tirait les conclusions, par exemple, de certaines recherches fondées sur des monographies familiales. Les personnes marginalisées parlent davantage des problèmes de relations humaines que des problèmes matériels. On découvre dans leur récit des besoins autres que ceux de surconsommation et de course au prestige : avoir une maison, un jardin et une famille unie semblerait déjà très satisfaisant. Les problèmes des familles marginalisées viennent surtout de la pression extérieure subie. Les enfants des familles qui assument leur choix d'une vie «pauvre» subissent à l'école les pires humiliations et sont rejetés par tous ceux qui mettent en avant ce qu'ils possèdent comme moyen incontournable de la reconnaissance sociale : vêtements de marque, voiture de luxe...

«Tu n'es rien si tu n'as rien.» Or, certains de nos contemporains ont plus besoin de temps et de liberté que de choses. Ce qu'ils attendent de la société, ce n'est pas uniquement de quoi manger ni de quoi se soigner mais de pouvoir être considérés comme des êtres humains à part entière, d'avoir le droit à la différence, d'avoir la permission d'agir et de créer en dehors des circuits de travail aliénants, et surtout d'avoir le droit d'exprimer leurs opinions et leur vision des choses.

«Fragmentation et atomisation sociale ont fait du métier, par défaut de sens, l'une des identités de base, et l'on voit apparaître un peu partout des justifications existentielles en terme de professionnalisme. L'homme juste devient celui qui fait correctement son boulot.»
E Todd, L'illusion économique.

Alex a presque cinquante ans. Il est très cultivé. Il est passionné par l'actualité et lit les journaux tous les jours depuis ses quatorze ans. Il est chômeur depuis 5 ans. Pour lui, si on n'est pas productif économiquement, on a juste le droit de se taire. Il raconte : «Quand, lors d'un forum, d'une conférence, d'une réunion, j'exprime mon opinion, je me sens écouté. Mais si, pour une raison ou une autre, à un moment donné, je dois dire que je suis chômeur, tout ce que j'ai dit avant est comme effacé et perd toute sa valeur. C'est pourquoi, j'évite à tout prix de parler de cela».

La définition même de la pauvreté explique partiellement tout ceci. Est défini comme pauvre celui dont les revenus sont inférieurs au seuil de pauvreté. Ce seuil correspond en général à 40% du revenu disponible moyen par habitant. La pauvreté reste donc définie par des critères extérieurs et non en fonction de la satisfaction des besoins ou d'un sentiment personnel de pauvreté ou d'abondance.

« La population "reléguée" n'est ni exploitée, ni dominée, elle est "ignorée" : elle a perdu son existence sociale et ceux qui la composent ne trouvent plus de sens à leur vie puisqu'ils ne font partie d'aucune économie et ne sont utiles à rien. »

C. Olivier, L'ogre intérieur.

Difficile dès lors, à partir de telles définitions, de parler des besoins autres que financiers à des hommes politiques, et notamment du besoin de reconnaissance des personnes, puisque ces besoins n'entrent pas en ligne de compte dans l'évaluation du taux de pauvreté dans un pays. Or, même si nous ne savons pas encore comment cela pourrait se faire concrètement dans nos sociétés centrées sur la performance économique, il est essentiel, me semble-t-il, de donner à tout individu le droit d'être reconnu, si nous voulons un jour voir la pauvreté abolie.

La question qui se pose est celle-ci. Y a-t-il vraiment une place dans nos sociétés pour des personnes qui rêvent d'autre chose que de rentabilité, d'efficacité, de rendement, d'activité, de consommation ? S'il n'y a pas de place pour eux, ils ne peuvent que s'exclure. Faire vraiment quelque chose pour les pauvres et les exclus, c'est enrayer les mécanismes d'exclusion, c'est s'ouvrir à la différence et voir comment créer une société « multiculturelle ». Comment intégrer les personnes plus méditatives que battantes, les artistes, les créateurs, les penseurs... ? Quelle place laisser à ceux qui veulent sans cesse marquer leur différence et leur originalité et qui ont l'art de voir comment les choses pourraient être autrement, à toutes ces personnes qui construisent aussi notre culture et qui suscitent autour d'elles une réflexion sur le sens ?

Il est urgent de multiplier les moyens de reconnaissance sociale : avoir un travail ne devrait pas être un critère de qualité de pensée et de parole. Or, dans les réunions où l'on est invité à s'exprimer, comme par exemple les associations de parents, ce que dit une personne qui travaille a toujours plus de poids qu'une personne qui reste improductive économiquement, même si cette dernière continue à se former, à se cultiver, à lire et à réfléchir sur la société et sur le monde.

Il est tout aussi urgent de désaliéner le travail en lui rendant sa place d'outil. Le travail ne devrait-il pas d'abord être l'occasion de créer et de s'exprimer ?

En Europe, nous mesurons l'efficacité de notre politique sociale par rapport à des normes quantitatives assimilées au bien-être, non par rapport à notre capacité de satisfaire les besoins fondamentaux de tous les citoyens. Ne serait-il pas temps de chercher à savoir ce que nous pourrions réellement faire, qui soit vraiment pour tous, à partir de ce que chacun vit ?

JE SUIS ATTENTIF À TES BESOINS

Pour faire vraiment quelque chose pour les « démunis » et tous ceux que nous voulons aider, il est essentiel de nous rappeler les besoins fondamentaux humains. Marx a insisté avec raison sur le fait qu'une personne affamée, insécurisée, exploitée par d'autres ne peut que lutter pour sa survie et s'aliéner. Aujourd'hui, nous constatons qu'un « homme ne vit pas seulement de pain... » et qu'il s'aliène tout autant s'il ne peut que recevoir passivement uniquement de quoi satisfaire tous ses besoins primaires tels que manger, boire, être à l'abri, au chaud et au sec, se soigner... Une question se pose alors : au-delà des besoins primaires, qu'est-ce qui permet donc à l'homme d'être pleinement humain ?

Le besoin d'agir sur le monde

Dans la société

Si l'homme ne va pas de l'avant, il régresse. Face à la réalité, il a le choix.

Soit il nie la réalité et il se fond en elle pour oublier qu'il est seul et qu'un jour il va mourir. Il se laisse alors vivre passivement comme dans le sein maternel, notamment en manipulant ceux qui l'entourent, pour obtenir ce dont il a besoin, sans devoir se confronter au quotidien.

Soit il prend conscience de la réalité, il accepte que les choses sont ce qu'elles sont, que le monde est ce qu'il est, et il construit sa vie à partir de là. Il développe ses potentialités et sa créativité. Il s'ingénie à améliorer le monde et à y apporter sa part dans le but de recevoir en retour ce dont il a besoin.

(L'homme...) « a conscience de lui-même, de son passé et de son destin — la mort ; il a conscience de sa petitesse et de son impuissance ; il a conscience enfin des autres en tant qu'autres — en tant qu'amis, qu'ennemis ou qu'étrangers. L'homme transcende toutes les autres formes de vie parce qu'en lui se réalise, pour la première fois, une vie consciente d'elle-même. L'homme est dans la nature, il est assujetti à ses lois et à ses caprices, et pourtant il la transcende... »

E. Fromm, Le cœur de l'homme.

L'homme n'a pas seulement besoin d'avoir de quoi manger, s'habiller, s'abriter... Il a aussi besoin d'agir sur le monde. Il a besoin de donner. C'est en effet en agissant et en donnant qu'il acquiert un pouvoir sur la qualité de sa propre vie. Il s'aliène s'il doit se laisser transformer sans avoir lui-même à transformer ce qui l'entoure. S'il ne peut pas exprimer sa volonté, sa capacité et sa liberté d'agir sur le monde, il compense par des actes violents. L'impuissance totale est une des expériences les plus douloureuses que l'homme puisse faire.

Condamner un homme à renoncer à toute activité et à se contenter de recevoir l'argent qu'on lui donne pour se loger et se nourrir, c'est le condamner à renoncer à ce qui fait de lui un être humain : sa créativité, son besoin de participer activement et de façon personnelle aux échanges sociaux et à la construction économique et sociale. C'est aussi le condamner à n'être plus rien dans un monde où chacun se définit par son travail : «Je suis professeur, je suis plombier, je suis cadre...».

Accepter d'être un allocataire social, c'est se garantir le minimum vital et le droit aux soins de santé. Mais c'est en même temps se condamner à l'illégalité ou à l'inactivité. C'est accepter d'être hors circuit, de recevoir sans donner, de ne plus pouvoir agir sur le monde dans lequel on vit. C'est pour beaucoup n'avoir plus rien d'autre que la violence pour exprimer son humanité.

« Qu'est-ce qu'on apprenait aux travailleurs sociaux quand il y avait un problème avec un jeune ou quelqu'un en difficulté ? On disait : il faut lui trouver du travail. Ce n'était pas que l'on avait la religion du travail, c'est que l'on était sûr que, par là, il avait accès à tout (...) : l'identité, le revenu, la protection sociale, la socialisation, l'accès à des rapports contractuels, des solidarités syndicales, une conscientisation politique, une structuration du temps. Il avait accès à ce qui fait l'essentiel d'une vie d'homme. »

B. Ginisty, De la marge au cœur du système :
le déplacement du travail social.

Le défi de notre société est de donner à chacun non seulement une sécurité matérielle et l'assurance de ne pas être exploité par d'autres, mais aussi la liberté d'être un membre actif et responsable de la société, sans nécessairement devoir être capable d'entrer dans le modèle de la compétitivité.

De nombreux économistes et philosophes politiques considèrent que l'allocation universelle séparerait le travail du revenu. Elle serait un moyen de repenser la notion d'insertion. Elle permettrait d'envisager sa vie hors des circuits économiques et rationnels, sans toutefois se sentir exclu de la société ni être un poids pour ceux qui travaillent et cotisent ! Le contrôle social et l'humiliation qui en découlent n'auraient plus de raison d'être...

L'allocation universelle, revenu de base pour tous, trouve sa source dans une nouvelle vision de l'homme et de la société. Dans une société ou tout se paie, y compris l'eau potable, et où tout est tellement réglementé qu'il n'est plus permis d'y trouver sa subsistance à la manière des animaux, l'allocation universelle permettrait à chacun de recevoir le minimum pour subvenir à sa subsistance, sans autre condition que celle d'être vivant. Grâce à cette allocation, chacun pourrait arrêter de travailler un certain temps, en acceptant évidemment les conséquences financières. Réfléchir, faire le point, étudier, se réorienter, mener un projet personnel à bien... ou simplement ne rien faire, ne serait plus le privilège de quelques «rentiers» ou de millions d'exclus. On ne pourrait plus se plaindre de travailler toute sa vie sans répit en accusant et en jalousant ceux qui semblent en profiter au maximum en refusant de travailler.

« Une coupure de plus en plus profonde se creuse entre les "performants" et les autres, que ce soit au niveau des individus, des régions, des espaces urbains, des pays... (...) Peut-on penser un développement harmonieux qui ne reposerait pas sur la dualisation systématique des économies ? A court terme, pareille option relève de l'utopie, mais l'enjeu est d'importance. (...) inventer de nouveaux espaces de légitimité qui échappent à la logique de la rationalité économique et repenser la notion d'insertion afin d'éviter l'humiliation et le contrôle social. »
J.-J. Gouguet, Pauvreté et exclusion.

L'allocation universelle sort timidement du domaine des réflexions théoriques. Certains commencent à faire des propositions concrètes pour l'instaurer. Aux élections européennes de 1999, par exemple, le belge Roland Duchâtelet, fondateur du parti « Vivant », proposait en Belgique et en France un programme centré sur un revenu de base et des possibilités de travailler « à la carte » pour chacun. La campagne électorale a permis une amorce de débat... Elle a aussi provoqué des oppositions catégoriques et des blocages à l'intérieur des partis où une réflexion de ce type avait commencé à faire son chemin.

Un des plus grands freins pour ce genre de proposition est la peur de perdre les droits acquis et la sécurité sociale en tant que droit du travailleur. Les élus politiques se ferment à toute discussion et proposition de ce type. Ils refusent d'entendre que les acquis sociaux, et le RMI entre autre, tels qu'ils sont maintenus aujourd'hui, maintiennent le clivage travailleur/non-travailleur et font du travail l'unique possibilité d'être reconnu socialement... dans une société où, il faut bien le dire, il n'y a plus de travail (économiquement rentable) pour tout le monde !

« Le coût à long terme de l'éviction d'une masse importante de la population active du marché du travail sera, lui, très élevé. On risque de voir se constituer une contre-société dominante et dangereusement sensible aux fausses évidences des discours populistes. Bien sûr, on peut imaginer deux scénarios différents (...) le premier consistant en l'acceptation d'une vie simple et résignée. Les exclus du travail se contenteraient du revenu minimum pour se cantonner dans un pseudo-statut d'assistés à vie. Cette conception un peu cynique de la dualisation mettrait d'un côté ceux qui ac-

ceptent la dure logique de la performance et en sont récompensés (salaires, couverture sociale...), de l'autre tous ceux qui, écartés de cette logique par inadaptation, doivent se contenter de peu. Le second scénario est celui d'une confrontation violente entre deux cultures qui ne parlent plus le même langage et qui se rejettent mutuellement la responsabilité de l'exclusion sociale.»

Gouguet J.J., Pauvreté et exclusion.

Le système, tel qu'il est conçu, n'intègre les citoyens qu'en fonction de leur relation au travail. Il divise et exclut : il y a ceux qui sont dedans, et ceux, toujours plus nombreux, qui tombent dehors. Il y a les travailleurs et les rejetés du monde du travail, il y a ceux qui cotisent et ceux qui en profitent. Dans ces deux camps, deux cultures s'opposent : celle de la performance et celle d'une qualité de la vie indépendante de la consommation, par exemple.

Malgré tout, nous assistons, au sein des partis traditionnels, à un renforcement de ce système actuel. La gauche et la droite s'allient autour d'un nouveau concept, l'Etat Social Actif. Il faut remettre les gens au travail. Plus question d'exiger un travail convenable. Il est convenable d'avoir un travail.

C'est dommage. Si nous donnions réellement la parole à ceux qui vivent ou ont vécu une exclusion de longue durée, pour comprendre quel est ou quel a été leur parcours, nous pourrions imaginer d'autres solutions.

Rappelons-nous que la valeur donnée au travail est très relative. Elle est liée à notre société et à notre époque. Vaut-elle tous les sacrifices qui lui sont faits ? Ne serait-il pas temps d'officialiser d'autres valeurs à partir de questions telles que celles-ci ? Quels sont nos objectifs ? Quel type de société rêvons-nous pour nos enfants ? Comment pouvons-nous créer un nouveau type de société capable d'intégrer un nombre toujours plus grand d'individus et de cultures ?...

Etant donné que nous avons tous besoin d'agir sur le monde et que, lorsque ce besoin n'est pas satisfait, nous n'avons plus que la violence pour nous exprimer, il est important que les responsables, à quel que niveau que ce soit, créent les conditions qui permettent à chacun de satisfaire ce besoin.

Après cette réflexion politique et sociale, voyons ce qu'il en est au niveau familial.

Dans la famille

« Ce qui lui manque, c'est la connaissance, ou la conviction, que par ses propres actions, il peut changer le cours des événements une fois qu'il est déclenché. C'est, selon moi, une expérience particulière à l'homme que d'éprouver avec conviction : j'ai fait cela, et mon action a changé quelque chose. »

« Dans un monde où aucune causalité n'existe, aucune prédiction, aucun projet d'action n'est alors possible. Si nous ne pouvons pas anticiper ce que seront les résultats de nos actions, nous ne contrôlons pas notre destin. Il n'y a plus alors que deux cours possibles qui aient un sens : ou ne rien faire puisque cela au moins nous épargnera de l'énergie et nous évitera des déceptions ; ou ne rien faire puisque cela au moins nous épargnera de l'énergie et nous évitera des déceptions ; ou créer un monde fantasmatique dans lequel nous pourrons imaginer que nous contrôlons encore notre destin. »

B. Bettelheim, La forteresse vide.

Comme tout citoyen, l'enfant a aussi, à son niveau, besoin d'agir sur la réalité et besoin de devenir autonome. Que font les parents, les enseignants et la société à ce propos ?

L'enfant a besoin d'agir, de tester son pouvoir, de se confronter à la réalité. Il a besoin de bouger, de découvrir, d'essayer des choses, de prendre des risques aussi. Il a besoin d'apprendre par l'expérience à prédire les conséquences de ses actes. Or, nous adultes, nous rêvons de le protéger de la souffrance. Nous craignons qu'il se fasse mal, qu'il fasse de mauvaises rencontres ou de tristes expériences. Alors, nous le « déposons » devant l'école ou devant la salle de sport et nous l'attendons à la sortie. Nous lui offrons un GSM pour qu'il puisse nous contacter à tout moment, et que nous puissions aussi toujours savoir où il est. Pour éviter ce que nous pensons être le pire, nous le suivons dans toutes ses activités et nous ne le laissons jamais sortir seul dans la rue, même lorsqu'il est adolescent. Nous contrôlons ses allées et venues et lui demandons des comptes.

Comme nous l'avons dit plus haut à propos des adultes, lorsqu'un enfant ne peut pas agir sur sa vie et le monde qui l'entoure, et lorsqu'il a juste le droit de se laisser manipuler, modeler, transporter, cajoler et prendre en charge, il s'exprime par des actes violents qu'il dirige contre son environnement ou contre lui-même. Moins il y a de risques dans son quotidien, plus il se met dans des situations dangereuses et plus il teste les risques ailleurs et autrement, dans la drogue ou les mauvais coups, par exemple.

Si on avait la possibilité matérielle d'éviter à un enfant de tomber lorsqu'il grimpe sur une chaise ou sur un divan, il finirait par grimper sur la table, sur une échelle, un toit peut-être, convaincu qu'il n'y a pas de danger, et il se mettrait ainsi dans une situation dans laquelle non seulement ses parents ne pourraient plus rien faire pour lui mais où lui non plus ne saurait rien faire pour éviter le drame. S'il n'a pas appris à mesurer les risques et ses capacités de « se rattraper », il n'a aucun pouvoir sur la situation.

N'est-il pas de plus en plus difficile, dans notre culture, de laisser le droit à nos enfants d'agir et de prendre des risques mesurés. Pour cela, il faut que nous leur donnions aussi, bien évidemment, le droit à l'erreur ?

Le besoin d'autonomie

« Il y a dans notre société une tendance très répandue à vouloir que les enfants soient indépendants à un âge précoce et à les pousser à "faire des choses", en particulier ces choses que les parents veulent qu'ils fassent. Je crois que cela a un effet des plus destructeurs pour le développement de l'autonomie, laquelle se nourrit au mieux de la conviction suivante : il est important pour moi que je fasse cela, et c'est pourquoi je le fais; non pas parce qu'on me dit que je devrais (ou que je dois) le faire, et non pas parce que (pire encore) je dois considérer comme important ce que d'autres veulent que je considère comme important. »

B. Bettelheim, La forteresse vide.

L'enfant, pour grandir, doit, à un moment donné, faire le deuil de sa toute-puissance et de celle de ses parents. Il doit apprendre, et cet apprentissage est douloureux, qu'il est seul et que c'est à lui de se prendre en charge et de subvenir à tous ses besoins. Bref, il doit devenir autonome.

Or, il est bien évident que ce chemin est difficile, et qu'il semble plus agréable de se laisser prendre en charge par ses parents : être logé, nourri, habillé, sans le moindre souci, c'est quand même plus facile.

Toutefois, et ceci est de moins en moins vrai aujourd'hui, à un moment donné, les règles de la maison deviennent lourdes et certaines choses sont insupportables : dire où on va, qui on rencontre, être là aux heures de repas, rentrer à une certaine heure le soir, ne pas pouvoir inviter qui on veut ni se sentir seul et chez soi... Toutes ces frustrations vont pousser le jeune à plus d'autonomie.

Pour avoir un chez lui, et se sentir libre d'aller et de venir comme il veut, il est prêt à gagner sa vie, à apprendre à gérer un budget, à faire les courses, à préparer des repas, à s'occuper de sa lessive. Toutes ces charges lui semblent dérisoires si, en contrepartie, il jouit du plaisir d'être autonome.

Toutefois si, chez ses parents, rien ne le frustre, pourquoi partir ? Il ne pourrait attendre que de mauvaises surprises ! S'il a l'impression qu'il ne pourrait que vivre plus mal loin de ses parents qu'avec eux, pourquoi les quitterait-il ?

« En réalité, ce qu'il (l'enfant) veut, c'est que les adultes autour de lui restreignent son agressivité et son égoïsme parce que, si libre cours est donné à ces tendances, il éprouve du remords et le sentiment de ne pas être bon. En conséquence, du point de vue psychologique, il ne convient absolu-

ment pas d'essayer de résoudre les difficultés des enfants en ne les frustrant pas du tout. (...) le développement de l'enfant dépend de son aptitude à trouver le moyen de supporter les frustrations inévitables et nécessaires qui, dans une grande mesure, participent à la formation de ce développement. L'enfant doit aussi trouver le moyen de supporter les conflits entre l'amour et la haine qui sont la conséquence de ces frustrations, c'est-à-dire qu'il doit trouver sa voie entre sa haine, accrue par les frustrations et son amour, ainsi que son désir de réparer, lesquels apportent avec eux les souffrances du remords. (...) L'enfant peut être immensément aidé par l'amour et la compréhension de ceux qui l'entourent, mais ces problèmes profonds ne peuvent pas être résolus à sa place ou supprimés. »

Arnoux, Mélanie Klein.

Le besoin de lois et d'interdits

« On ne peut réaliser une élaboration fantasmatique vraiment oedipienne si le père se présente comme trop permissif, comme trop inconsistant ; il est nécessaire qu'il s'oppose, qu'il se mette en travers de la route pour que l'enfant "oedipien" devienne victorieux de ses anciens comportements de dépendance (...) Les pères dont on ne parvient pas à triompher préparent des enfants dont la violence n'aura pas pu être intégrée dans une victoire négociée auprès de la femme ; ce sont d'éternels sujets en révolte. Mais les pères qui ne s'opposent pas laissent les enfants sans possibilité d'utilisation de leur potentiel relationnel violent ; ce sont des dépressifs souvent instructurables et ne pouvant finalement retourner leur violence que contre eux-mêmes. Est-ce mieux pour les individus et pour la société ? »

J. Bergeret, La violence fondamentale.

Le parent qui est dans la position du « faux-altruiste » se dévoue, le plus souvent, trop et mal. Il ne sait pas mettre des limites claires surtout si elles sont frustrantes. Il en fait beaucoup, beaucoup trop pour ses enfants. Mais il y a une chose qu'il ne fait pas : préparer leur départ. Il prolonge au contraire leur dépendance et, du même coup, il les prive du plaisir de jouir de leur autonomie et de leur liberté. Rappelons en passant qu'en agissant de la sorte, il s'assure, lui, de ne pas être abandonné par ses enfants.

Ces mêmes parents évitent d'ériger des lois. Ils discutent avec l'enfant, essaient de l'écouter, de le comprendre et surtout de l'amener à comprendre ce qu'il peut ou ne peut pas faire, mais sans eux-mêmes interdire quoi que ce soit clairement.

Or, l'enfant immature a besoin d'une loi extérieure, d'un interdit qui lui permette de ne pas devoir assumer ce qu'il ne fait pas comme une incompétence personnelle.

Des parents peuvent laisser au jeune l'illusion qu'il a tous les droits, qu'il peut tout faire. Quand l'enfant renonce alors à agir, c'est parce qu'il s'en sent incapable, et c'est normal, vu son âge. Mais lui n'est pas conscient que son incapacité est liée à son immaturité et il retiendra pour toujours qu'il est incapable de telle ou telle action qu'il n'essaiera plus jamais.

C'est un peu comme un enfant qui commence trop jeune l'apprentissage de la lecture : ce n'est peut-être pas un problème qu'il n'y arrive pas à ce moment-là, mais ce qui est plus grave, c'est qu'il aura plus de mal d'y arriver quand il aura atteint la maturité nécessaire. En effet, il a retenu qu'il n'est pas parvenu à apprendre à lire, que c'est trop difficile pour lui. L'appréhension négative et le blocage seront difficiles à lever.

Voici l'histoire que raconte Christophe, 55 ans.

«J'ai réussi brillamment sur le plan professionnel mais je souffrais d'un manque d'affirmation et de confiance en moi-même avec ma femme, mes enfants, et mes amis... Quand j'osais affirmer quelque chose, si l'autre n'était pas content, je me demandais si j'avais vraiment le droit de dire ce que j'avais dit, je me sentais mal et, le plus souvent, je finissais par me contredire. J'ai fait une thérapie et j'ai compris que tout cela était lié au souvenir que voici.

J'avais trois ans, je n'en pouvais plus de l'ambiance familiale et j'ai dit à ma mère : "Je m'en vais". Ma mère m'a pris au mot, a rempli aussitôt un petit sac de vêtements et me l'a tendu en disant : "C'est bien, tu peux partir, puisque tu le veux". Elle a ouvert la porte et je suis sorti, un peu sous le choc. Je me suis retrouvé tout seul en pleine campagne. J'ai marché un peu, et puis je me suis assis au pied d'un arbre d'où je pouvais voir la maison et la porte d'entrée. Rien ne bougeait. J'espérais voir ma mère sortir, m'appeler, courir après moi. Rien. Le soir est tombé. J'avais froid et j'avais peur. J'ai bien dû décider de revenir chez moi. Je me suis approché de la porte, j'ai frappé au carreau. J'étais honteux de dire que finalement, j'avais changé d'avis. Ma mère m'a fait rentrer en se moquant de moi. Elle a défait le sac et a tout rangé.

Ce soir là, j'ai retenu, une fois pour toutes, que j'étais incapable de m'éloigner de ma mère, que je ne pouvais vivre sans elle et que, lorsque l'ambiance ne me plaisait pas à la maison, il valait mieux attendre que cela se passe en me taisant. J'ai retenu qu'il est dangereux d'affirmer fermement un désir.

Aujourd'hui, avec mon fils, pour ne pas agir de la sorte, j'impose la loi. Il sait qu'il lui est interdit de quitter notre domicile avant l'âge adulte. Parfois, il est en colère et il me dit : "Vivement mes 18 ans, je pourrai partir". Il a envie de grandir. Il n'est pas blessé dans sa fierté et la confiance qu'il a de pouvoir vivre sans nous. Il sait qu'il pourra quitter sa mère et son père quand le moment sera venu. Il sait aussi qu'en attendant, il doit accepter les conditions qui lui sont imposées.»

Ce témoignage me rappelle une autre histoire du même type. Lors d'un débat télévisé sur le droit des handicapés mentaux d'avoir des enfants, une mère laissait apparemment le choix à sa fille trisomique 21. Cependant, au fil des interventions, on pouvait se rendre compte que la fille devait choisir ce qui arrangeait tout le monde : se faire ligaturer les trompes. Or, elle ne pouvait que répéter, avec beaucoup d'émotions, son désir d'avoir un enfant. Ce type de discussion, appelé pudiquement par la maman «préparation aux fiançailles avec son ami», durait depuis 3 ans.

Dans cette situation, la jeune fille ne peut qu'être blessée narcissiquement si elle assume un choix qui n'est pas le sien. Elle, elle désire un enfant. C'est sa mère et la société qui ne désirent pas prendre en charge un enfant qui ne pourra pas être éduqué par ses parents et qui, de plus, a de fortes chances d'être trisomique. C'est donc à la mère d'affirmer l'interdit social.

Si l'interdit est clairement dit, la jeune fille, confrontée à la réalité, devra faire le deuil de quelque chose qui, dans la réalité sociale d'aujourd'hui, telle qu'elle est, n'est pas possible. Cela ne vous semble-t-il pas plus facile et plus juste que de lui faire reconnaître son incapacité?

Evidemment, pour la mère, c'est devoir se confronter à l'image de la mauvaise mère qui, parce qu'elle pense égoïstement à elle, fait mal à sa fille. A notre époque, le mythe de la bonne mère a tellement de poids qu'il est très difficile d'aller à l'encontre. Mais en croyant bien faire, la blessure qu'elle inflige à sa fille est bien plus douloureuse qu'un deuil à faire : c'est une blessure narcissique.

Le besoin d'aimer la vie

« J'ai connu des mères dont les joies de la maternité étaient gâtées par le fait qu'elles se sentaient, dans une certaine mesure, responsables du processus vital de leur bébé. Si le bébé était endormi, elles se penchaient sur le berceau, espérant vaguement qu'il s'éveillerait et manifesterait un signe de vie. S'il avait l'air morose, elles cherchaient à l'amuser, à chatouiller son visage pour essayer d'amener un sourire qui, bien sûr, n'avait pas de signification pour lui. Ce n'est qu'une réaction. Ces personnes sont toujours en train de faire sauter les bébés sur leurs genoux pour provoquer un gloussement ou n'importe quel signe qui puisse les rassurer en indiquant que le processus vital continue en eux.
On ne permet jamais à certains enfants, même pendant leur plus tendre enfance, de rester étendus et de planer. Ceux-ci perdent beaucoup et le sentiment qu'ils désirent vivre par eux-mêmes peut leur échapper complètement. »

D.W. Winnicott, L'enfant et sa famille.

L'amour de la vie est contagieux, il se développe en présence de personnes qui aiment la vie. Pas de personnes qui discourent sur la vie, non, cela est inutile. L'amour de la vie se transmet par des personnes qui posent quotidiennement des gestes qui expriment la joie profonde, l'harmonie et l'unité, par des personnes qui rayonnent et avec qui le contact est chaleureux et stimulant, par des personnes qui s'initient sans cesse à l'art de vivre heureux et en paix.

Si ses parents aiment la vie, l'enfant apprend à l'aimer, à la respecter et à favoriser la croissance et l'épanouissement en lui-même et autour de lui. Si ses parents préfèrent ce qu'ils possèdent, l'ordre, les histoires de mort, d'accident, de force, de guerre, du passé, il apprend à préférer ce qui est mort, inerte, inorganique, séparé, morcelé, mécanique, froid et ce qui contribue à brider l'existence.

Certaines mères veillent leur enfant uniquement lorsqu'il est malade. Elles ne l'écoutent avec attention que s'il échoue ou s'il est pessimiste et plaintif. En agissant de la sorte, elles l'encouragent sur la voie d'une vie difficile et pénible. Pour avoir de la tendresse et du soutien, il doit ne pas être bien. Si, en plus, elle prend ses distances lorsqu'il exprime son bonheur, sa joie de vivre et ses rêves, ce n'est pas l'amour de la vie qu'elle transmet à son enfant, mais l'amour de la mort. Et cela, quels que soient ses discours, même si elle affirme que la vie est belle, même si elle répète des mots tels que : « Je ne veux qu'une chose, que tu sois heureux, que tu aimes la vie ! »

L'amour de la vie ne se communique pas par les mots. La seule façon d'en faire le cadeau à ceux que l'on aime, c'est de le développer en soi.

Malheureusement, le plus souvent, les jeunes n'ont en face d'eux que des représentations dépersonnalisées de modèles imposés : de bons parents, de bons professeurs... Il y a continuellement un idéal qui s'interpose entre eux et les adultes qu'ils côtoient.

Même les enseignants ne témoignent plus. Suite à une compréhension superficielle et étriquée des principes de pédagogie, de nombreux professeurs veulent aujourd'hui « animer » leurs élèves, partir de ce qu'ils vivent pour leur faire découvrir, après combien de manipulations, ce qui, à leur avis, serait bon qu'ils découvrent. Ils n'expriment plus leur propre vécu ni leurs convictions profondes. Par pudeur ? Par peur d'avoir l'air dépassé par les jeunes ? Peut-être. Peut-être aussi parce que, pour témoigner, il faut qu'il reste un peu de vie et de foi à l'intérieur de soi !

L'adulte qui vit rayonne. Les parents qui aiment la vie voient chez leurs enfants toutes les petites étincelles, les permissions à donner, les rêves à amplifier, la confiance en soi à développer pour réussir le projet qui lui tient à cœur... Ils mènent une vie assez intéressante que pour donner à leurs enfants l'envie de grandir, de devenir adultes et de participer eux-mêmes à la vie sociale. Les échanges sont enthousiastes et animés. Chacun jouit d'un réel plaisir d'être ensemble.

Si l'adulte « vivant » ose témoigner, dire qui il est, indépendamment de ce qu'il devrait idéalement être, les jeunes auront alors la chance d'écouter quelqu'un de vrai, d'authentique, qui aime sa vie, qui parle en toute franchise de ce qu'il croit, de ses doutes, de ses difficultés, de ses tâtonnements dans la recherche d'un sens.

JE TE PERMETS DE GRANDIR

Aimer la vie, la rayonner, c'est aussi la développer et aimer la voir se développer chez les autres.

Un des plus beaux cadeaux que l'on puisse faire à tous ceux que nous rencontrons, c'est de leur permettre de vivre pleinement, et donc de grandir.

A la suite des grands philosophes, des grandes religions et de la plupart des écoles de psychologie, je pense que grandir, s'épanouir, développer ses qualités humaines, trouver le plaisir de vivre, la sérénité et la paix donnent un sens à la vie.

Pour développer la vie, il est important de l'aimer et de la respecter en soi et autour de soi, et cela ne peut se faire qu'en développant en soi le désir d'unir et d'intégrer, en regardant évoluer et en évoluant, en s'émerveillant de ce qui est beau, et en remerciant la vie d'être aussi belle, merveilleuse, mystérieuse.

Grandir et évoluer, ce n'est pas toujours facile. Grandir, être pleinement humain, c'est parvenir à ne compter que sur ses propres forces. C'est devenir capable d'entrer sainement en relation avec d'autres et de s'unir à eux, tout en se garantissant un minimum de paix et de sécurité.

Nombreux sont ceux qui n'y arrivent pas ! Devant les difficultés de la vie, devant l'impuissance à contrôler certaines forces naturelles et sociales et devant la peur de la mort, de la maladie, de la vieillesse et de la pauvreté, nous sommes tous tentés de chercher une « maman » toute puissante qui nous prenne en charge et nous sécurise comme lorsque nous étions enfants.

Les tentations de régression

« (... des) mères encourageraient et récompenseraient les comportements régressifs de leurs enfants ; cela leur permettrait de maintenir cet "attachement" en rendant impossible chez l'adolescent le deuil nécessaire de l'image maternelle. La réalité de la séparation est alors vécue à "mi-temps", ce qui implique la création d'un vrai clivage du Moi. D'un côté, l'adolescent manifeste un désir d'autonomie et d'individualité mais, d'un autre côté, il existe un Moi pathologiquement réglé sur le principe du plaisir dans lequel prédominent et persistent les fantasmes de réunion avec la mère. D'ailleurs, c'est la persistance de ce désir de réunion qui émerge plus tard comme défense constituée contre la dépression. »
C.A. Amaral Dias, Narcissismes et états-limites.

Le père, les éducateurs, les enseignants, et même la maman, doivent permettre aux jeunes de se détacher de la « mère », notamment en leur permettant de développer en eux le plaisir de grandir et de devenir autonome. « Je l'ai fait tout seul, j'y suis arrivé ! » Quel plaisir de vivre accompagne ces mots !

C'est évident, me direz-vous. Peut-être pas tant que cela. Certaines circonstances sont difficiles à vivre : les maladies, la perte d'un emploi, une séparation, un accident, un deuil. Le soutien des autres est essentiel, vital parfois dans ces moments-là. Il existe des situations desquelles on ne pourrait jamais se sortir seul. Etre totalement pris en charge comme un enfant et pouvoir se reposer sur une personne en qui on fait confiance fait parfois le plus grand bien quand on a vécu une épreuve difficile. A condition toutefois que cela soit un passage et à condition de pouvoir très vite se ressaisir pour reprendre les commandes de sa vie.

Lors d'une maladie

Ce n'est pas toujours le cas. Suite à une longue maladie, par exemple, des personnes ont été tellement maternées qu'elles ne savent plus comment sortir du doux cocon dans lequel elles sont, qu'elles n'en ressentent même peut-être plus ni l'envie, ni la force, ni la capacité... Elles ne peuvent donc plus guérir.

Permettre à l'autre de grandir, c'est l'aider, dans les moments durs de la vie, à résister à la tentation de régresser. C'est donc aménager l'aide pour que l'assisté puisse en jouir en tant qu'adulte qui garde un pouvoir sur sa vie.

Aussi grande que puisse être sa dépendance, même s'il est complètement paralysé dans un lit, le malade peut être respecté et considéré comme un adulte en évolution, et non comme un gros bébé, voire comme une plante, que l'on abreuve de soins. Tout cela dépend plus de la personnalité de l'aidant que d'un type de gestes et d'actions qui seraient à proscrire.

Si l'aidant est lui-même suffisamment autonome que pour ne pas avoir besoin de la maladie et de la dépendance de ceux qui l'entourent, il trouvera sans doute naturellement la limite entre les soins qui rendent dépendant et ceux qui sont un cadeau bienveillant à une personne autonome qui en a besoin.

L'approche systémique invite les médecins et les thérapeutes à être attentifs au sens que peut avoir une maladie qui dure chez quelqu'un. Il est bon de se demander en quoi cette maladie pourrait être utile à son entourage. Plus elle est utile, plus elle a des effets secondaires positifs, et moins le malade a la possibilité de guérir. Vous connaissez certainement des personnes qui, suite à une maladie ou à un accident, n'ont plus jamais retrouvé la santé. D'autres maladies et d'autres accidents ont suivi, et tout s'est organisé avec de plus en plus de rigidité autour d'eux « malades ».

Dans certains cas, en observant leur milieu, on a beaucoup de difficultés à s'imaginer ce qui se passerait si, du jour au lendemain, le malade guérissait. La guérison serait une véritable révolution que le malade devrait mener seul contre tous. Plus le temps passe, plus cela devient évidemment impossible.

Lors de la perte d'un emploi

« Nous faisons l'hypothèse que pendant le chômage, ces personnes se trouvent dans une situation de double contrainte : d'une part, pour des raisons économiques, sociales, légales, elles doivent retrouver un emploi, s'activer à chercher du travail, accomplir des démarches, d'autre part, pour des raisons personnelles, elles ne peuvent envisager l'emploi, donc une perspective positive, dans la mesure où il ne représente souvent qu'une expérience traumatisante, un vécu douloureux, une négation de leur identité. (...) Cette situation de double contrainte ne permet plus à la personne d'utiliser les ressources nécessaires à la construction d'un projet, ni de maintenir des relations extérieurs. Elle ne sera plus prête à saisir d'éventuelles opportunités qui pourraient se présenter à elle. Elle renforce les sentiments de dépression, de désespoir, d'impuissance, les attitudes négatives vis-à-vis de soi-même, de colère face à l'extérieur, à l'environnement socio-économique... »

Evequez G., La double contrainte du chômeur en fin de droit.

Suite à une perte d'emploi, l'allocation de chômage, l'impossibilité de retrouver un travail suffisamment rémunérateur et l'interdiction de travailler pour un petit complément placent le chômeur dans une situation de totale dépendance.

Lorsque ses tentatives de réinsertion professionnelle échouent, le chômeur finit pas laisser tomber les bras. Il reçoit différentes aides : possibilité d'achat de mobilier ou de vêtements de seconde main à très bas prix, remboursement plus élevés des frais médicaux, prix avantageux pour le cinéma, allocations majorées pour les enfants... Il vient un moment où, s'il veut garder le style de vie qu'il est parvenu à s'aménager, il doit rester exclu et marginalisé. En effet, la rémunération qu'il pourrait attendre d'un travail ne lui permettrait pas la même qualité de vie. Combien d'entre eux doivent dès lors refuser le travail proposé parce que la perte de leur dépendance aurait trop de conséquences négatives qu'ils ne pourraient assumer ? Ils ne peuvent plus, ou ne savent plus, prendre de risques. D'autant plus qu'à force d'avoir dû renoncer à leurs initiatives, ils ont perdu l'habitude d'en avoir !

Au bout du compte, il est épuisé. Physiquement, il est affaibli et sans énergie, il souffre de nausées, de migraines, de lésions musculaires... Emotionnellement, il a l'impression d'être dans une impasse sans issue : il se sent vidé, s'irrite facilement, souffre d'isolement, de dépression, d'impuissance et de découragement. Mentalement, il développe des attitudes négatives vis-à-vis de lui-même, de sa vie, et par rapport aux autres.

Ce n'est qu'en traduisant sa situation en difficultés précises, en découvrant ses besoins par rapport à un avenir proche, et finalement en élaborant un projet, qu'il se libère du statut de chômeur pour devenir une personne en difficultés. Cela lui permet de se mettre à résoudre ses difficultés, plutôt que de s'acharner et d'échouer dans la recherche d'un travail convenable. Il a enfin de nouveau prise sur la situation. Il peut de nouveau s'ouvrir aux autres.

Déchiré entre le désir d'aventure et le désir de sécurité

Nous sommes constamment déchirés entre, d'une part, le désir (et les risques qui l'accompagnent) d'aventure, de dépassement de soi et d'indépendance et, d'autre part, le désir de sécurité, d'être pris en charge et de ne plus devoir décider et se battre seul, autrement dit, le désir d'être sous la tutelle «d'une maman». A défaut d'en trouver une dans l'entourage, certains entrent dans des groupes religieux, des associations culturelles ou sociales, des partis politiques ou d'autres groupes dans lesquels ils retrouvent la sécurité d'une grande famille.

Tout groupe, quel qu'il soit, a le choix d'encourager la régression et la dépendance de ses membres ou, au contraire, leur croissance et leur autonomie.

Les structures de participation, de responsabilisation, de démocratisation et la poursuite d'un projet commun, entre autre, sont susceptibles de permettre l'épanouissement de chaque membre. Toutefois, comme dans un couple ou dans une famille, plus que les structures, ce sont les personnes participantes qui jouent le rôle essentiel.

Le risque de dépersonnalisation et d'avilissement vient de personnes qui ont absolument besoin d'autres personnes, faibles et dépendantes, pour s'assurer leur autorité et leur suprématie. Le pouvoir est, contrairement à ce qu'elles affirment, l'objectif réel qu'elles poursuivent.

Si l'on veut permettre aux membres d'un groupe de s'y épanouir, il est donc essentiel, au-delà des structures, de s'assurer de la maturité et de l'équilibre des personnes qui sont aux postes clés, et notamment de celles qui font circuler l'information.

Les «faux-altruistes», conduits par leur peur de l'abandon, de la solitude et de la dépression, contrôlent les informations. Leur besoin d'agir, voire même de s'agiter, ainsi que leur soif insatiable d'amour et de reconnaissance, les poussent à maîtriser d'autres personnes pour les rendre totalement dépendantes d'eux.

Par contre, les personnes qui aiment la vie et qui ont à cœur d'en développer toutes les formes, non seulement chez elles mais aussi chez les autres, auront à cœur de connaître les désirs et les idées de chacun. Elles collecteront l'information et la feront circuler avec plaisir.

La responsabilité de ta vie

« L'identité est un processus fragile qui se constitue autour du désir et du regard de l'autre. L'homme ne peut pleinement assumer son identité qu'à deux conditions. La première est extérieure, voir sociologique : le Père doit renoncer à son machisme, la mère à son effacement. La seconde est intérieure : le sujet doit refuser le jeu des mots, la belle assurance des discours, le fallacieux abri d'une identité empruntée. (...) L'identité, l'idéal, le projet, c'est l'affaire du sujet, c'est à lui qu'incombe la charge de son propre destin. »

Debongnie Fabienne, Au-delà du double.

Grandir, c'est apprendre à voir la réalité en face. C'est aussi découvrir que l'autre a ses besoins, ses désirs, sa vie, ses activités, qu'il y a des choses qu'il aime et d'autres qu'il n'aime pas... et que tout cela lui est propre. Bref, c'est apprendre à voir que la réalité de l'autre est différente de la nôtre. Alors seulement, nous sommes capables de nous mettre à sa place et de sentir qui il est dans sa différence et ce qu'il souhaite que nous fassions. A ce moment enfin, nous sommes capables d'agir réellement pour la personne à qui nous venons en aide.

Chacun a des souhaits pour sa vie, et ce qui convient à l'un ne convient pas nécessairement à l'autre. L'un peut être heureux d'apprendre de la musique, l'autre peut n'y trouver aucun plaisir. C'est bon pour le premier d'en faire, pas pour le second. On manque sans doute d'ingénieurs et de scientifiques aujourd'hui. Faut-il forcer un jeune à choisir cette direction ? Certes, il trouverait sans doute une place et serait bien rémunéré, mais, si ce type de profession ne lui convient pas, est-ce vraiment bon pour lui de faire ces études-là et d'être enfermé dans une profession qu'il n'aura pas réellement choisie ?

La personne qui gagne bien sa vie et se plaît dans son travail de secrétaire, par exemple, peut croire qu'il en serait de même pour d'autres. Or, certaines personnes vivent l'enfer dans ce travail, parce que cela ne leur convient pas. Il y a des personnes qui choisissent de vivre avec peu de moyens plutôt que de prendre un travail plus passionnant, parce qu'elles ont besoin de beaucoup de temps en famille ou en solitaire. C'est leur choix. De même, certains ont besoin de contacts tandis que d'autres préfèrent être seuls. Les premiers ne comprennent pas les autres. Les directeurs d'école pour qui être seul est un comportement anormal ont mis dans le règlement l'interdiction de s'isoler et notamment d'écouter son walkman seul sur un banc : il faut jouer ou être en groupe pendant les récréations, car, selon eux, c'est ce qu'il y a de mieux pour les jeunes. De quel droit peut-on dire à un jeune que son besoin de s'isoler est nocif ou maladif? Ne peut-on pas également se noyer de relations et d'actions pour se fuir soi-même?

Permettre à l'autre de grandir, c'est avoir l'humilité de reconnaître que nous ne savons pas ce qui est bon et mauvais pour lui. Alors seulement nous pouvons l'écouter, nous étonner, et répondre à des demandes et à des souhaits tout à fait personnels, individuels, de personnes qui choisissent leur vie. Contrairement à ce qu'on affirme le plus souvent, nous sommes parfois amenés à faire aux autres ce que nous ne voudrions pas que d'autres fassent pour nous, par exemple, les laisser seuls ou, au contraire, ne jamais les laisser seuls.

Nous rencontrons des personnes qui, à nos yeux, ratent leur vie, comme poussées par des forces qui les dépassent. Cela nous semble évident qu'ils se font du tort et qu'ils prennent des risques. Ils répètent sans cesse les mêmes traumatismes et se mettent continuellement dans les même pétrins, et cela quoique nous fassions.

Certains ne s'en sortent que lorsqu'ils se rendent compte de la misère dans laquelle ils sont. Rien ne sert de les prévenir avant de ce qui pourrait leur arriver, ils doivent le vivre pour ressentir le choc qui va leur permettre de se «secouer» et de se reprendre en main.

D'autres s'arrangent continuellement pour «casser» une situation devenue stable. Lorsqu'ils ont reçu ce qu'ils attendaient, cela ne les intéresse plus. Ils cherchent autre chose, ailleurs. C'est très désarçonnant, notamment dans un couple, de se rendre compte qu'à partir du moment où on a répondu à une demande de l'autre, ou que l'on a réalisé un de ses rêves, celui-ci s'en va. C'est aussi son choix de vie, même si c'est très difficile pour celui qui reste, de comprendre et de respecter ce choix.

Ceux qui veulent éviter aux autres la souffrance et la douleur, discutent beaucoup. Tout en continuant à agir en vue de les protéger de la conséquence de leurs actes, ils les préviennent que s'ils continuent de la sorte, ils vont se faire mal. Cela ne sert pas souvent à grand chose! Prenons l'exemple bien connu de la femme d'un alcoolique. Elle explique en long et en large à son mari dans quelle déchéance il se trouve. Elle lui raconte que la veille, elle a du le déshabiller, pour le mettre dans son lit, puis changer les draps et le laver parce qu'il avait vomi... Cela a évidemment peu d'effets. Par contre, si son mari s'éveillait le matin dans le fossé en face de chez lui, plein de ses vomissures et de ses excréments, complètement gelé, malade peut-être, ses souffrances physiques et morales auraient autrement plus de poids que les mots de sa compagne. Quand la situation deviendrait invivable pour lui, il pourrait décider de changer.

Chacun a un seuil différent de tolérance à la souffrance et à la honte. Chacun est seul à pouvoir se prendre en main ou, au contraire, à continuer de se laisser descendre dans l'enfer de la boisson ou d'autres comportements nocifs. La conséquence de nos actes est un révélateur. Placé devant la réalité de sa vie, chacun fait le choix de continuer sur sa lancée ou de changer de cap.

Permettre à l'autre de changer, c'est le laisser se confronter à la réalité et à sa souffrance. De manière mesurée, évidemment ! Quand il se nuit à lui-même, c'est le laisser assumer seul la conséquence négative de ses actes.

La conséquence de tes actes

«... il existe chez l'être humain un besoin fondamental de rendre le monde prévisible et contrôlable afin de pouvoir adapter son comportement. (...) Les personnes qui font l'expérience de ne pas contrôler leur environnement manifestent un état de type dépressif qui les conduit à ne plus fournir d'efforts pour s'adapter aux situations nouvelles. »
V. Yzerbyt, Connaître et juger autrui.

Laisser l'autre face à la conséquence de ses actes n'est pas toujours douloureux pour lui.

Le jeune qui se passionne pour la pêche et invite ses copains à l'accompagner à l'étang a le plaisir à un moment donné de se rendre compte du nombre de personnes qui sont devenues pêcheurs grâce à lui. Cela l'encourage. Il en est de même pour toute passion que l'on partage. Le plaisir de cuisiner et de manger d'un papa ou d'une maman a comme conséquence que les enfants sont curieux de goûter différents mets, qu'ils savent ce qui leur plait, qu'ils demandent parfois des spécialités... et surtout que les repas sont une fête. Le père ou la mère est alors encouragé à continuer, à s'adonner davantage à son activité favorite pour le plaisir de tous.

Des professeurs se plaignent que leurs élèves «brossent» leur cours. Si, en tant qu'étudiant, lorsque vous avez brossé un cours, vous vous rendez compte que cela ne pose aucun problème, que le professeur résume suffisamment ce qu'il a dit auparavant, ou que la lecture des notes qu'il donne couvre largement le contenu de ce cours, vous êtes encouragés à recommencer. Par contre, si vous ratez le cours d'un professeur passionné qui fait vivre sa matière en la «jouant» devant vous, qui s'exprime clairement et s'adapte à l'auditoire, qui est attentif au non verbal de ses étudiants et ajoute les exemples qu'il juge nécessaires, vous avez réellement raté quelque chose. Ni les notes d'un autre, ni celles d'un manuel ne pourront totalement compenser votre absence au cours.

Pour laisser aux étudiants la responsabilité de leurs actes, il serait sans doute préférable de leur donner clairement les objectifs et les critères d'évaluation en leur laissant la liberté des moyens qu'ils veulent mettre en place pour réussir : présence au cours ou étude à domicile à partir de notes et livres. Mais ce serait aussi arrêter plus fermement ceux qui n'ont pas atteints les critères demandés.

L'échec qu'on laisse tomber arbitrairement trompe l'étudiant. Il n'a pas l'occasion de se rendre compte que sa stratégie n'est pas bonne. D'ailleurs, c'est l'adulte qui dit qu'elle est mauvaise, mais, au fond, sa stratégie est bonne puisqu'il réussit sans avoir une note suffisante; il n'est donc pas étonnant qu'il continue à se contenter de moins que le minimum dans certaines branches.

Autant c'est riche, valorisant et enthousiasmant d'être confronté de façon cohérente aux conséquences logiques de ses actes, même lorsqu'elles font mal, autant c'est débilitant et aliénant de poser des actes et d'en subir les conséquences avec l'impression qu'elles sont tout à fait aléatoires et que nous n'avons aucun contrôle dessus.

Un exemple courant est celui des étudiants qui ont parfois, avec raison malheureusement, la certitude que le professeur note «à la tête du client», ou, en tout cas, qu'il a donné des notes sans lire les travaux. Ils confirment rapidement leur impression quand ils comparent leurs réponses ou qu'ils essaient de se faire une opinion de leurs résultats en fonction de ce qu'ils pensent être les critères de réussite. Dans une telle situation, la motivation tombe rapidement, et cela se comprend. A quoi bon travailler, puisque, de toute façon, ce travail ne sera pas reconnu à sa juste valeur? Une telle expérience est particulièrement propice au développement de l'agressivité.

Julien a reçu deux heures de colle pour grossièreté. Il a répondu: «Je ne vous ai rien demandé» à un professeur qui lui avait mis 12 au lieu de 9 à son interrogation en disant: «Tu devrais être content et me dire merci». Lorsque vous l'écoutez, tout ce que Julien demande à ce professeur, ce sont les objectifs et les critères de réussite: «Dites-moi ce que je dois faire pour réussir dans votre cours».

Le professeur n'est pas capable de l'entendre. Pour lui, 14 à son cours, c'est très bon. Il affirme avec fierté ne jamais mettre plus. Il aime traiter ses élèves d'ignares, d'incapables et d'irréfléchis. Peut-être a-t-il besoin de prouver son intelligence en humiliant ses élèves! Ce n'est pas notre propos. Parfois, dans un élan de «bonté», il hausse la cote de l'un ou de l'autre, sans autre motif que son humeur. C'est ce qu'il a fait pour Julien. Il enlève de cette manière à ses élèves tout pouvoir de contrôle et d'action sur leurs résultats.

En agissant de la sorte, il les empêche de s'épanouir et de prendre du plaisir dans la matière qu'il leur enseigne. Il ne veut rien comprendre. La violence grandissante de ses élèves le fera peut-être suffisamment souffrir pour qu'il se remette en question.

Certaines personnes sont à ce point elles-mêmes blessées dans leur narcissisme qu'elles ne peuvent que blesser, écraser et déresponsabiliser tous ceux et toutes celles qu'elles rencontrent. Ces personnes, dans un établissement scolaire, un parti politique, une association, une famille ou un couple, sont très dangereuses pour l'intégrité des autres.

Qui que nous soyons, nous pouvons aussi semer la mort autour de nous lorsque, sous la pression d'un stress, notre peur de l'abandon et notre besoin de contrôler refont surface. Ce n'est qu'en nous libérant de ces besoins que nous semons la vie et l'amour et que notre altruisme « sonne juste ».

Te permettre de devenir l'être unique que tu es

« Désirer un enfant, est-ce la même chose que désirer cet enfant-là ? L'enfant de la réalité n'est-il pas toujours décalé par rapport à l'enfant du désir, enfant merveilleux, enfant impossible, enfant mort, idéalisé celui-là. »
C. Revault d'Allonnes, Etre, faire, avoir un enfant.

L'enfant a besoin d'être regardé pour ce qu'il est vraiment, et non pour ce que ses parents voudraient qu'il soit. Il a besoin que ses parents, et les autres adultes qui s'occupent de lui, soient capables de faire la différence entre leur réalité et leurs désirs à eux et sa réalité et ses désirs à lui.

Pour devenir lui-même un être unique et séparé, l'enfant a besoin d'autres personnes qui contrastent avec lui par leurs différences et leur unicité, des personnes qui entrent en relation avec lui et communiquent leurs désirs, leurs besoins, leurs plaisirs, leurs limites et leurs déplaisirs. Il peut alors s'identifier à ces personnes ou s'y opposer. Les jeunes ont plus besoin d'adultes en face d'eux que de vieux adolescents « attardés ».

Le deuil de ce que tu n'es pas

« Il faut que la mère soit capable de supporter un certain degré de tristesse chez l'enfant, parce que ça fait partie de son apprentissage de l'indépendance. Bien sûr, elle devra apprécier la situation. Si l'enfant est très traumatisé, elle devra alors intervenir pour soulager sa détresse. Et si elle sent qu'il ne s'agit que d'une "douleur de croissance", elle ne se précipitera pas, elle saura se retenir pour voir si l'enfant peut faire face. »
Robin Skynner, La famille, comment en réchapper ?

Permettre à l'autre de grandir, c'est surtout lui permettre de se découvrir et de devenir lui-même. Cette découverte est longue et se fait souvent par tâtonnements. Les expériences, les essais, les erreurs, les réussites, les plaisirs et les déplaisirs, le bien-être et la souffrance sont autant de bornes qui montrent le chemin qui mène à soi. Sur ce chemin, tristesses et deuils sont inévitables, car devenir soi, unique, c'est d'abord se séparer, se détacher, des parents d'abord, de certains modèles sociaux imposés ensuite.

Etre soi, c'est aussi être conscient de nos limites, de tout ce que nous ne sommes pas et de tout ce que nous ne seront jamais.

La confrontation

Dans une relation intense avec un autre qui nous attire mais qui, en même temps, nous choque, nous provoque, nous limite et nous force, nous vivons des moments pénibles. Et pourtant, ce sont ces moments-là qui, bien que difficiles à vivre, nous permettent de mieux nous connaître et de développer notre identité. Dans une telle relation, si nous ne refusons pas la réalité de l'autre, si nous ne nous obstinons pas à vouloir qu'il soit autrement que ce qu'il est, nous découvrons ce que nous sommes et ce que nous ne sommes pas, ce que nous pouvons accepter et ce que nous n'acceptons pas, ce que nous désirons et ce que nous évitons.

Apprendre à gérer nos conflits intérieurs, c'est aussi une bonne occasion de grandir et de former notre personnalité. Le défi à relever, c'est d'intégrer harmonieusement tout ce à quoi nous nous sommes identifiés et les personnes que nous avons aimées dans un tout cohérent.

Lorsque nous sommes face à ce que nous avons désiré fortement, et que nous devenons tout à coup indifférents et désintéressés, il y a de fortes chances pour qu'un conflit intérieur nous empêche de jouir de ce que nous avons si ardemment désiré.

Epargner à un autre être, même si c'est un enfant, d'être confronté à ses conflits intérieurs ou extérieurs, c'est l'empêcher de devenir lui-même. On ne peut protéger personne de la tristesse de ne pas être tout ce qu'il rêvait d'être, ni la tristesse d'être seul et séparé de sa mère. Cela fait mal de voir un enfant pleurer parce que sa mère n'est pas toute puissante ni omniprésente, ou parce qu'elle a sa vie professionnelle et une relation affective avec un autre que lui. La tristesse de l'enfant réveille notre propre souffrance et nos propres peurs de la solitude et de l'abandon. Mais n'oublions jamais que ces pleurs sont nécessaires. La mère qui refuse d'être frustrante, même si elle donnait la lune à son enfant, ne lui aurait pas donné l'essentiel après la vie : l'obligation et la joie, au-delà des pleurs, de grandir et de devenir lui-même.

Chapitre 6
Sortir de la victimisation, être responsable !

« Se transformer intérieurement est beaucoup plus important que cumuler de l'expérience. »
Le manager intuitif, *Meryem Le Saget.*

Depuis notre naissance et jusqu'à notre mort, nous n'aurons jamais fini d'apprendre à entrer en relation avec les autres.

Dès notre plus jeune âge, nous avons appris comment réagir dans diverses circonstances, face à différentes personnes. Nous avons en principe appris à gérer nos émotions les plus diverses : amour, haine, jalousie, colère, peur, joie, bonheur, surprise, enthousiasme, dégoût, tristesse, angoisse... Notre père, ou son substitut, nous a aidé à nous séparer de notre mère et à aller à la rencontre d'autres personnes... En principe, nous sommes devenus un tant soit peu autonomes, capables de nous passer d'une mère nourricière.

Une chose est certaine toutefois : nous n'avons pas pu tout apprendre. Il y a toujours des émotions que nous gérons moins facilement et des situations pour lesquelles nous avons besoin d'un soutien. Par exemple, notre famille nous a peut-être protégé de la jalousie en nous voulant unique et comblé, ou, dans certains contextes, nous avons toujours besoin de notre mère, de notre père ou de leurs remplaçants. A certains moments, il nous arrive aussi de nous comporter face à l'Etat-Providence, à une communauté culturelle, et même face à notre conjoint comme un gros bébé gourmand qui réclame d'être pris en charge...

A travers les diverses expériences de la vie, nous continuons à apprendre.

Certes, nous attendons parfois le dernier moment pour tirer les leçons de nos expériences. Nous répétons les mêmes erreurs jusqu'à ce que les conséquences deviennent insupportables. Il nous arrive aussi de rester bloqués dans la position de la victime et la plainte.

Mais à un moment donné, la tournure des événements et la souffrance générée par nos comportements finissent toujours par nous forcer à adopter de nouvelles manières d'être.

TOUCHER LE FOND...

« Victime de l'illusion que les possibilités irréelles se matérialiseront, l'homme est surpris, indigné, blessé quand le destin se charge de choisir pour lui et que la catastrophe non désirée se produit. A ce moment-là, il tombe dans l'erreur d'accuser les autres, de chercher des excuses à sa conduite et/ou de prier Dieu de lui venir en aide, alors que c'est à lui-même, et à lui-même seulement, qu'il devrait s'en prendre, à la lâcheté qui l'a empêché de regarder le problème en face et au manque de discernement qui l'a empêché d'en saisir toutes les données. »
Le cœur de l'homme, E. Fromm.

Donner, toujours donner, sans jamais recevoir ce qu'il attend en retour : telle est la souffrance du « faux-altruiste ». S'il la subit, il se plaint longuement, en accusant les autres, sans se remettre en question, comme cette dame qui se perçoit comme une personne aimante et généreuse... Observons dans son témoignage à quel point elle se nie elle-même, et surtout à quel point elle refuse à l'autre le droit d'être un autre qu'elle-même.

« Ma passion, c'est d'aider les autres. J'assiste à des conférences, je participe à des ateliers, je lis, ainsi je peux toujours mieux conseiller mes copines...

Depuis des mois, mon amie Justine me téléphone toutes les semaines, tous les jours, parfois deux, trois fois par jour. Son mari la trompe. Elle pleure. Elle est seule. Elle souffre.

Moi, je suis là pour elle. Je comprends, je console, je prends le temps, je trouve les meilleurs conseils... Ah, si elle pouvait les suivre, elle irait mieux, j'en suis certaine. Si elle pouvait faire comme je lui dis, penser à elle, s'occuper d'elle, vivre pour elle... Mais voilà, elle tombe toujours dans ses travers. Elle attend son mari, l'espère, se met à ses pieds... Heureusement que je suis là pour la ramasser. A toutes les heures du jour et de la nuit, elle sait qu'elle peut m'appeler. Mes enfants sont chouettes. Quand je suis avec elle au téléphone, ils se débrouillent seuls, mangent seuls, ce qu'ils trouvent dans le frigo, se lavent seuls, comme ils peuvent, se couchent seuls... Je suis fière d'eux : ils savent déjà donner, accueillir, comprendre combien c'est important d'aider quelqu'un qui est dans le besoin.

Mais là, tout de suite, je ne comprends plus rien. Quand je repense à ce matin, il faut que je vous raconte... D'y penser, cela me met hors de moi. Figurez-vous que j'ai demandé à mon amie Justine de me garder les enfants un soir. Oh, ce n'est même pas pour moi ! Je voulais aller au cinéma avec une autre copine pour la distraire, son mari la trompe... aussi, oui... Enfin, c'est une autre histoire. Et bien, vous ne devinerez jamais. Elle a dit NON! Vous vous rendez compte, après tout ce que j'ai fait pour elle, elle a dit NON. Il faut oser quand même ! Sans bonne raison, en plus, «Ce serait trop pour elle», Madame! Trop pour elle, vous vous rendez compte. Elle peut tout me demander, téléphoner à l'heure du souper, la nuit, pendant les devoirs des enfants, un film, je suis forte, courageuse, accueillante, tout écoute, jour et nuit. Parfois cela me demande des efforts, évidemment, surtout quand je suis en train de regarder un beau film et que je ne verrai pas la fin, mais je le fais, pour elle, parce que je sais qu'elle a besoin de moi. Elle a dit non !

J'ai l'impression de faire partie d'une race en voie de disparition ; je suis entourée de faibles, qui ne savent pas, qui ne font pas d'efforts, non plus... C'est fou quand même ! Heureusement, je suis forte, il faut que je tienne, que deviendraient-ils tous sans moi ?

Vous me proposez un morceau de gâteau et un café ? Hmm, j'aimerais bien, mais je n'en ai vraiment pas le temps, il faut que je vous quitte, il est l'heure, j'ai promis de téléphoner à Justine après le départ de son mari, elle a besoin de moi, je dois absolument l'aider... les autres sont tellement égoïstes, il n'y a que moi sur qui elle puisse compter... Bon, j'y vais, sinon, elle serait bien capable d'encore faire des bêtises. »

Cette dame, appelons-la Mariette, se plaint. Elle ne comprend absolument rien de ce qui se passe. Elle attend que sa copine agisse pour elle comme elle-même agit pour sa copine. Elle ne conçoit pas que cela puisse être autrement. Probablement que les relations qu'elle a vécues dans son milieu familial ne lui ont pas permis, lorsqu'elle était enfant, d'apprendre que les autres sont autres et qu'ils ont leur individualité propre. Pour elle, c'est évident que si elle sent, pense et agit d'une certaine manière, tous devraient sentir, penser et agir de même.

C'est pour cette raison qu'elle s'indigne si sa copine refuse de lui rendre un service. Parce qu'elle se perçoit comme une personne qui accepte tout et devance toutes les demandes, elle s'imagine que tout le monde devrait en faire autant. Elle s'en réfère aux religions ou au savoir-vivre qui la confortent dans cette croyance, et quand les choses ne sont pas ce qu'elles devraient être, elle est en colère. Elle en veut au monde entier d'être ce qu'il est, elle se répète que ce n'est pas possible, elle se rebelle contre la réalité qu'elle ne veut absolument pas accepter. De cette manière, elle met tout en place pour éviter de ressentir la souffrance de son impuissance à rendre les autres et le monde conformes à l'image qu'elle se fait d'eux. Mais elle s'enferme dans un comportement qui l'aigrit et l'épuise.

Mariette reste enfermée dans son univers, ses croyances, sa vision du monde et l'image qu'elle a d'elle-même, celle d'une personne exceptionnellement serviable et aimante.

Cette image a au moins l'avantage de la consoler. Elle, au moins, elle est bonne. Heureusement qu'il y a des gens comme elle ! Fière d'être ce qu'elle est et d'agir comme elle le fait, elle se « sacrifie » et néglige même ses propres enfants. Malgré les nombreuses déceptions et toutes les formations et informations qu'elle reçoit, elle n'existe qu'à travers le service rendu aux autres... Les conseils qu'elle donne aux autres, « Il faut s'occuper de soi, vivre pour soi », elle ne les comprend pas, elle ne les ne vit pas, ce ne sont que des mots.

ENTOURÉ PAR DE PLUS EN PLUS DE VICTIMES...

Les « faux-altruistes » accumulent des déceptions et des frustrations au fil des années, car, en général, malgré tous leurs efforts, le nombre de victimes qui les entourent augmente et le cas de certains de leur protégés s'aggrave. Si l'on y regarde d'un peu plus près, cela n'est pas étonnant. Essayons de comprendre comment cela se produit.

Rappelons que ceux qui sont dans la position du « faux-altruistes » ne savent pas s'empêcher d'aider des personnes en difficultés. C'est plus fort qu'eux. Ils ne savent pas s'arrêter quelques instants pour profiter de tout ce qui est beau à vivre avec ceux de leurs proches qui vont bien. Ils ont besoin de « gens à problèmes » autour d'eux. Au nom de grands principes philosophiques, moraux ou religieux, dans leurs familles ou leurs associations, c'est toujours le plus pauvre et le plus paumé qui reçoit leur attention et leurs soins : ceux qui s'en sortent bien peuvent se débrouiller seuls.

Pour illustrer ceci, je ne prendrai qu'un exemple, celui bien connu des enfants de psy, d'éducateurs ou d'intervenants sociaux, qui attendent désespérément un regard, un encouragement ou quelques minutes d'attention de la part de leurs parents. Combien d'entre eux n'ont pratiquement jamais pu vivre des vacances, une balade ou un repas tranquillement et sereinement, rien qu'en famille, dans la joie de l'instant partagé et du bonheur présent ? Il y a toujours un fond de catastrophe, et la présence, ne fût-ce que dans les conversations, des dernières victimes d'un attentat, d'une guerre ou d'un tremblement de terre. On comprend alors que lorsque ces enfants savent que ceux qui sont dans le besoin sont toujours prioritaires, certains choisissent, plus ou moins inconsciemment, et parfois dès leur plus jeune âge, d'aller mal et puis de plus en plus mal. En s'identifiant à ceux qui suscitent l'attention de leur parents, ils deviennent ainsi un sujet de conversation intéressant et reçoivent enfin l'attention et les marques d'amour dont ils ont tant besoin... ce qui, évidemment, ne les encourage pas à aller mieux, que du contraire !

« Il se demanda : comment mon père a-t-il pu surmonter le fait que ses parents se soient séparés de huit enfants et les aient envoyés si loin sans jamais venir les voir, pour prêcher en Afrique l'amour du prochain ? N'aurait-il pas dû douter de cet amour et du sens d'une pareille activité qui exige en même temps la cruauté vis-à-vis de ses propres enfants ? Mais, en fait, il n'avait pas le droit de douter... »

A. Miller, C'est pour ton bien.

Le « faux-altruiste » trouve parfois des problèmes là où il n'y en a pas, notamment quand il considère comme victimes des personnes qui ne se vivent pas comme telles. Le malheur, c'est qu'à force de regarder quelqu'un comme une victime, on finit par l'obliger à jouer ce rôle. Certains peuples, certains émigrés, mais aussi beaucoup d'enfants et d'adultes de notre pays ne peuvent sortir de leur état d'assistés. C'est leur seul moyen d'exister socialement. Nous trouvons dans l'histoire de notre pays et de l'Occident bon nombre d'exemples qui illustrent ceci. C'est souvent avec le recul et l'analyse des conséquences de nos actes que nous pouvons prendre conscience des dégâts occasionnés par ce que l'on a pris pour de l'altruisme.

Combien d'enfants n'ont-ils pas été enlevés à leurs parents, parce que l'éducation qu'ils recevaient n'entrait pas dans les critères des intervenants sociaux ? Combien n'y a-t-il pas eu de malentendus et de maladresses dans nos interventions politiques ou caritatives dans les autres pays ou dans les milieux immigrés chez nous ? Le manque d'ouverture à l'autre, et notamment l'impossibilité de nous rendre compte que d'autres personnes trouvent le bonheur là où nous, nous ne le trouverions pas, empêche l'expression d'une différence. Ce n'est paradoxalement pas dans les associations et les partis politiques qui luttent pour le droit à la différence que celle-ci est le plus facile à faire entendre.

Refuser à l'autre le droit à la différence et le droit de gérer sa vie avec d'autres valeurs, lui imposer notre manière de voir ce qui est bon et juste pour lui, c'est le placer dans la dépendance. Si sa manière d'agir, d'être et de penser n'est pas valable, il aura toujours besoin de quelqu'un sur qui s'appuyer pour trouver « la » bonne manière de vivre. Que de personnes, qui se seraient débrouillées seules si l'on n'était pas intervenu sont aujourd'hui enfermées dans des circuits d'aide et de soutien !

Pour mieux comprendre, prenons un exemple. Dans notre pays où les hivers sont parfois rigoureux, un enfant qui, un jour de gel, vient à l'école pieds nus, sans écharpe ni bonnet, dérange, même s'il est moins souvent malade que les mômes bien emmitouflés. Il inspire la pitié des enseignants qui, le plus souvent, ne manquent pas d'intervenir, par exemple, en lui donnant un sac de vêtements usagés.

Quelles sont les conséquences de cette intervention sur l'image que l'enfant a de ses parents, sur les parents eux-mêmes, sur les relations au sein de la famille... et même sur les conclusions que l'enfant pourra tirer pour lui-même quant à la connaissance et la prise en compte de ses besoins et quant à ce qu'il peut faire pour obtenir l'attention ou ce dont il a besoin ? L'enfant ressentait-il le froid ? En souffrait-il réellement ? Devons-nous tous être égaux dans notre manière de ressentir les effets de la mauvaise saison ?

Ce n'est qu'un exemple. Il y en a bien d'autres. Je suppose que vous pouvez vous-mêmes en trouver autour de vous, non seulement dans votre cours d'histoire, mais encore aujourd'hui, quotidiennement, dans la presse et les médias.

... QUI VONT DE PLUS EN PLUS MAL

Le «faux-altruiste», que nous avons décrit comme la personne qui veut à tout prix sauver les autres, n'est pas seulement dépassé par le nombre croissant de victimes, mais il l'est également lorsqu'il se rend compte que certains de ses protégés s'enfoncent plus qu'ils ne s'en sortent. Quelle est donc la dynamique relationnelle du «faux-altruiste» et de ceux qu'il aide pour en arriver à cela ?

Celui qui cherche quelqu'un à qui être utile trouve toujours sur son chemin une «victime» qui, elle, attend que quelqu'un l'aide. Cela se passe le plus souvent sur un terrain qu'ils connaissent bien tous les deux, mais probablement d'un point de vue différent.

Par exemple, la fille d'un alcoolique rencontre un homme qui se révèle être aussi un alcoolique. Dès les premiers moments de la rencontre, il y a comme un courant qui passe, une impression de se connaître depuis toujours... Et pour cause ! Tout deux se retrouvent dans une ambiance affective et relationnelle qu'ils connaissent depuis toujours. La relation devient vite très intense. Ils parlent même parfois de coup de foudre.

Plus le «faux-altruiste» a besoin de fuir la dépression, le vide intérieur et la conviction profonde qu'il est mauvais, plus son besoin d'aider est grand, et plus il épate par son énergie, sa patience, son infatigabilité et son dévouement.

La «victime» est séduite par tant de générosité et d'attention. Dans un premier temps, elle est soulagée d'être enfin entendue et comprise dans son problème. Elle a trouvé une épaule sur laquelle s'appuyer. Elle a, face à elle, quelqu'un qui a l'air sûr de lui et de ce qu'il sait, et qui semble avoir des solutions pour l'aider à sortir de ses difficultés. Elle jouit de la sensation bienfaisante d'être prise en charge, d'exister pour un autre, et d'être quelqu'un d'assez important pour qu'on s'occupe d'elle. Plus cette sensation lui a manqué lorsqu'elle était enfant, plus la relation lui semble prometteuse. Le bien-être qu'elle ressent dès les premières rencontres l'aide à récupérer un minimum de forces et de confiance en elle et en la vie. Avec le goût de la vie, elle retrouve aussi ses désirs, ses rêves et la conscience de ce qu'elle veut vivre. Elle retrouve une idée plus ou moins claire de ce qui est bon pour elle, de ce qu'elle accepte ou de ce qu'elle n'accepte pas, de ce qu'elle voudrait vivre et devenir.

C'est à ce moment-là que tout se joue. Si la personne qui était dans le besoin se sent forte assez pour exprimer clairement ce qu'elle veut et ce qu'elle attend de son «sauveur», si celui-ci est dans la position du «faux-altruiste», le plus souvent, il ne peut l'entendre. La relation se rompt. En effet, le «faux-altruiste» a besoin d'aider à tout prix, mais il a aussi en général une conception bien arrêtée de l'aide qu'il veut apporter, une sorte de schéma réparateur qui l'aveugle. Il éprouve beaucoup de difficultés à s'ouvrir à la différence de l'autre et à répondre à sa demande.

Quand la victime ne se comporte pas selon son scénario, le «faux-altruiste» devient parfois agressif et menaçant. Il lui arrive d'injurier celui qui ose affirmer d'autres conceptions de la vie et du bonheur que lui. L'impression de familiarité disparaît pour ne laisser que la sensation d'être totalement étrangers l'un à l'autre. Puisqu'il y a erreur sur la personne, que celui qu'il a en face de lui n'est pas qui il croyait, chacun retourne chez soi. La relation ne va pas plus loin.

Lorsque quelqu'un montre un fort désir d'aider les autres, tout en étant incapable d'accepter que l'autre ait des désirs et des demandes autres que celle que lui imagine, lorsque cette personne est incapable de partir d'une demande et d'aider l'autre quand il reste autonome et fidèle à lui-même, à sa culture et à ses valeurs, nous nous trouvons en présence d'un «faux-altruiste», même si l'image qu'il donne de lui-même est tout autre. Pour le «faux-altruiste», c'est tout ou rien. Il n'y a pas de négociation, ni de compromis. C'est lui qui est détenteur des solutions, de la vérité. L'autre les adopte ou il se débrouille seul.

Nous avons analysé le cas où la «victime» retrouve assez de confiance en elle pour s'affirmer et où la relation se termine. Ce n'est pas toujours le cas. Si la personne qui était dans le besoin n'a pas la permission intérieure ou la capacité d'exprimer clairement ce qu'elle désire, la relation, au contraire de ce que nous venons de voir, devient de plus en plus solide. Voyant que le «faux-altruiste» donne «à coté» de ce qu'elle désire, la «victime» perd ses moyens. Elle ne parvient pas à trouver les mots justes, et pour cause, puisque de toute façon le «faux-altruiste» n'a pas assez d'ouverture pour entendre. Inconsciente des limites de celui qui, en face d'elle, a tant d'assurance et de confiance en ce qu'il affirme, elle finit par se taire pour ne pas rompre le charme de leur relation. Pour rester la personne aimée, elle accepte de se conformer à l'image que l'autre s'est faite d'elle au moment de leur rencontre. Pour éviter à tout prix de le décevoir, elle se raisonne. Elle se dit que, finalement, elle a de la chance d'avoir un tel sauveur et que la solution qu'il apporte est sans doute meilleure pour elle que ce qu'elle envisageait. Elle se soumet à la volonté de l'autre.

C'est ainsi que la personne qui avait à un moment donné besoin d'aide perd de plus en plus confiance en elle-même. A force d'être confrontée à quelqu'un qui sait mieux qu'elle ce qui est bon pour elle, elle doute de ses propres émotions, de ses besoins et de ses pensées. Elle n'ose plus les exprimer.

Comment est-ce possible? Cela n'arrive pratiquement jamais aux personnes ayant grandi dans un milieu sain et aimant, sauf peut-être dans des moments de grande fragilité, suite à un événement traumatisant, par exemple. En général, celui qui reste dans le jeu du «faux-altruiste» est habitué à ce genre de relation depuis son plus jeune âge.

L'enfant qui entre dans la vie dans la position de celui qui doit être assisté reçoit obligatoirement l'aide des adultes. Pour grandir, il a besoin que ces adultes soient suffisamment conscients qu'il est une personne unique, à part entière, qui mérite déjà tout leur respect. Si les adultes qui l'entourent lui imposent leur manière de voir, sans tenir compte de son individualité et de ce qui, en lui, est tout à fait personnel et unique, jamais il ne saura dire, ni même savoir, qui il est et ce qu'il désire, à moins que de faire une thérapie et de décider de l'apprendre. Toute sa vie, il s'attachera donc avec avidité aux «faux-altruistes» qu'il rencontre, (à moins qu'il n'en devienne un à son tour). Pour se faire remarquer d'eux, il se placera souvent, sans doute inconsciemment, dans la position de quelqu'un qui est dans le besoin, quitte à se faire du tort à lui-même.

Il faut bien le reconnaître, ce n'est pas facile de se trouver et de s'affirmer quand on est face à des gens qui savent, surtout si l'on est en position de faiblesse. Comment peut-on, en effet, faire ses propres expériences et ses propres choix devant quelqu'un qui prétend savoir ce qui est bon ou mauvais pour nous? Est-ce possible de se sentir autonome et responsable lorsqu'un proche sait mieux que nous ce que nous ferons demain et ce qui nous arrivera si nous faisons ou si nous ne faisons pas telle ou telle chose?

Jean-Pierre apparaît à son entourage comme un père idéal. Mais au dire de ses enfants, il a un terrible défaut, il a vécu tellement de choses qu'il a un avis sur tout et qu'il sait tout. Pas moyen de trouver un domaine où se faire sa propre opinion, sa propre expérience. Tous les chemins sont défrichés et balisés.

Soixante-huitard, il a vécu une adolescence tumultueuse. Il a quitté la maison très jeune et il a vécu chez des copains : cheveux longs, musique, flânerie, liberté... Quand il a voulu trouver un travail parce qu'il voulait nourrir sa famille, le réveil a été dur. Il a mis des années pour comprendre qu'il fallait de l'ordre, de l'auto-discipline, de l'organisation et de la volonté pour «arriver à quelque chose»... Il a trouvé par hasard, au fil des rencontres, les informations et les personnes qui l'ont aidé à s'intégrer socialement et à se faire une place au soleil. Il estime avoir eu de la chance, car la plupart de ses copains sont restés sur le carreau et n'ont rien fait de bon. Lui, en se disciplinant, en s'organisant, en coupant ses cheveux et en se socialisant, il a fini par s'en sortir très bien. Il a un seul regret : si quelqu'un l'avait poussé, si son père l'avait suivi de plus près et avait été plus exigeant, il aurait exploité ses nombreux talents et il serait bien plus loin qu'il n'est aujourd'hui.

Avec son fils Cédric, Jean-Pierre s'est promis de ne pas faire la même erreur. Il veut être attentionné et à l'écoute. Il l'encourage à se donner à fond dans ses activités, à s'organiser, à vivre intensément, à dépasser ses peurs et surtout à ne pas perdre de temps. Il lui explique ce qu'il ressentira lorsqu'il réussira brillamment à l'école ou dans son sport, et combien il regrettera plus tard les efforts qu'il n'aura pas fait et le temps perdu. Il connaît ce dont il parle. C'est ce qu'il vit.

Cédric adore sa famille, il aime les moments passés ensemble à discuter, à pratiquer un sport ou à raconter des blagues, mais il a aussi besoin d'être seul. C'est dans la solitude qu'il sent en lui ce qui est bon pour lui et ce qui ne l'est pas, qu'il se sent plus fort et plus affirmé. Quand il reste une heure dans sa chambre, étendu sur son lit, à écouter la musique qu'il aime, il se sent déterminé et vivant. Mais son père s'inquiète et ne comprend pas. Il considère que son fils manque de caractère et de volonté, qu'il n'est pas sociable. Il ne veut pas que Cédric fasse les mêmes erreurs que lui. Il considère qu'au lieu de flâner, il ferait mieux de s'entraîner pour son sport, d'étudier pour l'école, ou s'il a vraiment trop de temps, de travailler les langues sur l'ordinateur. Cela, au moins, ce n'est jamais perdu, tandis qu'écouter de la musique et rester étendu sur son lit ne conduit nulle part. Seuls l'activité et le travail nous forment. Il le sait puisqu'il l'a vécu. Il rejette toute cette partie de sa vie pendant laquelle il s'est laissé aller. Il oublie tout le positif qu'il en a tiré et tout ce qui, à ce moment-là, a fait qu'il est ce qu'il est aujourd'hui. Au contraire, il justifie toutes ses difficultés et tous ses échecs par ce qu'il appelle ses « erreurs de jeunesse ». S'il avait travaillé plus, il serait sans doute un grand musicien, ou peut-être même un champion sportif !

Comment pourrait-il comprendre dès lors ce que Cédric vit dans sa chambre ?

Un soir, Cédric annonce qu'il arrête l'école. Jean-Pierre est furieux, mais il ne sait rien faire : Cédric est majeur. Il lui dit : « Tu y reviendras plus tard, et tu regretteras ce que tu fais aujourd'hui ». C'est à ce moment-là que Cédric, toujours si calme et réservé, explose et s'écrie en claquant la porte : « J'en ai marre que tu saches toujours tout et que tu me dises cela, moi je sais que je n'y reviendrai jamais ». Et ce soir-là, Cédric a quitté la maison sans laisser d'adresse.

Lorsque vous avez toujours eu autour de vous des parents, des éducateurs, des frères, des sœurs et des amis désireux de vous conseiller, de vous venir en aide et de vous éviter de mauvaises expériences, il vous est impossible, parfois jusqu'à un âge très avancé, de savoir qui vous êtes et ce que vous désirez. A un moment donné, il vous faut absolument mettre une distance, et pour cela, vous ne pouvez pas éviter de faire souffrir toutes ces « gentilles personnes » qui vous entourent. C'est très culpabilisant et angoissant. Parfois trop. Alors, la boisson, les drogues et médicaments, l'auto-sabordage, la passivité... sont parfois des choix plus faciles à assumer. Au moins, cela ne risque pas de faire fuir ceux que l'on aime malgré tout par dessus tout. Que du contraire !

En se comportant comme celui qui sait, le « faux-altruiste » oblige ses protégés à le quitter pour sauver « leur peau », ou à fuir dans les médicaments, l'alcool... et donc à aller de plus en plus mal.

Lorsqu'après avoir tant donné, il se retrouve impuissant, seul, incompris ou rejeté, le « faux-altruiste » a mal, très mal. Pour se soulager, il lui est toujours possible d'accuser les autres, la société, le monde... Mais cela ne résout rien.

De relation en relation, les mêmes choses se reproduisent souvent avec de plus en plus de violence : éclats de colère, conflits, prises de pouvoir et souffrance semblent inévitables. Les mêmes frustrations finissent toujours par le tenailler. Il se sent de moins en moins capable d'avoir un contrôle sur sa vie et sur son environnement.

LA SPIRALE INFERNALE

Les assistés, qui, tout en étant demandeurs d'aide restent «dociles», développent le plus souvent à leur insu de l'agressivité envers le «faux-altruiste». Ils supportent mal sa perfection, son énergie, sa force. Ils veulent garder leur autonomie et l'estime d'eux-mêmes, tout en préservant une relation qui, à bien des points de vue, n'en reste pas moins très gratifiante : c'est tellement valorisant de se sentir l'objet de tant de soins et de sollicitude! Pour résoudre un tel dilemme, ils sont capables de toucher directement en plein cœur, là où cela fait le plus mal, ces êtres trop parfaits, trop «propres» pour être vrai. Ils les poussent dans leurs derniers retranchements et les mettent face à eux-mêmes et à ce qui leur fait le plus horreur.

Si l'altruiste tombe de sa chaire, s'il se met à douter de lui et à se remettre en question, bref, s'il perd son «arrogance», son partenaire se sent moins «petit», moins minable. La relation se rééquilibre un peu. C'est tellement tentant de tester les motivations et la résistance de ces «saints» en allant voir ce qu'il y a derrière leur façade clinquante!

Les êtres trop «parfaits» et trop «gentils» sont inévitablement confrontés à l'agressivité de ceux qui ne supportent pas ce qui pourrait n'être qu'un vernis. Et plus le vernis est épais, plus le «décapage» est douloureux. On cherche l'homme dans le dieu, le monstre dans le saint.

Le manque de capacité d'écoute authentique des «faux-altruistes» engendre aussi de l'agressivité. Le fait qu'ils n'entendent que ce qu'ils désirent entendre et qu'ils sont sourds à tout ce qui fait de l'autre un individu à part entière est particulièrement violent.

La victime souffre de ne pas être entendue dans ce qu'elle vit et dans ce qu'elle est. Elle se sent niée. Le «faux-altruiste» s'adresse à elle comme si elle était l'incarnation d'un de ses fantasmes, d'une de ses images intérieures. Si «la victime» s'obstine à essayer de communiquer dans ce dialogue de sourd, elle risque de finir par douter d'elle-même et par ne plus savoir qui elle est réellement. A force de s'entendre dire avec conviction qui elle est et ce qu'elle devrait faire, et de ne recevoir aucun écho de ses paroles, elle se perd.

Le «faux-altruiste» est violent quand il agit comme si lui et son protégé étaient semblables, comme s'ils n'avaient pas chacun une individualité et une réalité subjective différentes. Il est violent quand il est incapable d'entendre une demande et d'y répondre, tant il est enfermé dans sa vision des choses et la certitude qu'il a raison. Il agresse avec ses solutions faciles, qu'il estime être les seules valables. Ses «Il n'y a qu'à» blessent.

Certes, cette violence n'apparaît pas de prime abord. Elle est dissimulée derrière ses bonnes intentions et sa bonne volonté, ce qui la rend d'autant plus désarçonnante et dangereuse. C'est tellement culpabilisant de se sentir en colère face à quelqu'un de «si gentil» qu'il est parfois plus facile de retourner sa colère contre soi ou de la refouler

La violence du «faux-altruiste» n'apparaît que lorsque quelqu'un ose s'opposer à sa proposition, ou simplement hésite. A ce moment, il lui arrive de s'énerver et d'insinuer que son interlocuteur est vraiment bête et que, d'ailleurs, c'est cette aide-là qu'il recevra et aucune autre.

C'est à ce moment-là que l'assisté, s'il veut garder son intégrité, doit continuer à marquer son individualité, au risque de rompre la relation. Encore faut-il qu'il en ait les moyens et la force. Un «témoin éclairé», pour reprendre l'expression d'Alice Miller, est parfois nécessaire. Malheureusement, peu de personnes aujourd'hui sont capables de distinguer clairement l'agressivité du «faux-altruiste».

Dans notre culture, il est difficile d'accepter qu'un «faux-altruiste» soit particulièrement violent, malgré son abord doucereux et gentil. D'autant plus que nous avons tous joué ce rôle, ne fût-ce qu'un tout petit peu, dans un contexte ou un autre ! Cela fait très mal de se rendre compte qu'alors que nous croyons bien faire, en fait, nous agressons psychologiquement l'autre, nous le blessons dans son narcissisme et, parfois, nous le nions même carrément. C'est choquant de voir à quel point une des qualités que nous apprécions le plus en nous n'est en fait qu'une façade, un faux. Nous croyons agir pour les autres alors que nous ne savons même pas les écouter et les reconnaître pour ce qu'ils sont. Tout ce que nous faisons pour eux, c'est uniquement pour l'image que nous avons d'eux et de nous-mêmes et cette image est parfois très loin de leur réalité.

Le choc de cette révélation est violent. Pour l'éviter, le «faux-altruiste» nie le plus longtemps possible la réalité.

Mais reprenons le point de vue de l'assisté. En face de l'assurance du «faux-altruiste», l'assisté exprime difficilement ses craintes, ses doutes, ses propres rêves, ses désirs et ses solutions. Il se sent victime face à un sauveur bienveillant qu'il a peur de perdre. Pour éviter que son bienfaiteur ne se fâche, ou ne prenne des distances, il sent intuitivement, même si les mots disent le contraire, qu'il doit adopter la proposition qui lui est faite avec empressement, enthousiasme et reconnaissance. Tant pis si elle est loin d'être satisfaisante pour lui. C'est à prendre ou à laisser. S'il a peur d'être renvoyé là d'où il vient, s'il n'a pas la force de se retrouver seul, s'il s'accroche à «l'amour» qui lui est enfin donné... il se laisse prendre en charge. La peur d'être abandonné et de se retrouver seul détruit le peu de confiance qui lui restait : il doute de lui. La mort dans l'âme, il s'exécute et fait le minimum nécessaire pour préserver la relation. L'autre est tellement gentil, comment pourrait-il faire autrement ?

Pour comprendre la position de la personne que nous aidons malgré elle, rappelons-nous ce que nous vivons en pareilles circonstances. Tous, nous avons déjà sans doute vécu cette obligation d'accepter une aide ou un cadeau qui ne nous convenait pas, pire, qui nous nuisait. Dans une telle situation, la colère gronde au fond de nous, même si nous n'en sommes pas toujours vraiment conscients, et si elle s'exprime de manière détournée. Quand nous avons accepté quelque chose à contre cœur, est-ce vraiment un concours de circonstances et la malchance qui font que des tas d'ennuis nous arrivent, que nous arrivons en retard, que nous nous sentons plus mal, que nous devenons maladroits, que nous nous blessons... ? N'est-ce pas plutôt une manière de saborder ce qui nous est offert quand cela ne nous convient pas ?

Un aidant enthousiaste et convaincu de savoir ce qui est bon pour l'autre et ce qu'il devrait faire pour aller mieux, un « aidé » de plus en plus maladroit et coupé de ses désirs, la boucle est bouclée. Le cercle infernal est installé. Pour l'un, comme pour l'autre, il sera de plus en plus difficile d'en sortir. La violence se développe de part et d'autre, la colère grandit chez l'un comme chez l'autre. Les désaccords, toujours inacceptables, tournent en disputes, parfois très violentes. Les pressions mutuelles se renforcent : l'un veut se sentir aimé et respecté tel qu'il est dans sa différence, l'autre veut être reconnu dans sa grande bonté et être aimé pour ce qu'il fait. C'est la descente aux enfers.

Le « faux-altruiste » est désireux de garder son idéal et une bonne image de lui, mais il est souvent amené à constater que la solution qu'il a apportée, et que l'autre a adoptée, n'a pas les effets escomptés. Par exemple, l'alcoolique qui a fait la cure demandée rechute ; l'enfant qui a recopié plusieurs fois le texte de la dictée a toujours zéro... Devant de tels résultats, le « faux-altruiste » réfléchit seul à ce qu'il pourrait bien faire d'autre, de nouveau, sans écouter ni observer ceux qu'il aide. Il n'entend que ce qu'il veut bien. Si ce n'était pas « la bonne » solution, il doit bien y en avoir d'autres. Il en trouve d'ailleurs une aussitôt. La « victime » n'a de nouveau pas le choix. Elle doit s'exécuter, sinon elle risque de perdre un soutien dont elle a de plus en plus besoin puisqu'elle se sent de moins en moins capable de gérer ses problèmes seule et qu'elle perd de plus en plus le contact avec elle-même.

Le « faux-altruiste » entre dans un engrenage où ce qu'il fait n'est jamais assez. Tant qu'il refuse de s'avouer impuissant à rendre l'autre heureux et à le sortir de son pétrin, la situation se dégrade. L'assisté, qui a renoncé depuis longtemps à exprimer ses désirs, donne l'apparence de faire de son mieux mais, concrètement, il s'enfonce de plus en plus.

Si les choses ne vont pas mieux, le « faux-altruiste » se sent responsable : c'est qu'il n'a pas fait assez ou qu'il n'a pas trouvé ce qui n'allait pas. Insidieusement, il va tolérer de plus en plus de choses qui lui semblaient intolérables. Puisqu'il faut aimer plus, certains participent à des affaires louches et agissent comme ils ne l'auraient jamais fait seuls. « Par amour », ils mentent aux autres, à leurs proches, ils cachent les méfaits, les vols, les combines malhonnêtes, les agressions de leur collègue, de leur conjoint ou de leur enfant. Ils en sont même parfois les complices actifs tout en continuant à espérer que leur compréhension et leurs discours tireront définitivement leur protégé du bourbier dans lequel ils se débattent. Ce n'est évidemment pas ce qui se passe. Leur protégé, au contraire, se complaît parfois dans cette situation et teste jusqu'où il est « aimé ». Pourquoi renoncerait-il à un comportement dont il subit de moins en moins les effets négatifs secondaires ?

Dans ses moments de lucidité, le « faux-altruiste » est bien obligé d'admettre que la situation empire. C'est sans doute une des expériences les plus douloureuses qu'il ait à vivre. C'est tellement douloureux, qu'il préfère fuir la réalité le plus longtemps possible en s'acharnant à trouver d'autres solutions ou en acceptant de dépasser de nouvelles limites. Quand on a tant donné, ce serait dommage de s'arrêter alors qu'on voit le bout du tunnel ! Pour se donner du courage il s'accroche à des « pensées positives », à des doctrines ou à des héros qui ont sacrifié leur vie. Il fait un dernier effort qui sera suivi d'un autre dernier effort... C'est toujours la dernière fois.

Emilie est la compagne d'un trafiquant de drogue violent. Il participe à des règlements de compte armés et elle est au courant de tout ce qu'il fait. Elle continue à l'accueillir, à le raisonner, à cacher la vérité. Elle espère qu'il va changer. En attendant, pour fuir le stress d'une telle situation, elle interprète ce qu'elle vit avec des propos délirants. Ses lectures ésotériques l'y encouragent. Elle s'identifie à la Vierge. Il lui semble que, comme elle, elle accompagne l'être qu'elle aime sur le chemin de croix. Elle prie et attend le miracle de l'amour. Elle a la certitude que ce n'est pas le moment de s'arrêter, que le temps vient où elle va mettre son bien aimé au monde pour la deuxième fois, et que, comme Marie, c'est du fils de Dieu qu'elle accouchera.

Des hommes, des femmes et des enfants se sont ainsi complètement démolis, psychologiquement, socialement, moralement, physiquement « par amour ».

UN POINT DE NON RETOUR

Il y a un moment où cela devient impossible d'en faire plus. Il est parfois impossible d'aller plus loin sans mettre sa vie en danger. Certains ont tellement dépassé leurs limites qu'ils ne se reconnaissent plus, qu'ils se trouvent moches et qu'ils souffrent de ne plus pouvoir se regarder en face. Ils sont honteux de ce qu'ils ont fait, de ce qu'ils sont devenus. La honte de soi est une des manières de « toucher le fond » pour le « faux-altruiste ».

Il y en a d'autres manières de toucher le fond. Lorsqu'un « faux-altruiste » voit dépérir les personnes qu'il veut aimer, lorsque ces personnes deviennent monstrueuses les unes après les autres, il s'interroge enfin : que fait-il, lui, pour que les gens qui le côtoient se détruisent de la sorte ? Quoi qu'il ait fait personnellement, la douleur d'avoir transgressé ses propres normes morales n'est rien à côté de celle de ne pas être arrivé à ses fins : il a tout donné pour soulager et rendre heureux un autre qui, lui, va de mal en pis.

La souffrance intérieure de voir les autres se faire du mal rappelle celle qu'il vivait lorsqu'enfant, il était impuissant à rendre ses parents heureux et capables de lui donner le minimum d'amour et d'affection dont il avait besoin. Cette souffrance est tellement forte que les instants de lucidité sont très brefs. Le plus souvent, il les fuit. Par exemple, dès qu'il entrevoit l'ombre d'une explication, le besoin d'aider reprend le dessus. Il est convaincu que, cette fois, c'est enfin la bonne. Il se fait le porteur de la nouvelle solution qu'il vient de découvrir. C'est comme une drogue. Comme si de rien n'était, comme s'il n'avait jamais échoué dans son entreprise, il cherche des explications, des recettes et se remet à servir d'autres personnes qu'un jour il sera amené à traiter de malades ou de fous, et qu'il cherchera alors à soigner ou à faire soigner.

Une autre façon de fuir est d'intellectualiser, de consulter un voyant, de tirer un Tarot, un Yi-King. Trouver un sens, même « magique », à ce qu'il vit lui permet de supporter la situation un peu plus longtemps. La pensée positive, les philosophies orientales et les religions viennent aussi à la rescousse de ceux qui veulent retrouver un peu de force lorsqu'ils sont à la fin du rouleau.

S'il faut reconnaître que, dans certaines conditions, tous ces supports semblent avoir permis l'épanouissement de certaines personnes, il n'en reste pas moins vrai que ces nouveaux « opium du peuple », notamment s'ils sont utilisés par les « faux-altruistes », sont de véritables poisons psychiques. Ils permettent de supporter l'insupportable... et d'endormir la souffrance au détriment d'un véritable changement.

On ne peut espérer une prise de conscience salvatrice que si, de crise en crise, la fuite devient de plus en plus difficile, et la souffrance de plus en plus intolérable.

En général, la situation s'aggrave au point de ne plus pouvoir être cachée : l'autre le trompe, ment, se drogue, boit, frappe, insulte, vole, fait de la prison... Bref, il vient un moment où ce n'est plus maîtrisable ni acceptable, d'autant plus quand le corps lui-même ne suit plus et quand la fatigue, les lourdeurs, les douleurs, l'insomnie, les problèmes digestifs et autres... érodent sa force.

« D'un seul coup, comme on appuie sur un bouton électrique, l'angoisse le glace et le plie en deux. Son corps ne répond plus, tant la douleur morale est intense. Il ne peut ni manger, ni boire, ni dormir. En quelques jours, son état s'aggrave, même aux yeux de la famille qui ne sait pourtant pas qu'une seule idée l'obsède comme une urgence : se tuer. Parfois même, il désire tuer ceux qu'il aime, pour les libérer de la vie, les soulager et continuer à les aider par un dernier cadeau. »
Cyrulnick, Sous le signe du lien.

Quand le «faux-altruiste» craque et déprime, il doit être soigné. Les médicaments peuvent guérir son humeur mais, du même coup, le traitement déstabilise la famille qui ne le reconnaît plus et se plaint qu'il s'occupe moins bien d'eux ! La prise de médicaments ne peut donc l'aider que partiellement et momentanément puisque, autour de lui, tout le pousse à continuer de vivre comme il l'a toujours fait : cela n'arrange pas nécessairement son entourage qu'il ressente moins le besoin d'aider...

Or, il s'agit, s'il veut évoluer, de revoir toute sa manière d'être et d'agir.

Pour cela, il devra acquérir une meilleure connaissance de lui-même avec l'aide de professionnels compétents, qui ont eux-mêmes clarifié leurs motivations à aider les autres ou avec le soutien d'autres «faux-altruistes» en recherche et en évolution. (Attention ! les «faux-altruistes» inconscients de leur propre fonctionnement ne peuvent qu'encourager d'autres manières de fuir.)

Quand le «faux-altruiste» souffre trop de ses comportements et de sa manière d'être avec les autres, il ne lui reste plus qu'à inventer et à tester d'autres manières d'entrer en relation. C'est dire combien le milieu est concerné. Le plus souvent, l'entourage résiste au changement, évidemment, et les bonnes intentions tombent rapidement à l'eau. Une thérapie familiale est souvent nécessaire pour éviter les ruptures.

Lorsque le «faux-altruiste» «craque», il perd ce qu'il estime le plus en lui : son incroyable force, cette force qui a tant épaté ceux qui «ne savaient pas le suivre». Il se retrouve totalement confronté à sa faiblesse, à ses limites, à son humanité, au fond, car c'est bien là l'enjeu : il doit finir par admettre qu'il n'est pas dieu et qu'il n'a pas tout pouvoir, qu'il ne peut pas tout contrôler, et qu'il ne sait pas rendre les autres heureux contre leur gré. Lui qui avait horreur des «mous» et de la médiocrité doit reconnaître sa propre inertie et son incompétence. Il doit apprendre à vivre en homme, avec ses qualités, mais aussi ses faiblesses, avec ses limites surtout, qu'il va devoir commencer à reconnaître, à accepter et à exprimer !

Derrière l'événement anodin qui semble l'avoir fait craquer, il y a une accumulation d'événements et d'expériences qui ont ravivé la douleur des blessures narcissiques de son enfance. Il ne peut plus les nier. Certains n'ont pas la force de les affronter, mais c'est pourtant en les nommant qu'un jour il ne devra plus les agir ni les remettre continuellement en scène dans sa propre vie.

Frédérique est une femme très dynamique et active. Elle a vécu de nombreux événements, dont des ruptures de couple et des pertes d'emploi, qui ont fini par déboucher sur une dépression, suite à laquelle elle a choisi d'arrêter de nier la réalité et de se raconter des histoires. Elle a accepté de chercher en elle ce qui n'allait pas.

Dans chacun des événements difficiles qu'elle a vécu, elle a toujours été confrontée à un moment donné à la profonde tristesse de voir des personnes qui affirment haut et fort leurs désirs et leur idéal, mais qui, concrètement, font le contraire de ce qu'elles disent. Elle s'est fait mettre à la porte d'une association pour avoir mis le doigt sur le fait qu'alors que selon les statuts, les décisions doivent être prises démocratiquement, concrètement, sur le terrain, ce sont des «petits chefs» qui contrôlent tout et qui empêchent l'information de circuler. Dans sa vie de couple, dernièrement, elle a offert à son compagnon la possibilité de commencer l'entreprise dont il rêvait depuis toujours. Il l'a conduite tout droit à la faillite.

Frédérique a trouvé le dénominateur commun de tous ses «malheurs». Rien ne lui fait plus mal que l'incohérence, qu'un programme implicite totalement opposé au programme explicite. Elle se perd lorsqu'elle doit vivre avec des personnes qui ne vivent pas leur rêve. Pour elle, c'est impensable de dire et de ne pas faire ce que l'on dit, ou de faire, et de ne pas oser dire ce que l'on fait.

Frédérique se rend compte que c'est ce contre quoi elle s'est battue toute son enfance et toute son adolescence.

Son père, pasteur, prêchait l'amour, mais, concrètement, dans sa famille, il était odieux avec sa femme et ses trois enfants. Il était totalement inconscient de leurs besoins. Il niait leur individualité. L'amour dont il rêvait et dont il parlait, il ne savait pas le vivre au quotidien. Frédérique a passé sa jeunesse à lire et à discuter avec lui. Elle cherchait comment concrètement appliquer ses beaux principes. Elle cherchait des solutions pour améliorer l'ambiance familiale et la rendre plus conforme au rêve de son père, mais continuellement, elle échouait. Elle voulait mettre en place les conditions qui, selon elle, auraient permis à son père, mais aussi à sa mère, de l'entendre et de l'aimer comme ils prétendaient tous les deux tant désirer le faire. Elle les croyait quand ils affirmaient que si les choses étaient autrement, ils pourraient enfin donner à leurs enfants ce dont ils avaient besoin. Mais elle n'est jamais parvenue à changer la situation.

Comment fait-elle pour remettre continuellement en scène ce qu'elle a vécu dans son enfance? En fait, c'est simple. Tout se joue dans le choix des lieux de travail et des compagnons. Elle s'associe à des personnes qui ont de grands principes et de beaux rêves, mais qui sont trop narcissiques pour pouvoir s'ouvrir réellement aux autres. Or, contrairement à ce qu'ils font croire, ce n'est pas parce qu'ils n'ont pas ce qu'ils désirent que les narcissiques ne savent pas aimer. Au contraire, c'est parce qu'ils ne savent pas entrer sainement en relation avec les autres et eux-mêmes qu'ils ne parviennent pas à obtenir ce qu'ils désirent. Mais Frédérique ne sait pas encore cela. Elle ne l'a jamais appris. Elle est convaincue qu'en les aidant à concrétiser leurs rêves, elle les rendra capable d'aimer et de s'ouvrir au monde et aux autres.

Dans son association, elle a apporté de bonne fois des solutions concrètes pour rendre possible l'idéal affiché. Elle n'avait pas vu, aveuglée par son passé, que ses collègues affirmaient des grands principes de démocratie sans être dérangés nullement de ne pas les mettre en pratique sur le terrain, parce qu'ils avaient d'autres buts : maintenir leur place, avoir la paix, ne pas investir trop pour se consacrer à leur famille en rentrant... Certains vivaient bien dans cette contradiction et ne s'en plaignaient pas. Frédérique a analysé la situation à travers sa propre expérience, sans ce rendre compte qu'elle était unique, et que les autres vivaient d'autres choses. Elle n'a dès lors pas compris l'agressivité, à son égard, de ceux qui prônent le changement tout en évitant soigneusement de le rendre possible.

Les hommes qu'elle rencontre sont aussi en général des rêveurs, plein d'ambition, mais qui ne savent pas se fixer un objectif et se donner les moyens de l'atteindre. Dès qu'ils s'approchent d'un but, ils abandonnent pour en poursuivre un autre. Ils sont aussi incapables que son père de la reconnaître comme une personne. Auprès d'eux, elle devient rapidement un meuble faisant partie du décor, à qui on ne demande ni l'avis, ni les idées, ni les désirs... Toute demande de sa part est mal perçue... quand elle l'est !

Par le choix même des situations, Frédérique se place dans une position où elle ne peut qu'échouer. Les défis qu'elle s'impose ne sont pas réalistes.

Frédérique va devoir apprendre à rencontrer un autre type de personnes, dans d'autres contextes. Elle va devoir renoncer au rôle auquel elle tient tant, se rendre compte de son manque d'ouverture et d'acceptation de la différence. Pour cela, elle a décidé d'observer le comportement des autres en groupe. Elle veut apprendre à s'intégrer sans dominer ni s'effacer. Elle veut trouver du plaisir dans de petites activités toutes simples et anodines et se sentir à l'aise dans les silences et le bien-être simplement partagé. Elle sait qu'elle va devoir faire le deuil de l'excitation qui l'animait et qui lui donnait la sensation de vivre pleinement lorsqu'elle cherchait à convaincre et à «convertir». C'est le moment pour elle d'apprendre à vivre, tout simplement !

Dans l'impuissance totale et la descente vers le «fond», la foi en une mère qui ne nous laissera pas mourir nous empêche souvent de prendre nous-mêmes le taureau par les cornes.

Lorsque les autres et le monde ne s'améliorent pas, lorsqu'il se sent trompé, abusé par quelqu'un qui ne veut manifestement pas s'en sortir, le «faux-altruiste» est confronté à son insuffisance, à son infériorité, à sa honte. Lorsqu'il se rend compte petit à petit qu'il s'est renié lui-même, qu'il a toléré l'intolérable, lorsqu'il est confronté à la souffrance d'être devenu tout ce qu'il s'était juré ne jamais être, il n'ose plus se regarder dans la glace. Il n'ose plus sortir. Il touche le fond, dans un profond mépris de lui-même.

Ses blessures saignent. Il a mal. Horriblement mal. Il risque de se noyer dans sa tristesse. Il risque de mourir. Il a besoin d'aide. Il a besoin de comprendre.

Ceux qui ont vécu le même désespoir que lui sont sans doute les seuls qui pourront entendre sa honte sans la ressentir eux-mêmes. Ils pourront trouver les mots qui, il faut l'espérer, pourront le sauver, les mots qui, en nommant ce qui lui fait si mal, ce qui lui fait tant horreur, l'aideront à regarder la situation en face.

C'est souvent lorsqu'on se sent enfin reconnu et accepté dans ce qu'on vit qu'on trouve en soi la force de remonter.

... POUR MIEUX REMONTER

« *"Mais qu'est-ce qui a bien pu se passer dans sa tête?" (...) Cette question indécidable finit par occuper tout l'espace mental et s'y cheville comme un parasite. (...) Elle obstrue le passage par lequel pourrait émerger l'autre? La bonne cette fois : "Pourquoi est-ce qu'il m'arrive toujours ce genre de chose?".* »

P. Traube, Plus jamais seul.

« *Confronté à un problème, je n'ai jamais de doute sur le fait que je vais trouver une solution, jamais, jamais, jamais.* »

L'art de réussir, G. Missoum, J.L. Minard.

Qu'est-ce qui peut provoquer le déclic suffisant pour qu'un «faux-altruiste» renonce à aider les autres quand il ne le fait que pour fuir la dépression et sa peur de l'abandon et de la solitude?

Seul, c'est impossible. Il faut une rencontre, juste au moment opportun, entre celui qui s'interroge «Après tout ce qu'il a fait pour les autres» et d'autres personnes qui ont fait le même chemin avant lui. Il peut s'agir d'un professionnel (psychologue, médecin...), d'un ami, d'un parent ou du conjoint, qui sont peut-être passés par là. Parfois c'est un livre qui apporte les mots juste au bon moment. Alice Miller parle d'un «témoin éclairé», de quelqu'un qui témoigne d'autre chose que ce que l'on a toujours vécu.

Pour que la rencontre débouche sur une prise de conscience et un changement, elle doit se produire juste au bon moment. Et le meilleur moment, c'est celui où le «faux-altruiste» touche le fond, quand il souffre de son impuissance à changer les autres et le monde, juste avant qu'il ne trouve le moyen de fuir sa douleur en intellectualisant, en trouvant d'autres solutions, et en se remettant à agir.

Des fonds, le «faux-altruiste» en touche beaucoup. Souvent, c'est en fuyant sa souffrance qu'il parvient à remonter suffisamment avant d'être précipité dans un nouveau fond... toujours plus profond. Plus il tombe bas, plus il a mal, et plus le temps pendant lequel il peut être réceptif à une remise en question est long. Ce n'est qu'en pleine crise et quand le « faux-altruiste » souffre qu'il peut entendre certaines choses. Quand il s'anesthésie par son altruisme ou les grandes théories qui le justifient, il est totalement sourd.

Il faut qu'il se sente honteux de ce qu'il a fait, ou qu'il soit frappé par la répétition de ses échecs, pour être capable d'entendre une interprétation de la réalité autre que celle qu'il fait habituellement. Il faut enfin qu'il soit vraiment au bout du rouleau pour que cette interprétation puisse ébranler tout son système de croyances et le reconstruire plus positivement à partir de l'acceptation de son impuissance, de la réalité et de la différence de l'autre.

Habiter son corps

Le « faux-altruiste » est coupé de ses émotions, de ses sensations, et parfois même de la conscience de son corps. Perdu dans ses théories et dans l'attention aux signes extérieurs, il en oublie ses besoins physiques.

Il n'est pas possible de sortir du « faux-altruisme » sans reprendre contact avec son corps, sans être capable de se concentrer sur ses sensations.

Faites-vous beau ou belle, ne fût-ce que pour le plaisir des yeux de l'autre, si vous ne savez pas le faire pour vous-même. Faites du sport, au moins de la marche! Si c'est difficile de ne le faire que pour vous, faites-le pour votre chien, par exemple. Offrez-vous des cours de relaxation, des séances de massage, de kiné, de sophrologie pour apprendre à être dans vos sensations. Concentrez-vous sur les informations que vous donnent vos sens, sur ce que vous entendez, ce que vous voyez, ce que vous sentez, ce que vous touchez... sans faire de commentaire ni de jugement, sans interpréter! Apprenez à vous concentrer sur ce que vous faites et sur le moment présent, sur les faits tels qu'ils sont. Dans toutes vos activités, diminuez votre agitation mentale et ouvrez votre esprit à la simple réalité de l'autre et à la différence.

Si vous n'êtes pas motivé de faire ces activités pour vous-même, sachez que c'est un très bon entraînement pour affiner votre perception des besoins des autres et pour pouvoir être totalement ouvert, sans filtre, à la réalité d'un autre.

Apprendre à se concentrer est une des premières étapes pour apprendre à aimer.

Rompre complètement toute relation perverse

« *Quant au pervers, il sait induire un sentiment de nullité narcissique, tout en déclenchant parallèlement l'appétit sensuel de son complice, que seul lui, le pervers, saura comprendre et satisfaire. Son partenaire souffrira les affres de la perte de ses valeurs les plus chères.* »
Eiguer A., La fêlure dans le miroir.

Si certaines personnes agissent en «faux-altruistes» depuis leur enfance, d'autres par contre ont adopté ce type de comportements dans une relation perverse.

Certaines personnes ont le don de nous toucher au plus profond de nous-mêmes, de réveiller une blessure narcissique. Si nous n'y prenons garde, face à elles, nous perdons confiance en nous-mêmes, nous nous coupons de notre entourage, nous ne vivons plus qu'en dépendance de l'autre, même si, par ailleurs, nous avons déjà fait preuve d'une réelle autonomie. Tous, nous sommes susceptibles de devenir le complice d'un pervers narcissique puisque tous, nous avons des blessures cachées.

« *Face à l'attaque perverse, les victimes se montrent d'abord compéhensives et essaient de s'adapter, elles comprennent ou pardonnent parce qu'elles aiment et admirent : "S'il est comme ça, c'est parce qu'il est malheureux. Je vais le rassurer, je vais le guérir". Comme par un sentiment de protection maternelle, elles considèrent qu'elles doivent l'aider car elles sont seules à le comprendre. Elles veulent remplir l'autre en lui donnant leur substance, parfois même elles se sentent investies d'une mission. Elles pensent pouvoir tout comprendre, tout pardonner, tout justifier. Persuadées qu'en parlant, elles vont trouver une solution, elles permettent aux pervers qui refusent tout dialogue de les mettre en échec de la meilleure façon qui soit. Les victimes nourrissent l'espoir que l'autre change, qu'il comprenne la souffrance qu'il inflige, qu'il regrette. Elles espèrent toujours que leurs explications ou leurs justifications lèveront les malentendus, refusant de voir que ce n'est pas parce qu'on comprend intellectuellement et affectivement qu'il faut tout supporter.* »
M.-F. Hirigoyen, Le harcèlement moral.

« *Le pervers narcissique (...) provoque des sentiments, des actes, des réactions ou, au contraire, il les inhibe. (...) "Il faudrait que vous agissiez de sorte qu'il ne reste aucun doute que vous êtes moi... et que tout ce que vous faites, dites ou éprouvez confirme que je suis le seul, moi, le plus grand et cela même au prix de votre propre disqualification".* »

« *Le complice s'offre au sujet, il se sacrifie pour lui dans un mouvement d'idolâtrie, ce n'est pas seulement qu'il l'adule verbalement, mais tout son être devient "idolâtre".* »
A. Eiguer, Le pervers narcissique et son complice.

Le meilleur moyen de nous protéger des relations perverses, c'est de respecter nos limites et de les faire respecter.

Dès que nous nous retrouvons dans une situation où, pour mille et une bonnes raisons intellectuelles, qu'elles soient issues des théories psychologiques, ésotériques ou spirituelles, nous dépassons les limites que nous nous étions fixées... il s'agit d'être vigilants. Nous sommes peut-être engagés dans une relation perverse. Il en est de même lorsque la confiance en nous-mêmes diminue, ainsi que notre cercle d'amis et le nombre de nos activités. Le plus souvent, nous sommes fermement et intimement convaincus que c'est de notre plein gré, librement, et avec plaisir, que nous nous consacrons à l'être aimé. Toutefois, si nous sommes de plus en plus fatigués, si nous nous sentons impuissants, si nous trouvons les autres et le monde de plus en plus moches... le moins que l'on puisse dire, c'est que la relation n'est pas saine. Nous sommes sans doute en train de perdre notre individualité propre et de ne pas la reconnaître à l'autre.

Le «faux-altruiste», tel que nous l'avons décrit, est souvent engagé dans une relation avec quelqu'un qui manifeste des comportements pervers. Etait-il déjà un «faux-altruiste» avant? Et l'autre était-il «pervers» avant? La question reste ouverte.

La relation avec le pervers s'inscrit au cœur d'une blessure narcissique existante, aussi petite soit-elle. Elle acerbe cette blessure et en crée d'autres, à partir de la première.

Comme chacun a été blessé, ne fût-ce que légèrement, n'importe qui peut rester bloqué dans une relation perverse. Dès que ce type de relation est engagée, nous sommes pris dans un engrenage duquel il est très difficile de sortir. Nous entrons dans un système tel que nous ressentons le besoin de venir en aide à l'autre comme vital, même si pour cela, nous devons dépasser nos propres limites et faire des choses que notre conscience personnelle ne nous aurait pas laissés faire en dehors de cette relation. Lorsque nous devenons «l'extension» d'un pervers, nous perdons tout sentiment d'identité personnelle. Nous ne savons plus qui nous sommes ni qui est l'autre. Nous agissons en «faux-altruiste».

Lorsque nous nous découvrons victime d'un pervers, la tentation est grande de le culpabiliser, de l'accuser, de s'acharner dans des procès longs et coûteux, d'attendre des excuses. Cela est non seulement inutile, mais dangereux, puisque nous continuons son jeu. Est-ce indispensable de prouver aux yeux du monde que nous sommes bons, que nous avons raison et que l'autre n'est qu'une ordure pour retrouver l'estime de nous-mêmes? Agir de la sorte, c'est risquer de nous enfermer dans un rôle de victime irresponsable.

Quel pouvoir gardons-nous sur notre propre vie si nous ne cherchons pas comment nous en sommes arrivés là? Après avoir fui la dépression dans le service rendu à l'autre, dans le dévouement et le reniement de nous-mêmes, allons-nous fuir le présent dans la recherche d'un coupable et d'une réparation ? Allons-nous sacrifier notre vie à poursuivre l'autre, à exiger de lui des excuses et des dédommagements, à nourrir des projets de vengeance ? Est-ce vraiment cela le projet de notre vie ? Est-ce vraiment là l'essentiel ? Est-ce cela qui va nous apporter la sérénité et le bonheur ? Si de « victimes » qui se fuyaient en aidant l'autre de toutes nos forces nous devenons bourreaux ou redresseurs de torts, nous nous fuyons aujourd'hui en nous acharnant à montrer à tous notre bonté et la monstruosité de celui qui en a abusé. En profondeur, rien n'a changé, nous agissons toujours avec le même besoin de contrôler l'image que les autres ont de nous, nous ne vivons pas vraiment. Nous attendons pour nous donner la permission de vivre que les autres sachent bien qui nous sommes.

Les médicaments peuvent apporter une aide momentanée à la « victime » du pervers lorsqu'elle s'est enfermée dans une telle spirale de vengeance. Mais il n'en reste pas moins que le travail psychologique doit aussi être poursuivi.

Sans nier le fait d'avoir été une victime, si nous voulons nous découvrir nous-mêmes et calmer la douleur de nos blessures narcissiques, nous devons découvrir comment nous avons été acteur dans cette relation. La victime n'a pas été qu'une victime, elle a en quelque sorte été complice. Le « pervers » n'a fait que raviver une blessure qui existait déjà.

J'entends déjà vos réactions. Comment serait-ce possible d'être à la fois la victime et le complice ? Comment pourrions-nous être acteur lorsque quelqu'un nous bat, nous agresse, nous manque de respect, nous nie ?

Bien qu'ils commencent à se répandre dans certains écrits, ce genre de propos reste difficilement acceptables pour beaucoup de personnes et n'est pas abordé dans les médias les plus populaires. Pour ne citer qu'un exemple, sur FR2, dans un « Ca se discute » consacré aux femmes battues, un homme a témoigné à visage couvert et a osé sous-entendre qu'il avait battu une de ses femmes, mais pas les autres, et qu'il y avait peut-être quelque chose dans la personnalité de sa victime qui déclenchait ce genre de comportements. Il s'est fait verbalement agresser par les femmes, puis par Jean-Luc Delarue, l'animateur qui, pour calmer ses témoins offusquées par cette intervention, a encouragé la victimisation des femmes battues. Et pourtant, le reportage sur le nouveau couple d'une de ces femmes montrait très clairement aux spectateurs avertis l'impasse dans laquelle se retrouvent celles qui sont convaincues n'être en rien responsables de ce qui leur arrive.

Choisir d'être une victime, et vouloir à tout prix se venger, ne conduit nulle part. Non par charité, ni par idéal spirituel, mais très égoïstement pour soi, il vaut mieux renoncer à cette voie de haine et de rancune. Cela n'empêche pas de dénoncer le mal et de l'appeler par son nom. Cela n'empêche pas non plus de choisir de ne pas pardonner. C'est autre chose.

Prendre sa part de responsabilités n'enlève absolument rien à celle de l'autre.

Pour lâcher prise et cesser de faire le jeu du pervers en l'attaquant dans des tribunaux où des juges non avertis se laissent parfois attendrir, il faut avoir la chance de rencontrer dans ses démarches un médecin, un psychologue, un avocat ou simplement quelqu'un qui est passé par là et qui nous explique d'abord en quoi nous avons été victimes et ensuite qui nous aide à découvrir notre propre responsabilité.

Lorsqu'un «faux-altruiste» s'ouvre aux mots qui l'éclairent sur sa responsabilité, il a sans doute très mal dans un premier temps, mais il est très vite soulagé de retrouver enfin un pouvoir sur sa vie. S'il ne peut pas contrôler la vie des autres, il peut tout au moins contrôler la sienne. Lui qui voulait tout contrôler à l'extérieur a maintenant des choses à contrôler à l'intérieur de lui-même. S'il accepte son impuissance à changer les autres, il trouve sa puissance à se changer lui-même. Il ne doit plus attendre que les choses soient autrement, il peut vivre dès à présent. S'il est conscient de ce qu'il a fait, ou de ce qu'il n'a pas fait, pour se laisser parasiter par un autre, il peut choisir une autre manière d'être en relation à l'avenir. Il s'engage sur le chemin long, mais passionnant, de la connaissance de lui-même.

ACCEPTER DE N'ÊTRE PAS TOUT-PUISSANT

Le «faux-altruiste» soigne les autres ou leur conseille de se faire soigner. Lui va bien, puisqu'il n'a besoin de rien, et qu'il sera heureux quand les autres le seront ou quand les autres changeront de comportement. Ce n'est pas lui, ce sont les autres qui ont des problèmes. Alors, lui en cause? Mais ce n'est pas possible voyons! La résistance est forte. Il faut vraiment la répétition de plusieurs concours de circonstances pour que des rencontres, des paroles, des événements fassent germer et entretiennent le doute en lui que quelque chose ne va pas dans sa manière d'être en relation.

Et qu'est-ce qui ne va pas? Il veut aimer les autres, mais il ne les respecte pas... et il ne se respecte pas.

Si le «faux-altruiste» ne renonce pas à être tout-puissant et omniscient et à savoir mieux que les autres ce qui est bon pour eux, dès qu'il trouve de nouvelles solutions ou de nouvelles théories, il risque de s'illusionner et de fuir comme il l'a toujours fait en fonctionnant quelques mois, quelques années même, dans un nouvel équilibre précaire avant de retoucher le fond... plus bas que ce qu'il n'a jamais été.

Par contre, s'il accepte que son altruisme est une forme de dépendance aux autres, s'il reconnaît qu'il contrôle les autres pour se protéger lui-même de la dépression et des désillusions sur lui-même, il devient vigilant et il reste attentif à ses motivations profondes. S'il surveille ses pensées et ses actes, dès qu'il accepte totalement de n'être pas tout puissant, il découvre des relations saines et des moments de grand bonheur plus forts que ceux qu'il a vécus jusque-là. Pour cela, il devra sans doute se faire aider et il devra, au minimum, avoir assez de discipline personnelle pour se nourrir de pensées qui l'aident à oser de nouvelles expériences et une nouvelle manière d'entrer en relation.

Je ne sais plus rien faire pour toi

Même lorsque la relation n'est pas aussi pathologique que celle du pervers et de sa victime, lorsqu'un «faux-altruiste» souffre du manque de reconnaissance «Après tout ce que il a fait pour les autres», une des choses les plus difficiles qu'il doit reconnaître, c'est qu'il ne peut rien faire pour l'autre contre l'autre.

Dans toute relation, quelle qu'elle soit, les individus sont séparés et différents les uns des autres. Ce qui ferait le bonheur de l'un ne fait pas nécessairement le bonheur de l'autre. Nous ne pouvons rien affirmer sur l'autre. Il garde toujours une part de mystère. Nous ne pouvons partager que ce que nous sommes nous, ce que nous vivons nous, nos propres rêves et projets.

Si quelqu'un prend les risques les plus fous, s'il veut se noyer, se mettre dans des situations matérielles et affectives difficiles, se faire du tort physiquement et psychologiquement... personne ne pourra l'en empêcher réellement. Nous pouvons juste retarder l'échéance du comportement destructeur, au risque aussi de le renforcer. Nous n'avons pas le pouvoir de rendre l'autre heureux ni (heureusement!) de faire de l'autre ce que nous voudrions qu'il soit. De même qu'il est impossible de donner à boire à un âne qui n'a pas soif, nous ne pouvons pas aider un autre s'il ne demande rien et s'il se trouve bien là où il est. Et même s'il demande de l'aide, il faut encore qu'il s'aide un minimum lui-même et n'attende pas tout de l'extérieur! Tout ceci nous rappelle une fois de plus qu'une des premières choses à laquelle chacun doit renoncer en quittant l'enfance, c'est à ses rêves de toute puissance. Le «faux-altruiste» doit terminer ce deuil.

Lorsque nous étions enfants, pour nous intégrer dans notre famille et vivre au mieux, ou au moins mal, nous avons trouvé des recettes et nous avons cru à leur efficacité. Tant qu'elles marchent, il n'y a aucune raison de les remettre en question. Pour y renoncer et pour faire le deuil de notre toute puissance, nous avons besoin d'être confrontés à la conséquence de nos actes et à l'inefficacité de nos stratégies habituelles.

Ce sont les heurts, les souffrances, les difficultés relationnelles qui nous amènent à accepter que certaines de nos manières d'agir et de réagir sont tout à fait puériles et dépassées. Ce sont nos frustrations et nos désillusions qui nous forcent à chercher comment nous pourrions nous comporter autrement. En général, ce n'est que contraints et forcés que nous acceptons de quitter ce que nous connaissons pour entrer dans des terres inconnues. Ce n'est que lorsque nos manières habituelles d'être ne sont plus adéquates, et qu'elles deviennent sources de souffrance, que nous acceptons de prendre le risque de les changer. Tant que leurs conséquences ne nous heurtent pas, pourquoi changerions-nous ?

Encore faut-il que notre entourage ne nous empêche pas d'être confrontés à l'inefficacité de nos manières de fonctionner en voulant nous protéger. Le plus tôt est le mieux, évidemment, et dans un milieu sain, cela se passe facilement et de manière continue.

Par contre, dans les milieux toxiques, lorsque l'enfant a été trop gravement blessé dans son narcissisme, les scénarios appris sont figés. C'est alors tellement angoissant pour lui d'agir autrement qu'il fait de ses solutions une vérité universelle en niant ce qu'elles ont de personnel et de relatif. Il accepte dès lors très difficilement que c'est sa manière de penser et d'agir, et pas celle de l'autre, qui est à la source de ses échecs et de ses plus grandes souffrances.

Tous ces propos sont de plus en plus divulgués dans les formations d'éducateurs, d'intervenants sociaux, de psychologues... Ils deviennent familiers dans bon nombre de milieux. Toutefois, entre la connaissance intellectuelle et le vécu, il y a une grande marge. Toute la difficulté résulte dans le fait que c'est à chacun de faire son propre chemin et d'être conscient de ce qui se passe en lui.

Répéter ce que d'autres ont découvert ne suffit pas, il faut l'avoir vécu soi-même. C'est pourtant une terrible tentation pour le « faux-altruiste » qui se sert des mots des autres pour définir la réalité extérieure ou intérieure qu'il ne connaît pas parce qu'il s'en est coupé.

C'est aussi un réel défi pour lui qui a une relation très difficile avec lui-même, et qui a un tel besoin d'aider et de contrôler les autres, de renoncer à transposer rapidement dans la vie des autres tout ce qu'il apprend et de se poser des questions sur lui-même.

Avant tout, le « faux-altruiste » doit d'abord prendre conscience de son besoin de réparer et de la manière dont ce besoin s'exprime. Rien ne peut empêcher ce besoin de s'exprimer tant que la personne n'est pas consciente de ce qui se passe réellement en elle. Ce n'est que lorsqu'il a une assez bonne connaissance de lui-même que celui qui est dans la position du « faux-altruiste » peut en sortir, en se « rééduquant » en quelque sorte, en réapprenant ou en apprenant pas à pas à agir avec d'autres motivations que celle de réparer un tort « fantasmatique » et une erreur qu'il n'a pas commise.

Géraldine a été battue violemment par son compagnon diabétique. La première fois, elle a vécu cet événement comme un accident imprévisible et inévitable, elle n'a pas compris ce qui a rendu son compagnon aussi violent. Elle lui a demandé ce qu'elle avait pu bien faire ou ne pas faire pour qu'il en arrive à un tel déchaînement. Elle s'est excusée de lui avoir fait mal au point d'éveiller une telle violence en lui. Par la suite, son compagnon l'a battue de plus en plus violemment et souvent. C'est un accident de voiture qui a mis fin «miraculeusement» à son enfer.

Géraldine a trouvé un nouveau compagnon. Alors qu'il semblait si différent au départ, elle a vécu la même escalade de violence.

Aujourd'hui, elle s'est réfugiée dans une maison de femmes battues et elle découvre comment elle en est arrivée là.

Géradine croit fermement qu'on ne peut rien refuser à un homme malade. Dès le début, elle a accepté des choses qui ne lui convenaient pas, parce qu'il était diabétique : un soir qu'elle avait oublié de mettre le beurre à table, il a tiré la tête toute la soirée. Quand elle devait sortir avec son amie, il disait qu'il n'était pas bien, elle restait auprès de lui... Elle se rend compte que tout ce qu'elle a accepté dès le début sans se respecter elle-même l'a conduite à être physiquement agressée. Elle apprend aujourd'hui à respecter ce qu'elle sent et à ne rien accepter qui ne lui convienne pas, même lorsque cela paraît anodin. Elle sait aussi que pour pouvoir agir de la sorte, elle doit être capable de vivre seule, pour ne plus avoir peur, lorsqu'elle affirme une de ses limites, que l'autre choisisse de vivre sans elle.

Dans le foyer où elle vit, elle expérimente le fait que ses limites sont non seulement acceptables mais aussi bénéfiques et sources d'épanouissement pour les autres. Un seul exemple parmi beaucoup d'autres : son amie lui avait demandé de l'argent à prêter pour payer la caution de son loyer. Elle avait les moyens de le faire, mais elle sentait un malaise. Elle a dépassé sa peur de perdre son amie et elle a refusé. Cette dernière a trouvé un arrangement avec un service social et a appris par la même occasion une information de la plus haute importance qu'elle n'aurait jamais reçue si Géraldine lui avait donné de l'argent. Après un moment de tension, Géraldine a retrouvé son amie heureuse, pleine d'énergie et d'enthousiasme, fière aussi d'avoir pu se débrouiller seule. En respectant son malaise, Géraldine a permis à son amie de vivre mieux et de devenir plus autonome.

Quand Géraldine se rend compte que la colère de son compagnon, ce n'est pas la sienne, que c'est à lui de la gérer et que ce n'est pas elle qui en est responsable, elle arrête de s'excuser et d'essayer de se rattraper. Elle arrête ainsi de le conforter dans son bon droit et elle ferme la porte aux abus.

Je ne peux pas changer le monde, je ne peux que me changer moi

«(...) il est un autre pouvoir (...) dont nous sous-estimons systématiquement l'importance, c'est le pouvoir que nous détenons sur notre propre changement. Or, le seul être au monde que je puisse réellement transformer... c'est moi-même. La solitude apparaît lorsque je nie la possibilité

qui est mienne de me changer moi-même et que je m'acharne, contre vents et marées, à prétendre changer l'autre. »

P. Traube, Plus jamais seul.

Un des corollaires de l'acceptation qu'on ne sait plus rien faire pour l'autre, que lui seul a le pouvoir d'être heureux ou de gâcher sa vie, c'est que nous sommes également seuls à devoir gérer la nôtre. Pour trouver la paix, le bonheur, et l'amour, nous ne pouvons pas changer les autres, ni le monde, nous ne pouvons que nous changer nous-mêmes.

Si notre comportement conduit à la démobilisation de celui avec qui nous sommes en relation, cela ne sert à rien de faire un peu plus de la même chose en espérant qu'il se reprenne en main. C'est à nous de changer de comportement. Comment ?

Certainement pas avec acharnement ou par une opération qui enlèverait totalement un noyau mauvais de notre personnalité. Rien ne sert de stresser et de lutter contre. Selon le proverbe, «chassez le naturel, il revient au galop».

Il vaut mieux ne pas chercher trop de pourquoi, mais plutôt des comment, se faire une idée positive de comment sont les relations quand elles sont saines et commencer à vivre autrement nos relations. Les comportements malsains disparaîtront d'eux-mêmes après, quand ils auront perdu toute raison d'être.

L'autre est ce qu'il est et agit comme il le fait. C'est un fait. Est-ce vraiment un problème ? N'est-ce pas plutôt moi qui refuse de le laisser maître de sa vie ? Si c'est réellement un problème, en quoi, où, quand, comment, dans quelles circonstances et pour qui est-ce un problème ? Et surtout, en quoi est-ce un problème pour moi ?

Voir en quoi le problème de l'autre est aussi un problème pour soi, c'est une démarche difficile à faire comprendre et à faire accepter du «faux-altruiste».

C'est pourtant la seule qui permet de trouver une attitude «juste». Parce qu'elle est en résonance avec notre être profond, elle est la seule qui puisse mettre l'autre en face des limites d'un être humain. Cette rencontre créera plus facilement un changement qu'une relation pervertie par les images idéales, les «il faut» et les «cela devrait».

Nous l'avons vu dans la première partie, devant la question de savoir en quoi le problème de l'autre est d'abord notre problème, notre première réaction est de nous indigner. «Comment, mais ce n'est pas moi qui ai un problème, c'est lui qui rate ses examens, c'est elle qui boit...!»

Pourtant, en cherchant honnêtement, nous constatons que le fait que notre fils rate ses examens ou que notre amie boive, c'est aussi un problème pour nous. Puisqu'on ne trouve pas la solution pour l'autre, il s'agit au moins de la chercher pour soi. Si nous renonçons d'être fascinés par les «pourquoi», si nous acceptons que, quelles qu'en soient les raisons, la situation est bien celle-là, nous arrêtons de nier ou de transformer la réalité. Nous l'acceptons telle qu'elle est. En en restant aux faits concrets, notre esprit se calme et peut se concentrer sur le comment. Le problème peut alors être mieux cerné. Comment les choses se passent-elles de cette façon ? Comment pourraient-elles se passer autrement ?

En reprenant ce que nous avons vu dans la première partie, nous examinons nos motivations profondes. Avec courage, au risque de perdre l'image que nous avions de nous-mêmes (mais si nous avons déjà touché le fond, qu'avons-nous encore à perdre ?), nous trouvons les réponses aux questions suivantes. Dans tout ce que j'ai fait, qu'est-ce que j'ai fait pour moi ? Quelles étaient mes attentes non dites ? Comment puis-je moi exprimer mes attentes, mes besoins et mes limites ? Comment puis-je trouver une solution pour moi à ce qui est un problème pour moi, en sachant que je ne sais rien faire pour les autres ?

Nul besoin de connaître les causes du problème pour trouver une solution. Si la rivière déborde régulièrement et si mes caves sont inondées, je n'ai pas besoin de savoir pourquoi la rivière déborde, mais bien comment l'eau entre dans mes caves quand elle déborde. Quand nous savons comment le problème se produit, nous savons aussi comment nous protéger.

Arrêtons de nous demander pourquoi. Pourquoi ne me fait-il pas de cadeaux ? Pourquoi n'est-elle pas plus tendre ? Pourquoi rate-t-il à l'école ? Pourquoi bat-il sa femme et ses enfants ?... A quoi bon savoir pourquoi ? Toutes ces questions paralysent et retardent indéfiniment les actions et réactions. Une seule chose est certaine, c'est que la situation est comme cela !

La seule question qui se pose est de savoir si je l'admets ou pas et comment, le cas échéant, je peux changer la situation pour qu'elle soit plus admissible pour moi. Qu'est-ce que moi je fais pour me respecter devant une personne qui agit de la sorte ? Qu'est-ce que j'ai besoin de dire ou de faire pour être bien avec moi-même devant un homme qui bat les siens, devant un enfant qui n'étudie pas, devant mon conjoint qui n'est pas affectueux... ?

Si j'attends pour réaliser mes projets, pour me sentir bien, voire même pour vivre que les autres changent ou si je veux d'abord comprendre pourquoi ils agissent de la sorte, je me paralyse, et j'accumule de la colère qui tôt ou tard finit par sortir et fait des dégâts, sur moi et sur mes proches. Pire ! Je manipule mon entourage, je leur envoie des messages contradictoires ou dévalorisants. Donc, si je m'acharne à les changer, la situation ne peut que se détériorer.

Par contre, si, au lieu de les voir comme de pauvres victimes qu'il faut secourir, je les considère comme des personnes capables de choisir le meilleur pour elles-mêmes, même si ce meilleur semble mauvais à mes yeux, si je sais que c'est dans les échecs et la souffrance que l'on fait les progrès les plus spectaculaires, si j'accepte de ne pas être tout-puissant au point de pouvoir éviter à l'autre la souffrance qui lui sera salutaire, la nature de nos relations change. Je m'exprime et j'agis autrement, plus spontanément. Non en fonction de théories ou d'images idéales, non avec de longs discours. J'affirme mes limites simplement en quelques mots concrets et précis et je donne la possibilité à l'autre de se positionner devant un être humain unique qui a ses limites propres, non plus devant un saint ou un demi-dieu omniscient, omnipotent, désincarné et coupé de ses émotions.

Reste à dépasser non seulement le poids des traditions et des tabous mais, surtout, la fidélité à nos promesses d'enfance ! La souffrance vécue dans chacune de nos rechutes et de nos désillusions nous y aide. C'est le trésor que l'on trouve quand on touche le fond.

Plus rien n'est pareil après. Nous n'avons plus la même force. Certes, c'est difficile d'accepter au début de ne plus savoir faire tout ce que nous faisions avant, mais c'est un cadeau aussi. Sans la force de notre violence intérieure, de notre révolte, il nous est impossible de dépasser certaines limites.

En effet, lorsque nous acceptons quelque chose d'inacceptable, une grande fatigue ou certaines douleurs physiques, que nous connaissons bien, rappellent que nous sommes en train de nous trahir nous-mêmes et de retomber dans nos vieux pièges. Il suffit alors de réfléchir pour trouver comment nous avons une fois encore manqué de respect, non seulement à nous-mêmes, mais aussi aux autres. Sans cette force surhumaine qui autrefois nous animait et nous dopait, nous décelons enfin les signes qui nous avertissent quand nous nous remettons à en faire trop.

Ma puissance est dans l'acceptation de mon impuissance !

« En nous efforçant d'atteindre l'inaccessible, nous rendons impossible ce qui serait réalisable. »

Watzlawick.

Il est essentiel d'apprendre à accepter et à respecter nos limites : nous ne sommes que des hommes, pas des saints ni des dieux. Nous le répétons : il est urgent, seuls face à nous-mêmes, ou accompagnés, de faire le deuil de notre toute-puissance pour, enfin, mûrir dans nos relations et grandir dans notre humanité.

Au lieu de chercher à comprendre qui est l'autre et pourquoi il en est là où il est, au lieu de nous demander continuellement si l'autre est normal ou pas, et de chercher ce qu'il devrait changer en lui pour aller mieux, et comment nous pourrions l'aider à cette transformation, concentrons-nous sur nous-mêmes. Qui suis-je moi ? Quel est ce besoin d'aider et d'intervenir qui me tenaille ? Où trouve-t-il sa racine ? Quand et comment s'exprime-t-il ? Comment puis-je moi-même dépasser mes peurs de faire mal aux autres ? Mes peurs de me retrouver seul ? Comment puis-je me libérer de mon besoin de contrôler les autres ? Comment puis-je évoluer vers plus de respect des autres, et de leurs différences, et sortir de ma tendance au « paternalisme » ?

Gardons toujours à l'esprit cependant, quand nous nous adonnons aux plaisirs intellectuels, que l'intellectualisation est un de nos mécanismes de défense. Assurons-nous donc qu'en essayant de comprendre, nous ne sommes pas en train de fuir la réalité ou d'éviter de mettre une limite, de reporter l'affirmation de notre identité. Assurons-nous que nous n'étouffons pas nos émotions. La compréhension de soi et de l'autre ne doit jamais, par exemple, empêcher de refuser clairement et fermement ce qui ne nous convient pas, ni de demander ce que nous désirons, et cela sans devoir nous justifier autrement que par le fait que nous sommes des individus uniques et riches de nos différences. Arrêtons d'utiliser des théories pour nous justifier ou justifier des comportements chez l'autre, et nous bloquer dans la recherche de solutions.

Utilisons nos recherches intellectuelles pour choisir des expériences que nous désirons vivre et pour décider de les vivre. Chacun de nous a évolué plus facilement dans certains domaines que dans d'autres. Chacun est resté bloqué affectivement à telle ou telle étape de son développement. Connaître la suite possible de manière théorique permet d'interpréter son vécu, de se « situer sur une carte » et de se créer un chemin pour atteindre son but.

Par exemple, savoir que l'enfant est confronté à la question de sa puissance et de son impuissance nous éclaire. Quand nous savons qu'un jour il doit faire le deuil de sa toute-puissance, nous nous rappelons que nous ne pouvons pas tout pour les autres et le monde. Si les autres vont très bien ou mal, très mal, ce n'est pas nous qui en sommes responsables.

Quand nous constatons que nous régressons au stade où nous croyons que nous pouvons tout pour nos proches, le meilleur mais aussi le pire, autrement dit, lorsque, comme un petit enfant, nous croyons que nous sommes responsables de tout ce que les autres vivent, c'est le moment de nous raisonner, de surveiller nos pensées et de remplacer celles qui nous enferment dans notre toute-puissance par d'autres plus constructives. Lorsque nous savons que cette façon d'interpréter la réalité n'est qu'une étape et que nous devons la dépasser, nous devenons capables de défricher pas à pas de nouvelles terres et de nouveaux chemins et de nous enrichir de nouvelles manières d'agir.

Voici un autre exemple d'une « intellectualisation » constructive. Si nous décidons d'apprendre à être plus congruent, c'est-à-dire à faire correspondre nos paroles et notre vécu intérieur, nous constatons que dès que nous avons le moindre doute sur le droit que nous avons de refuser un service, l'autre insiste et ne respecte pas nos paroles, parce qu'il entend autre chose dans notre non-verbal que ce que nous sommes en train de dire. Les réactions des autres nous obligent à continuer notre effort, à découvrir les dernières traces d'incongruence, ce qui en nous s'oppose à notre volonté consciente. Lorsque, enfin, nous y parvenons, nous découvrons l'autre sous un autre jour. Il nous étonne car il fait preuve de ressources que nous ne soupçonnions pas. Tout à coup, nous sommes mieux respectés.

ACCEPTER DE DEMANDER DE L'AIDE ET DE SE REPOSER SUR LES AUTRES

Lorsqu'il reconnaît ne pas être un dieu, le «faux-altruiste» accepte qu'il ne peut pas tout contrôler et que, seul, il n'y arrivera pas. Jusque-là, il a cru que c'était les autres qui avaient besoin de lui. Maintenant, il doit bien reconnaître que lui aussi a terriblement besoin des autres. Il doit apprendre à rencontrer des personnes en dehors d'une relation où lui se présente en parent et sauveur. Il doit enfin pouvoir oser se laisser aller et montrer sa faiblesse. Quand la tristesse émerge, il pleure. Cela ne lui est peut-être plus arrivé depuis très longtemps. Il pleure tout ce qui n'a jamais été et tout ce qui ne sera jamais.

Cette démarche n'est possible que si le «faux-altruiste» décide et même s'oblige à se couper de son passé et à marcher vers autre chose... S'il y a vraiment très longtemps qu'il est dans cette position et s'il n'a pratiquement jamais connu d'autres manières d'entrer en relation, il ne peut y parvenir que s'il est bien accompagné.

Lorsque le «faux-altruiste» se retrouve au bout du rouleau, entouré par de plus en plus de personnes qui vont de plus en plus mal, lorsqu'il a trahi sa conscience et qu'il a été complice de choses qu'il n'approuve pas et qu'il n'aurait jamais faites seul, il s'écroule. Les médicaments sont parfois la première bouée qui l'aide à ne pas sombrer définitivement dans le désespoir, mais cela ne suffit pas. Il a besoin de parler de ce qui lui arrive.

Or, le plus souvent, il se retrouve seul. Dans ce qu'il a pris pour du dévouement, il s'est totalement consacré à la personne dans le besoin, et il s'est coupé de ses proches et de la plupart de ses activités. Il n'a probablement jamais parlé de ce qu'il vivait, il en avait honte, et il avait peur que les autres ne le comprennent pas.

Aujourd'hui, face à ce véritable cauchemar, il commence à parler et à accepter que des personnes dont il reconnaît l'autorité l'aident. Le choix des personnes en qui il fera confiance mérite le plus grand soin. Ce ne sont pas nécessairement les premières venues qui l'aideront le mieux.

C'est important que les personnes qu'il choisit comme confidentes connaissent ce qu'il vit, qu'elles soient même passées par là, qu'elles sachent ce que c'est que de «déprimer» et qu'elles aient dépassé le besoin d'aider et de sauver. Ce n'est qu'à ces conditions qu'elles seront capables de le respecter dans ses choix et dans ce qu'il vit.

« Mon Dieu, donnez-moi la Sérénité, d'accepter les choses que je ne puis changer, le Courage de changer les choses que je peux, et la Sagesse d'en connaître la différence. »
Prière de la Sérénité des Alcooliques Anonymes.

Il existe de plus en plus de groupes de soutien qui permettent à leurs membres de s'aider mutuellement. Je ne développerai pas le fonctionnement de ces groupes ici, ce serait trop long et d'autres l'ont fait.

Robin Norwood, par exemple, explique le fonctionnement de groupes pour «Ces femmes qui aiment trop», sur le modèle des groupes des «Alcooliques Anonymes». Guy Corneau anime des groupes pour les «Fils manqués». Il y a aussi les «Emotifs Anonymes». Et vous en connaissez sans doute d'autres. Dans la plupart de ces groupes, le principe de base est le même que celui des «Alcooliques anonymes». Il faut d'abord accepter qu'on ne peut tout contrôler, notamment en s'en remettant à une puissance supérieure.

L'avantage d'un groupe, c'est que si un des membres reprend son ancien comportement sous une autre forme, par exemple, s'il s'acharne à vouloir prouver qu'il a raison pour contrôler l'image que son entourage se fait de lui, il y a bien un des autres membres qui s'en apercevra et lui fera remarquer. De même, dans un groupe, le côté illusoire de certains changements spectaculaires est rapidement dénoncé.

Le «faux-altruiste» qui se connaît et sait que son besoin d'aider est une drogue trouve du soutien auprès de ceux qui sont passés par là. Il fait confiance à leur avis éclairé. De plus, en aidant lui-même des personnes à se libérer de leur compulsion à aider, il est aussi plus attentif à ce qu'il vit. C'est pour cela qu'un groupe de soutien est sans doute ce qui aide le mieux. (Attention ! Un groupe sans «gourou», ni chef, ni «faux-altruiste» convaincu de savoir.)

Des livres peuvent être lus et discutés ensemble. Ils apportent une parole qui vient d'ailleurs et ils remettent en question les systèmes de croyances pré-établis qui justifient le «faux-altruisme». Ce type de partage aide à être plus conscient de ce que l'on vit et à développer l'affirmation de soi. Il évite au groupe de tourner trop vite en rond. Il réunit le groupe autour d'un objectif commun et organise les réunions autour de thèmes.

AVOIR UNE FOI

« *La foi rationnelle est une conviction qui s'enracine dans notre propre expérience de pensée et de sentiment ; elle n'est pas d'abord une croyance en quelque chose, mais la qualité de certitude et de fermeté qui marque nos convictions. En ce sens, plutôt qu'une croyance spécifique, la foi est un trait de caractère qui anime la personnalité entière.* »
« *(...) la foi d'une mère envers son nouveau-né : qu'il vivra, grandira, marchera et parlera (...) La présence de cette foi différencie l'éducation de la manipulation. Eduquer, c'est aider l'enfant à épanouir ses potentialités. Par contre, manipuler, c'est ne pas avoir foi dans la croissance des potentialités, mais s'inspirer de la conviction qu'un enfant ne sera sain que si les adultes déposent en lui ce qui est désirable et extirpent ce qui semble indésirable. Point n'est besoin de croire en un robot : en lui aussi, la vie est absente.* »

E. Fromm, L'art d'aimer.

L'abandon de la position du « faux-altruiste » est plus facile si nous croyons en un avenir meilleur et en une force qui nous dépasse et qui nous guide. Cette force est divine pour certains. Pour d'autres, c'est la force de la vie ou de notre inconscient, c'est aussi la force de notre moi qui, en se développant, nous donne la sécurité intérieure et le sentiment d'être unique et inaltérable.

L'essentiel de la démarche, c'est d'accepter que nous n'avons pas le contrôle total sur nous, et encore moins sur les autres, mais que, même si nous lâchons tout, le monde continue de tourner sans catastrophe.

Nous ne sommes pas dieu. Laissons la responsabilité du monde et des autres à la Vie, à l'Amour, à l'Univers, à l'Autre, à notre inconscient... et à celui des autres... bref, à ce qui nous dépasse et que nous ne savons pas nommer ni contrôler. Les exercices de relaxation ou de sophrologie, ainsi que des moments de solitude librement choisis, nous permettent de développer cette foi.

Attention, toutefois, de ne pas tomber de Charydbe en Scylla. De nombreux courants ésotériques nous incitent à une foi qui n'a rien à voir avec ce dont je viens de parler, la foi en un destin tout tracé, déterminé quoi que nous fassions. Comme nous l'avons déjà dit, certaines croyances nous enchaînent plus qu'elles ne nous libèrent, en renforçant le manque d'estime de nous-mêmes et la non-acceptation de notre humanité.

« *Car l'homme n'est jamais si parfaitement intégré que lorsqu'il atteint le point de non-retour "tel qu'en lui-même enfin, l'éternité le change". Le moi dit "intégré", comme le montre d'ailleurs l'expérimentation, est celui qui vit dans la plus grande proximité de l'idée de la mort, laquelle vaut comme métaphore du maître absolu.* »

P. Lekeuche, Dialectique des pulsions.

Faisons grandir la foi en nous-mêmes. Au-delà des apparences, et de ce que les autres pensent de nous, reconnaissons que, quoi qu'il arrive, nous restons nous-mêmes. Demain, nous agirons dans la continuité d'aujourd'hui. Passionnons-nous pour la découverte de ce noyau ferme et inaltérable qui, en nous, reste lui-même, quoi qu'il arrive.

C'est à chacun de trouver les mots pour exprimer sa foi, sa manière de s'en remettre à un « Autre » et d'accepter l'aventure de la vie et de la rencontre avec les autres en renonçant de tout contrôler.

Maryse a quarante ans. Elle est « femme de ménage » depuis 20 ans, ce qui ne correspond en rien à ses compétences ni aux diplômes qu'elle a obtenus.

Suite à une thérapie, Maryse comprend mieux qui elle est ; elle ose aller à la recherche de ses motivations profondes et elle a trouvé d'autres moyens de vivre ses peurs que de fuir dans l'activisme ou le dévouement aux autres.

Afin de l'aider à assumer son passé, de renforcer son narcissisme blessé, et de lui permettre de voir la réalité des faits de sa vie sans trop s'en vouloir, sa thérapeute a construit avec elle un système de croyances, enraciné dans la réinterprétation de ses expériences. En voici la synthèse : tout ce qui arrive a un sens ; chacun a une place quelque part, même s'il faut longtemps pour la trouver ; une porte qui se ferme, c'est pour que d'autres puissent s'ouvrir. Cette foi lui permet, avec l'aide de sa thérapeute, d'évaluer autrement les événements. C'est ainsi que, dernièrement, suite à une demande d'emploi non satisfaite, elle a cherché quelles étaient les autres portes qu'elle pourrait ouvrir. Elle s'est également demandée comment elle pourrait améliorer la qualité de son CV ou des entretiens à l'avenir, et elle s'est inscrite à une formation. Elle est également consciente de tout ce qu'elle a appris de nouveau dans cette situation qui, sans sa foi, aurait été particulièrement blessante.

DE L'ILLUSION DE SAVOIR AU DÉSIR D'APPRENDRE

Si nous sommes convaincus de détenir la vérité, c'est difficile de remettre en cause notre vision des choses. Nous avons chacun construit notre vérité en nous servant de ce que nos parents et d'autres adultes nous ont inculqué, ainsi que des expériences que nous avons faites personnellement.

Les blessés narcissiques, je l'ai expliqué dans le premier chapitre, s'accrochent à leur vérité, aux mots qui leur permettent de compenser leur difficulté à ressentir. Ils se sont coupés de leurs désirs, de leurs besoins, et de toute l'excitation interne qu'ils ont été incapables de gérer. Les mots sont devenus leur moteur. Ils soutiennent leur idéal, ce vers quoi ils vont, ce pour quoi ils se battent. Si ces mots perdaient leur sens, leur vie du même coup perdrait le sien.

Le « faux-altruiste » se sent menacé par ceux qui pensent et agissent autrement que lui. Tout à coup, ce qu'il croyait être « LA » vérité n'est plus qu'une vérité parmi d'autres. Pour éviter d'être confronté à cette réalité, il nie les évidences, et il utilise la menace, parfois même le chantage, l'incantation, ou la force, pour convaincre l'autre et le faire adhérer à ses pensées et à sa vision de la réalité.

Son but est d'instaurer l'ordre, avec sa propre vérité, pour que plus rien autour de lui ne vienne réveiller ses monstres et ses démons, pour que plus rien ne vienne le faire douter... Il s'agit dès lors de faire évoluer les autres pour les forcer à lui laisser l'illusion de ses mots.

Lorsque suite à un événement, une rencontre ou une lecture, il ne peut plus se cacher la vérité, à savoir que sa vérité n'est pas universellement vraie et qu'il y a donc d'autres points de vue aussi valables que les siens, la souffrance est difficilement supportable, surtout si sa vérité était profondément et précocement ancrée.

> Micheline a survécu dans son enfance en s'accrochant à l'idée que son papa pourrait changer, qu'il allait changer, qu'il allait comprendre, qu'il allait tenir compte d'elle. Elle s'est habituée à répondre à ses désirs à lui et elle a eu la force de faire attendre ses désirs à elle, parce qu'elle était certaine qu'il était en train de changer, que cela allait mieux, et donc qu'il finirait par comprendre. Son père s'est enfoncé dans l'alcoolisme.
>
> Elle a quitté la maison très jeune, pour suivre l'homme dont elle était passionnément amoureuse. Depuis, elle a vécu avec plusieurs compagnons. Chez tous ceux dont elle s'est éperdument éprise, il y avait quelque chose à changer. L'un était alcoolique, l'autre investissait son salaire et même au-delà dans les jeux, le troisième consommait et vendait de la drogue. Avec chacun d'eux, elle a cru pendant des mois et des années qu'ils allaient changer et comprendre et, pendant ce temps, elle étouffait toute la vie en elle et elle se mettait carrément entre parenthèse. Au bout du compte, elle a toujours fini par devoir décider de les quitter. Pour elle, l'essentiel, c'est l'autre, le couple, la passion, mais cela devient vite insupportable et s'arrête toujours pour une nouvelle passion.
>
> Chaque fois, lorsque la situation commence à se dégrader, elle vit une souffrance physique atroce, des mois de pleurs, de faux départs et de rechutes «peut-être qu'il va comprendre, maintenant»...
>
> Aujourd'hui, elle commence à accepter que seules les personnes qui le désirent très fort, au plus profond d'elles-mêmes, changent et qu'il n'y a donc pas à attendre. Soit elle est capable de vivre dans la relation telle qu'elle est, elle peut y exprimer ses désirs et ses besoins et évoluer en relation avec l'autre, soit elle ne peut pas vivre avec de telles personnages, et alors, ce n'est pas la peine de s'y engager ni d'attendre un changement.
>
> Cette prise de conscience et cette acceptation provoquent un terrible vide à l'intérieur d'elle. Comment vit-on quand on ne doit plus attendre un autre pour vivre ses désirs profonds ? Elle pourrait enfin se mettre à vivre pour elle, mais elle ne l'a jamais fait. Elle lit juste dans les livres que cela se fait et que c'est un chemin de guérison. En elle, elle ne sent qu'un énorme trou noir, un vide géant et glacial... Si elle n'a plus rien à attendre des autres, elle ne sait pas vivre. Mais au fond, n'est-ce pas aussi parce qu'elle ne sait pas vivre qu'elle tombe amoureuse d'hommes qui ne lui conviennent pas et desquels elle attend l'impossible ?

Une des vérités que nous avons du mal de lâcher est celle qui concerne les idées que nous nous faisons sur les autres, et sur ce qui serait bon pour eux. Combien de professeurs, d'intervenants sociaux, de psychologues, de thérapeutes et d'autres s'imaginent savoir ce que l'autre devrait faire !

Il est très difficile, impossible pour certains qui s'aveuglent, de se rendre compte, après avoir soutenu, encouragé et aidé quelqu'un à poursuivre une voie, que ce n'était pas le meilleur qu'il ait à vivre. Pour le «faux-altruiste», c'est parfois un soulagement, mais plus souvent une claque en pleine figure, de se rendre compte qu'en laissant tomber quelqu'un après de longs mois de «tortures» réciproques, il lui a permis de découvrir des choses qu'il n'aurait pas pu découvrir avec lui et que, au-delà de la première souffrance, cette découverte a transformé positivement sa vie. Ce sont ces moments-là qui, petit à petit, lui permettent de savoir, non seulement intellectuellement, mais aussi au plus profond de lui-même, dans ses tripes, que sa vérité n'est pas absolue ni universellement vraie.

Des convictions à contre-courant...

« Une croyance est dite limitante dès lors qu'elle génère des prédictions d'échec ou qu'elle freine les possibilités de la personne en l'empêchant d'utiliser de façon constructive les données de la situation présente. »
Kourilsky F., *Du désir au plaisir de changer.*

Le «faux-altruiste» contrôle souvent ses émotions et sa vie en intellectualisant. Il a besoin de savoir et de comprendre. Il s'accroche à des croyances qui justifient son comportement et ses colères. Pour agir autrement, il va devoir changer ses convictions, revoir ses positions.

Je vous propose d'explorer quelques affirmations qui, entendues au bon moment, amorcent un changement durable dans l'échelle de valeurs du «faux-altruiste».

Certaines personnes ne veulent pas s'en sortir

Quand un «faux-altruiste» se plaint de la non-reconnaissance de l'autre, tout en se disant que ce n'est pas possible qu'il y ait de tels égoïstes sur terre, c'est le moment de lui dire que «oui, c'est possible, puisque cela existe». Il y a des personnes dépendantes qui ne veulent pas changer, ni se prendre en main. Il y a des «Narcisses» qui meurent de trop s'admirer et que l'on ne peut pas arracher à la fascination qu'ils ont pour leur propre image. Il y a aussi les «Echo» qui, pour avoir révélé Narcisse à lui-même, sont condamnées à ne plus pouvoir que répéter les mots de celui dont elles sont tombées amoureuses. Il faut qu'elles sache que

Narcisse n'est pas capable de les aimer, ni même de les voir dans leur réalité.

Face à des personnes en souffrance, nous sommes impuissants, car personne, pas même un dieu, ne peut faire le bonheur d'un autre contre lui-même.

Tout ceci, l'enfant a normalement eu l'occasion de l'apprendre. Lorsqu'il grandit dans un milieu sain, il sait qu'il n'est pas responsable de ce que ses parents vivent. Lorsqu'il rencontre des situations dramatiques, ses parents écoutent sa tristesse sans toutefois lui laisser des illusions. Ils laissent couler ses larmes et accompagnent tous les deuils qu'il doit faire pour quitter son enfance. S'il y a eu un décès dans la famille, par exemple, il a été mis au courant, il a rendu visite au mort ou il est allé à l'enterrement, il a vu ses parents pleurer.

En regardant ses parents, l'enfant apprend à vivre la vie, la maladie, l'échec, la réussite, la mort... Il sent aussi que ses parents sont loin d'être parfaits mais qu'ils l'aiment, le respectent et le soutiennent, quoi qu'il arrive. Il peut donc vivre et explorer le monde en toute sécurité, puisque ses parents sont toujours là et qu'ils lui garantissent leur amour.

Par contre, si l'enfant a vécu dans un milieu malsain, il a gardé l'illusion que, si ses parents vivaient mal, s'ils se disputaient ou buvaient et s'ils ne savaient pas lui donner l'amour et la tendresse dont il avait besoin, c'était pour des raisons extérieures à eux. Pour être reconnu et aimé d'eux, il a cru qu'il fallait d'abord les rendre heureux. Il a essayé, avec ses croyances et ses moyens d'enfant, de changer ce qui leur causait des problèmes. Mais rien n'y a fait. Dépassés par les événements et la vie, ses parents n'ont pas été capables de l'aimer et de le respecter dans son individualité. Lui est resté convaincu que ce n'est pas de leur faute, mais de la sienne, puisqu'il n'a pas réussi dans sa mission. Il croit que si ses parents n'ont pas pu l'aimer, c'est parce que lui n'était pas assez bien ou parce qu'il n'a pas fait ce qu'il fallait faire.

Comme Frédérique, dont nous avons parlé plus haut, il devra un jour apprendre que les conclusions qu'il a tirées de son enfance sont fausses. Ses parents sont responsables de leur vie. Ce sont eux qui ont fait, ou n'ont pas fait, le choix d'une vie conforme à leurs désirs. Ce n'est pas de sa faute à lui si ses parents n'ont pas su le reconnaître et l'aimer.

Pour apprendre tout cela, il rejoue les mêmes scénarios tout au long de sa vie. Comme ses parents l'ont fait, il accuse les autres et le monde, quand il ne parvient pas à réaliser ses désirs. A l'intérieur des nouvelles situations qu'il crée, s'il veut changer réellement quelque chose, il doit revoir ses croyances passées et adopter, tester d'autres attitudes et d'autres comportements.

Pour se libérer des contraintes de son passé, il devra accepter que ce n'est pas hors de lui, mais en lui, que se trouvent les raisons pour lesquelles il est mal aujourd'hui : il est responsable de sa vie et de ses choix. Il est capable de progresser, de grandir et donc de changer. De même, les autres sont responsables de leurs choix, et il est impuissant à faire leur bonheur malgré eux. C'est à eux qu'il revient de changer, s'ils le désirent.

Je reproduis toujours la même chose

Se rendre compte qu'il répète sans cesse le même type d'expériences, et qu'il rencontre le même type de personnes, est une autre prise de conscience qui fait chavirer le système de croyances du «faux-altruiste».

N'est-il pas étonnant, par exemple, de faire décrire les hommes par les femmes lorsqu'elles disent qu'ils sont tous pareils? Comment se fait-il qu'une telle ne rencontre que des hommes fidèles esclaves du boulot, qu'une autre se laisse séduire par des hommes passifs et dépendants financièrement d'elle et qu'une troisième soit toujours trompée dès le premier jour par tous ses compagnons? Ne pourrait-on pas leur dire : «Dis-moi avec qui tu sors, je te dirai qui tu es?».

Une telle prise de conscience, accompagnée de celle que ceux qui nous entourent n'ont pas du tout la même perception des autres et du monde que nous, nous oblige à nous interroger sur nous-mêmes. Qui sommes-nous pour finir par ressentir les mêmes frustrations dans tout ce que nous entreprenons ? Que faisons-nous, que croyons-nous pour vivre ce que nous vivons comme nous le vivons ? Qu'est-ce qui nous pousse à interpréter les événements et à décrire notre vécu en donnant le sens que nous lui donnons et pas un autre ?

Certaines personnes sont incapables d'aimer

Un des moyens pour renoncer à sauver le monde, et pour arrêter de donner envers et contre tout, est de se dire qu'il y a des personnes pour lesquelles on ne peut rien faire, qu'il y a des comportements que l'on doit refuser, qu'il y a des limites à mettre.

Pour cela, il faut savoir que certaines personnes, blessées précocement dans leur narcissisme, ne savent vivre qu'en parasitant leur entourage. Elles sont très envahissantes et font de nous le prolongement d'elles-mêmes, si nous ne marquons pas très clairement nos limites. Il y a aussi des personnes trop narcissiques pour pouvoir aimer les autres. Elles n'aimeront jamais personne d'autre qu'elles-mêmes et nous n'en pouvons rien.

Dans certains cas, notamment lorsqu'il s'agit d'une relation avec un pervers, c'est quand il se rend compte du «fonctionnement» de l'autre personne et de ses motivations que le «faux-altruiste» accepte de renoncer à le sauver.

Nous l'avons déjà vu, le pervers a le don de trouver une blessure narcissique, aussi petite soit-elle, chez celui ou celle qui deviendra sa victime. Il retourne carrément le couteau dans la plaie, il réveille une douleur parfois endormie depuis longtemps et il se rend maître de sa victime. Il finit par pouvoir lui faire faire tout ce qu'il veut. Comme un parasite, il vit à ses crochets. Coupé de sa vie intérieure, le «pervers» se nourrit de celle des autres. C'est en humiliant l'autre et en l'anéantissant que le pervers se sent vivant. Lorsque le «faux-altruiste» sait cela, s'il est aidé par un professionnel ou un ami particulièrement éclairé, il renonce à espérer une relation riche et réciproque avec le pervers. Il renonce à tout ce qu'il attendait de cette relation.

Dans «Le harcèlement moral», M.-F. Hirigoyen décrit la perversion comme une maladie. Ce livre a permis à de nombreux lecteurs de comprendre ce qu'ils vivaient et de rompre une relation dans laquelle ils mouraient.

Malheureusement, s'ils en sont restés au constat d'avoir été victimes d'un malade, ils risquent fort de reproduire la même chose ailleurs et d'arriver à la conclusion que le monde est rempli de pervers. Ils risquent alors de perdre le goût d'y vivre.

Je suis un individu responsable

Il est vrai que se reconnaître victimes de «monstres» permet de faire un premier pas vers une plus grande maturité affective. Accepter de se dire qu'il y a des gens «méchants», des personnes dépendantes et perverses... c'est accepter que nous ne vivons pas dans un monde de personnes toutes identiques à nous, c'est comprendre que les autres sont autres, qu'ils ne pensent pas et n'agissent pas comme nous, qu'ils ne sont pas heureux des mêmes choses que nous et, surtout, qu'ils ne veulent pas nécessairement recevoir notre aide.

Accuser l'autre permet à certains de sortir du «nous» et de faire la différence entre le «Je» et le «Tu». Comme je l'ai déjà dit, ce n'est pas suffisant car en rester là, c'est refuser de nous considérer nous-mêmes comme un individu responsable. C'est accepter de n'être qu'un jouet dans les mains de personnes odieuses, ce qui est totalement aliénant et déprimant!

Pour faire la part des choses entre ce qui est du ressort du «Je» et ce qui est du ressort du «Tu», la question qui se pose ensuite, c'est: «Qui suis-je moi pour avoir accepté tout ce que j'ai accepté? Comment ai-je été complice dans une telle relation? Comment ai-je joué le jeu? Dans ma volonté d'aider, n'ai-je pas aussi pris l'autre pour l'extension de moi-même?».

Chacun est responsable de ses émotions, de ses relations et de sa vie

Se (re)trouver soi et mieux se connaître passe par la reconnaissance de sa responsabilité personnelle dans toute relation. Se reconnaître soi permet la séparation effective, non seulement physique, mais surtout psychologique, des deux antagonistes. « L'autre est un autre que moi. Il n'est pas moi, je ne suis pas lui. Nous avons des vues et des agir différents. » Si nous nous contentons de rejeter toute la faute sur l'autre, nous risquons de reproduire sans cesse le même type de relation et de finir par croire qu'à part nous, il n'y a que des pervers dans le monde.

Or, si nous en arrivons à ce constat que le monde et les autres sont mauvais, nous perdons nos raisons de vivre. A quoi bon vivre si nous nous retrouvons les seuls justes au milieu d'un peuple de pécheurs impénitents, alors que nous avons tant besoin des autres ? Quel sens pouvons-nous trouver à notre vie quand nous rêvons d'amour et de relations harmonieuses, mais que nous sommes entourés de personnes incapables de créer des relations saines ?

Acceptons de regarder en nous et reconnaissons notre part de responsabilité. C'est ainsi que nous retrouvons le pouvoir de changer notre vie. Tant que nous ne sommes responsables de rien, nous sommes totalement dépendants des autres, et nous ne pouvons rien faire pour améliorer notre existence, ce qui est particulièrement éprouvant et déprimant.

Nous avons peut-être jusque-là essayé de comprendre pourquoi l'autre n'arrivait pas à vivre bien. Plus les gens allaient mal autour de nous, plus nous nous informions sur leur mal-être, plus nous nous efforcions d'agir pour leur venir en aide. Cela n'a servi à rien. Les longs discours, comme la recherche des pourquoi, et la suppression des causes, n'ont pas été utiles non plus. C'est dans ce qui s'est passé dans la relation, et dans les règles implicites entre nous et les autres, que quelque chose n'a pas tourné rond. C'est donc dans la découverte du « comment cela se passe » que se trouvent les germes du changement.

Pour nous convaincre que nous ne tuons pas l'autre en lui disant « non », rappelons-nous un moment où nous-mêmes nous n'avons reçu aucune aide, où les autres nous ont laissés dans notre « merde », et où, finalement, nous nous en sommes mieux sortis que s'ils nous avaient aidés. Suite à ce retrait du soutien des autres, nous avons, par exemple, pris une décision importante pour éviter de nous retrouver à nouveau, dans l'avenir, dans une situation de ce type.

Quand nous reconnaissons que nous ne pouvons pas aider certaines personnes, nous commençons à accepter qu'elles ont une identité propre, un projet qui est le leur, et qui est différent du nôtre. Nous acceptons qu'il y a entre elles et nous un fossé que nous ne pouvons pas combler et que nous sommes chacun seul avec nous-mêmes pour choisir, décider et agir. C'est à nous de trouver, pour nous d'abord, un minimum d'harmonie et de paix dans cette vie. Alors, seulement, nous pourrons partager du bonheur avec les autres.

Dans les tensions et dans les conflits, nous nous ouvrirons petit à petit à la réalité et à la différence de l'autre. Nous découvrons ce que nous sentons, d'abord à partir de ce qui ne nous convient pas. Pour garder nos relations tout en gardant une certaine estime pour nous-mêmes, nous apprenons à dire qui nous sommes. Il ne s'agit certainement pas de faire de grands exposés : cela n'est pas utile pour faire comprendre à l'autre ses limites, que du contraire ! Nous allons devoir absolument apprendre à dire des oui et des non clairs. Pour garder notre intégrité, nous devons en effet apprendre à refuser d'aider l'autre quand, en l'aidant, nous nous trahissons nous-mêmes. Et pour obtenir ce que nous désirons, apprenons à formuler des demandes franches et directes.

Pour devenir responsables de notre vie et de nos choix, efforçons-nous de ne plus reprocher aux autres ce que nous avons nous-mêmes accepté de faire, et refusons de nous positionner en victimes. Si nous avons dit oui, assumons notre oui, et si nous n'avons pas exprimé nos attentes, pourquoi en vouloir à l'autre de ne pas les avoir devinées ? Quand nous nous sentons en colère, nous sommes responsables de cette colère. C'est nous qui choisissons de nous mettre ne colère. Ce sont nos pensées et nos interprétations qui la nourrissent. Si nous décidons de demander ce que nous attendons, et de refuser ce qui ne nous convient pas, et de ne pas ressasser continuellement sur ce que les autres devraient faire ou être idéalement, nous éviterons de telles émotions.

« Plus une personne craint l'apparition de son symptôme, plus elle cherche à l'éliminer et plus ce combat ou cette anxiété anticipatoire produit ce symptôme redouté. »
F. *Kourilsky,* Du désir au plaisir de changer.

Dit comme cela, c'est apparemment très facile. C'est peut-être même écrit dans les magazines que vous lisez. Ce sont souvent les premiers conseils que le «faux-atruiste» reçoit : «Tu n'as qu'à demander et à dire "non"». Oui, mais voilà, c'est loin d'être aussi simple qu'il n'y paraît. Nous l'avons vu dans la première partie de ce livre, refuser ou demander quelque chose est un véritable supplice pour le "faux-altruiste". Quand il ose, c'est dans l'énergie de la colère, et cela fait mal. Il va donc devoir aussi apprendre à s'affirmer de manière socialement acceptable. Cela va demander beaucoup de vigilance, de patience, de rechutes et... de temps.

Cet apprentissage est sans doute très difficile et très long. Mais ce qui est encourageant, c'est que, dès qu'il accepte son impuissance et sa responsabilité, dès qu'il reconnaît en l'autre une personne différente avec qui il doit négocier, le «faux-altruiste» découvre des moments de bonheur comme il n'en a jamais eu auparavant. Très courts au début, puis de plus en plus longs. Evidemment, puisqu'il est plus conscient de ce qu'il vit, quand il est triste, cela lui fait aussi beaucoup plus mal. Mais il est prêt à payer ce prix car il est conscient que s'il cherchait de nouveau à se couper de ces émotions-là, il perdrait aussi ses moments de joie.

Quand le «faux-altruiste» essaie de mettre ses limites, il est souvent très maladroit. Les autres, qui n'ont pas été habitués à de telles attitudes de sa part, reçoivent mal ses remarques. D'autant plus que lorsqu'il essaie de les formuler délicatement, l'agressivité passe toujours. Tant que, au fond de lui, il reste blessé par le fait d'être mis en position de devoir demander ou refuser, il ne peut qu'être agressif. Son non-verbal reproche à l'autre d'avoir osé demander quelque chose ou de n'avoir pas devancé sa propre demande. C'est un peu comme s'il sous-entendait : «Ce n'est pas possible, cela ne devrait pas aller ainsi, les choses devraient être autrement, tu devrais savoir, deviner, comprendre...».

Sa maladresse vient aussi du fait qu'il se sent obligé de justifier ses décisions. Il les entoure de longs discours explicatifs... et noie ainsi le poisson. Il n'est pas étonnant dès lors que ses décisions soient rarement écoutées et respectées. Il s'en plaint : «Même quand je dis "non", les autres font quand même ce que je ne veux pas, et ils ne me donnent pas ce que je demande». Cela ne sert à rien. Mieux vaux explorer ses croyances et trouver celles qui le font encore douter d'avoir le droit d'être un individu, un être humain autonome et responsable.

Lorsqu'il aura la permission intérieure de ne pas être omniscient et tout-puissant, son ton s'apaisera, ses «non» et ses demandes seront clairs, nets et précis. Alors seulement, il sera convainquant et il se fera respecter. Mais pour cela, il devra être totalement convaincu au plus profond de lui-même, d'abord que les autres ne sont pas comme lui, ensuite qu'il n'y a aucune raison suffisante pour accepter les choses qu'il sent viscéralement comme inacceptables pour lui et, finalement, que tout cela est bien ainsi puisque «cela est»! Un peu comme Dieu dans la genèse qui, après sa création, vit que «cela était bon».

Comme un apprenti qui apprend des gestes qu'il ne connaît pas, le «faux-altruiste» expérimente avec patience une manière d'entrer en relation qu'il n'a jamais vécue. Ce n'est qu'en dépassant sa peur du vide et de la solitude et en affrontant la dépression qui languit au fond de lui qu'il pourra renoncer à son désir continuel de venir en aide aux autres et qu'il parviendra un jour à entretenir des relations saines. Il trouve une oreille attentive et des encouragements chez son thérapeute ou dans un groupe de soutien.

Le «faux-altruiste» doit se rendre compte que sa peur d'être rejeté est dépassée. Elle avait certainement une raison d'être dans le contexte de son enfance. Il peut aujourd'hui choisir des milieux où l'on peut demander et dire «non», sans blesser l'autre et sans être rejeté. Quand le «faux-altruiste » renonce enfin à tout contrôler, il découvre alors des relations humaines plus franches et plus agréables et il est agréablement surpris de voir que son besoin d'être aimé n'est pas moins satisfait qu'avec son ancien comportement. Que du contraire !

Des paroles qui aident...

Pour se guérir de notre « faux-altruisme », un des remèdes les plus efficaces, c'est de nous répéter continuellement les paroles que nous avons besoin d'entendre et qui nous nourrissent, par exemple :

« Je ne suis pas parfait, mais j'évolue sans cesse et je suis capable de tirer les leçons de mes expériences et de grandir. En tant qu'être unique, je peux trouver inacceptable pour moi ce qui serait accepté par tout le monde ou ce que les médias montreraient comme un comportement normal, faisant partie de la norme. Je peux, en tant qu'individu, me situer en dehors de la norme. Si l'autre n'accepte pas mes limites, la relation s'arrête, mais je garde mon intégrité. Si, pour éviter de me retrouver seule, je dépasse ma limite, j'entre de toute façon dans une relation malsaine qui va se détériorer et dans laquelle je me perds moi-même. J'aurai de plus en plus de mal à vivre. Je préfère donc vivre seul que mal accompagné... »

C'est à chacun de créer son texte au fur et à mesure de ce qu'il apprend, à partir de ce qui le touche directement dans ses émotions. Ce texte, il pourra le relire chaque jour, plusieurs fois par jour, quand il se sentira fragile. Il pourra le compléter quand il aura de nouvelles choses à expérimenter.

On trouve aussi des recueils de pensées dans certains groupes de soutien ou dans le commerce. Il y en a pour tous les goûts, tous les genres. Il faut seulement veiller à ce que les textes invitent à l'autonomie, à la responsabilisation, à la prise de décision, à l'acceptation de la réalité, à la reconnaissance de l'Autre. Ce n'est pas toujours le cas. Des textes renforcent nos illusions de toute puissance. Ils endorment et invitent à supporter toujours plus. Ces textes permettent au « faux-altruiste » de se fuir plus longtemps. Il faut donc les éviter. Soyons vigilants dans le choix de nos lectures.

Rien ne sert de faire une bibliographie standard. Pour que des textes apportent un soutien réel et contribuent à la « guérison », ils doivent arriver au bon moment. Il faut que le lecteur soit dans un certain état d'esprit. Un livre très parlant pour une personne à un moment donné ne lui dira peut-être plus rien plus tard, et ne dit pas nécessairement quelque chose à quelqu'un d'autre.

Si le lecteur attend plus qu'une information, s'il espère changer en profondeur, il est important qu'il lise pour lui, avec l'intention de se découvrir, d'oser se regarder tel qu'il est. Il doit accepter de se laisser interpeller et émouvoir.

Le bon livre, c'est aussi celui que l'on trouve «par hasard» et qui tombe juste au bon moment parce qu'il apporte les mots que l'on avait besoin d'entendre à ce moment-là. Il éveille des émotions inconnues, arrache des larmes ou fait émerger des angoisses ou de la colère.

APPRENDRE DE SES ÉCHECS...

Malheureusement, ce n'est pas parce que le «faux-altruiste» a vécu une fois quelque chose de différent dans une relation que tout est acquis. Même s'il en a tiré beaucoup de plaisir, c'est loin d'être évident qu'il va pouvoir reproduire ce moment chaque fois. La fatigue, un simple rhum, le moindre souci... et il se comporte de nouveau comme il l'a toujours fait.

A ce moment-là, mieux vaut en rire dès qu'il en est conscient! Ce n'est pas dramatique lorsqu'il s'en rend compte. Plusieurs années d'habitudes et de réflexes ne s'effacent pas en quelques semaines ni en quelques mois! Les efface-t-on même totalement un jour? L'important, c'est de rester conscient et, chaque jour, de décider d'affiner son altruisme, de le faire «sonner juste».

Chapitre 7
Pas de sain(t) altruisme...
sans sain(t) égoïsme

« Je veux pouvoir t'aimer sans m'agripper,
T'apprécier sans te juger,
Te joindre sans t'envahir,
T'inviter sans insistance,
Te laisser sans culpabilité,
Te critiquer sans te blâmer,
T'aider sans te diminuer.
Si tu veux m'accorder la même chose
alors nous pourrons vraiment nous rencontrer
Et nous agrandir l'un l'autre. »

Virginie Satir.

Nous considérer comme des victimes ne conduit nulle part d'autre que dans le monde des victimes. Pour en sortir, nous devons voir la réalité en face et nous rendre compte que nous avons quelques progrès à faire dans le domaine relationnel. Sans culpabilité ni honte, acceptons d'être là où nous en sommes. Parlons notre vie en «Je». Acceptons la responsabilité de ce que nous vivons. Reconnaissons nos motivations profondes à agir comme nous le faisons. Faisons le bilan de notre développement affectif et, surtout, construisons nous un programme de «rééducation affective».

« L'on ne peut remédier à un trouble de la capacité relationnelle que si, au préalable, il a été reconnu comme tel. (...) la "maladie de l'âme", le "trouble de la capacité relationnelle", ne peut être guérie par une intervention extérieure. Chaque individu doit vouloir changer par lui-même. Il doit en prendre la décision et accomplir lui-même ce changement. »

J.K. Stettbacher, Pourquoi la souffrance.

QUAND L'ALTRUISME «SONNE JUSTE»

« Ce à quoi vous vous attendez influence ce que vous faites. Si vous vous attendez à ce que cette satanée même chose se produise encore, alors faire la même chose et penser de la même manière a du sens. Cependant, si

vous vous attendez à ce que quelque chose de différent se produise, alors faire quelque chose de différent a du sens. »
« *Il semble de bon sens que si vous savez ou vous voulez aller, il est plus facile d'y arriver. Ce qui ne ressort pas du sens commun, c'est l'idée que le seul fait de s'attendre à aller quelque part d'un peu différent quelque peu plus satisfaisant, fait qu'il est plus facile d'y aller.* »

Watzlawick, Stratégie de thérapie brève.

Apprendre à aimer, c'est se donner la permission de vivre. Il faut d'abord apprendre à s'aimer soi-même, à respecter ses émotions, ses limites, ses besoins, afin de pouvoir ensuite mieux respecter les autres, leurs émotions, leurs limites et leurs besoins.

Apprendre à aimer, c'est peut-être apprendre à dire des «NON», sans culpabiliser, sans se dédire ni s'excuser après non plus. C'est surtout apprendre à dire «OUI», oui à la vie, à la réalité, au monde et aux autres tels qu'ils sont. Oui à ce que je suis et à ce que je ne suis pas.

Apprendre à aimer, c'est cultiver la confiance en nous, dans les autres, le monde et la vie. C'est croire aux énormes possibilités de chacun. C'est croire en la bonté fondamentale de chaque être humain.

Apprendre à aimer, c'est apprendre à vivre des moments seuls pour apprivoiser notre angoisse d'abandon, c'est dépasser notre dépendance. C'est renoncer à notre toute-puissance et à notre envie de contrôler les autres pour les faire entrer dans le moule de nos images idéales.

Apprendre à aimer, c'est apprendre à voir la réalité en face, c'est apprendre à se concentrer sur ce qui est, en faisant taire l'agitation mentale et à s'assurer qu'on voit bien les choses, sans nos filtres habituels.

Apprendre à aimer, c'est d'abord accepter pleinement que les choses, les autres et nous-mêmes sommes ce que nous sommes. Ce n'est qu'à partir de cette acceptation que nous pourrons décider ce que nous voulons faire concrètement pour faire évoluer la situation à partir de ce qu'elle est vers celle que nous désirons.

« *Non pas une relation d'intérêt, de désir, d'émotion, de sympathie, de pensée ou de parole, mais purement et simplement une relation où pour un moment un être humain est reconnu dans son pouvoir et dans ses limites, où rien n'est exigé que d'être là dans son propre espace. Ce qui signifie inviter à la justesse, à être ce qu'est chacun et rien d'autre (...). Pour chacun, être juste ce qu'il est sans tenter de séduire, sans se faire valoir, sans non plus se mettre en-dessous de sa valeur, sans se questionner sur son effet sur l'autre, sans bien sûr vouloir se conformer à son désir. Pas de comédie, pas de tragédie, le seul plain-chant.* »

F. Roustang, La fin de la plainte.

Rendre notre altruisme plus authentique, c'est changer notre regard sur les événements et les personnes. C'est découvrir, dans les faits concrets, le côté positif de nos limites. C'est constater combien les autres vont mieux lorsque nous perdons notre force et notre savoir, lorsque nous nous mettons à douter de nous et lorsque nous leur faisons confiance et lorsque nous acceptons leurs choix.

Chaque fois que nous refusons quelque chose à quelqu'un, ou que nous nous empêchons de devancer des désirs non exprimés, nous nous prouvons à nous-mêmes que l'autre n'en meurt pas, que parfois il se porte même beaucoup mieux, et que cela n'a pas provoqué la fin du monde, que du contraire ! Lorsque nous mettons nos limites, les autres continuent à vivre et, paradoxalement, nous constatons qu'ils vivent parfois même beaucoup mieux.

Développer un «juste-altruisme», c'est observer le monde et y chercher sa beauté, c'est trouver en quoi la vie est belle, c'est apprendre à la vivre. Il n'y a rien à changer de toute urgence avec force et violence ! Le monde est ce qu'il est, il n'est pas parfait, il évolue avec les gens qui y goûtent la joie de vivre. Donnons-nous la permission de vivre. Apprivoisons le fait que nous n'avons rien à réparer pour être aimés. Les choses évoluent et se réparent d'elles-mêmes lorsque nous sommes vivants. Il suffit de commencer à vivre dès à présent.

Pour mieux aider, pour mieux donner, «Connais-toi toi-même» ! Si nous nous sommes mis entre parenthèses trop longtemps, nous ne savons plus trop bien ce que nous voulons vraiment vivre. L'avons-nous d'ailleurs déjà vraiment su ? C'est en tâtonnant, en essayant différentes activités, divers types de rencontres, que nous saurons ce qui nous convient ou ce qui ne nous convient pas. C'est en agissant et en prenant conscience de ce que nous ressentons dans l'expérience, si petit cela soit-il, que nous nous découvrons. Pas en raisonnant !

Apprendre à donner vraiment, c'est enfin trouver le calme intérieur. Certes, nous garderons sans doute toujours la nostalgie de notre énergie passée. C'était celle de la colère, de la peur et de la révolte. Dès que nous sommes plus calmes intérieurement, nos doses d'adrénalines nous manquent. Le sevrage est frustrant. La vie a perdu un certain pétillant, celui dû au stress de devoir toujours être à la hauteur.

A nous de découvrir le fin parfum de la joie d'exister. Il s'agit du même type de démarche que celle de la personne qui n'a jamais mangé que de la nourriture de cantine accompagnée de vins de table et de sauces ketchup et autres et qui découvre la gastronomie et le raffinement des plus fins mets et des meilleurs vins grâce à une certaine auto-rééducation ou avec un guide.

Vivre en paix avec soi-même et avec les autres, c'est apprendre à trouver le plaisir de vivre ailleurs que dans les tensions et les crises, dans l'harmonie, l'amour et la paix. Ce n'est pas un but à atteindre, c'est un chemin qui, dès les premiers pas, est déjà très vivant...

APPRENDRE À AIMER : DU DÉSIR DE FUSION À L'AMOUR D'UN AUTRE

« La famille heureuse est celle dont chaque membre, selon son âge et son degré de maturité, agit en tenant compte de la nature unique de chacun des individus qui la composent. »
Bettelheim, Pour être des parents acceptables.

Les psychologues disent que nous sommes régulièrement tentés de retourner dans le sein maternel. Concrètement, cela signifie que nous attendons passivement qu'un autre nous prenne en charge, prenne les décisions difficiles à notre place, nous dise ce qui est bon pour nous et ce que nous pouvons ou ne pouvons pas faire. Nous attendons le « miracle » qui nous évite d'être confronté à la dure réalité des choses et des gens. Et si nous ne trouvons pas notre place, nous sommes envahis d'une colère diffuse, s'exprimant contre tout le monde et personne. Une colère sans nom et sans cible, si ce n'est l'univers tout entier.

« Il est à peine besoin de souligner que la capacité d'amour en tant que don dépend du développement caractériel. Elle présuppose que la personne ait atteint une orientation foncièrement productive ; il en est ainsi lorsqu'elle a acquis la foi en ses propres possibilités humaines, le courage de compter sur ses forces pour parvenir à ses buts. Dans la mesure où manquent ces qualités, elle a peur de se donner — par conséquent, d'aimer. »
E. Fromm, L'art d'aimer.

De désillusion en désillusion, jour après jour, nous devons apprendre à vivre seuls. Nous sommes seuls. C'est à nous de gérer notre vie, de prendre des décisions, d'agir, de nous donner les moyens de vivre et de satisfaire nos besoins et nos désirs, en agissant concrètement dans et sur le monde.

Avant même de parler, nous avons appris à exprimer nos désirs et à obtenir des autres une réponse à nos demandes. Ne sachant nous exprimer, nous avons déployé des moyens pour contrôler les autres et notre environnement. Nous étions dans une relation de pouvoir, dans laquelle il y avait toujours un dominant et un dominé.

En marche vers une plus grande maturité, nous devons lâcher notre besoin de contrôler les autres.

L'évolution d'une relation amoureuse, comparée à l'évolution de la relation de l'enfant et de sa mère

La première forme de l'amour est passionnelle : il s'agit d'une symbiose, d'une union où les cris de l'enfant, sa faim, sa souffrance résonnent dans la mère comme si c'était elle-même qui avait faim et qui souffrait. A chaque état de bien-être ou de mal-être du bébé complètement dépendant, la mère associe une réponse : le biberon, la mise au lit, un bercement... selon ce qu'elle ressent du désir de son enfant au plus profond d'elle-même. Cet état fusionnel permet à la mère de subvenir aux besoins de son enfant et de donner une réponse à ce qu'il vit parfois comme quelque chose de violent et de tyrannique en lui.

De son côté, l'enfant voit sa mère tantôt toute bonne et tantôt toute mauvaise. Il fait l'expérience de deux mères : la bonne qui le nourrit, la mauvaise qui le frustre. C'est au sortir de la fusion qu'il les intègre toutes les deux dans la même personne et qu'il découvre par la même occasion l'ambivalence : il est disposé à éprouver simultanément deux sentiments contradictoires vis-à-vis d'une même personne, en premier lieu sa mère.

Parallèlement, au sortir de la relation fusionnelle, l'enfant commence à refuser ce que sa mère lui offre et à aller à la recherche de sa propre réponse. Par exemple, il refuse obstinément la soupe proposée et tend la main vers le biscuit ou l'armoire à biscuits.

Deux adultes revivent cette étape dans les relations fusionnelles. Après un coup de foudre, par exemple, nous sommes à ce point sensibles et proches de l'autre que nous ressentons son désir et son besoin sans qu'il l'exprime, un peu comme si c'était le nôtre. Nous lui donnons dès lors spontanément une réponse. Nous tentons notamment de combler le manque qu'il a en lui, cet espèce de mal-être indéfini, de sensation de manque que nous connaissons tous à certains moments.

Cette étape est un peu magique. Si l'autre est dans le même état amoureux, nous recevons sans demander, simplement parce que nous existons, sans autre démarche que d'être ce que nous sommes. C'est peut-être la première fois depuis longtemps.

Cette expérience est parfois terriblement violente dans la succession des émotions. Nous ressentons l'autre, ou nous sommes ressentis par l'autre, tout bon ou tout mauvais. D'un côté, l'autre est tout et nous donne tout, mais d'un autre, il peut aussi tout nous reprendre au point que, sans lui, nous ne sommes plus rien. Il peut donc être successivement l'être merveilleux et le monstre, celui qui nourrit et celui qui frustre, celui que nous aimons et celui que nous détestons.

Heureusement, tout ceci ne dure qu'un temps. Très vite, l'expérience de l'ambivalence vient apaiser les passions : l'autre n'est ni un dieu, ni un monstre. Il ne peut tout me donner et je ne peux pas le combler totalement. Il ne peut pas tout me prendre, non plus, parce que j'existe en dehors de lui.

Comment le passage se fait-il ? C'est très simple. Tout naturellement, l'un ou l'autre refuse la « réponse » qu'il reçoit à son manque et demande autre chose : « C'est gentil de m'apporter tous les soirs des chocolats, mais je préférerais des fleurs, même si elles sont périssables »; « J'aime être près de toi, mais j'ai aussi besoin de rencontrer mes copains seul et de passer du temps avec eux sans toi ».

Le choc est parfois terrible. La magie disparaît. C'était une illusion de croire que nous pouvions combler l'autre et que nous étions la réponse à son désir profond. L'autre, tout à coup, devient un étranger. Lui qui était tellement familier qu'il semblait que nous aurions pu tout deviner de lui, sans qu'il ne dise rien, nous montre une facette de lui que nous ne soupçonnions pas.

Nous nous ressentons alors l'un et l'autre comme des étrangers. Le langage et la communication deviennent nécessaires pour obtenir la satisfaction de nos besoins et de nos désirs. Cette satisfaction n'est plus automatique puisque l'autre n'est pas un autre moi-même, mais qu'il est totalement Autre. A partir de ce moment, l'attrait du mystère, de la découverte de son unicité... compense la perte des avantages de la fusion et une véritable relation d'individu à individu se développe.

Revenons à l'enfant qui grandit. La mère est confrontée à un enfant qui veut manger tout seul, marcher tout seul, grimper tout seul, bref, qui veut se satisfaire lui-même et donc qui refuse de recevoir des réponses toutes faites à ses besoins. De nombreuses mamans s'effraient de voir le temps passer : « S'il pouvait rester plus longtemps petit ! ». Certaines « refont » un nouveau bébé : « Ils sont si mignons quand ils sont bébés ».

Dans le couple aussi, lorsqu'un des deux partenaires a cassé la fusion, il arrive que l'autre ne l'accepte pas et séduise alors un nouveau partenaire : « C'était tellement bien au début. Si cela n'a pas continué, c'est qu'il n'est pas tombé sur la bonne personne. La prochaine fois, cela ira mieux, ce sera la bonne ».

Continuons notre parallèle. Lorsque l'enfant grandit, la maman se retrouve devant quelqu'un qui a des désirs autres que les siens, et elle n'arrive plus à les ressentir. Son enfant devient quelqu'un de très différent, un peu comme un étranger, alors qu'il a été si semblable à elle ! Quelles déceptions ! Les premières colères fusent de part et d'autre. Mère et enfant entrent dans une relation de pouvoir : pour vivre selon son propre désir, il faut soumettre le désir de l'autre au sien. Certaines mères iront jusqu'à battre leur enfant pour qu'il se plie et devienne leur enfant rêvé. D'autres se laissent « marcher sur la tête ». L'enfant devient un tyran monstrueux.

Heureusement, la plupart des mamans évoluent avec l'enfant. Si la mère a elle-même bien vécu cette étape avec ses parents, il lui sera plus facile de reconnaître son enfant dans son unicité et sa différence et l'enfant pourra lui aussi aller au-delà du combat « soit toi, soit moi ». Si par contre, elle-même a dû s'écraser, tuer ses désirs pour se soumettre ou réaliser ceux de ses parents (en réussissant là où ils avaient échoué par exemple), elle risque d'avoir beaucoup de mal à faire le deuil de l'enfant dont elle rêve, cet enfant merveilleux qui serait capable de combler le vide qu'elle ressent en elle depuis si longtemps, cet enfant qui aurait le pouvoir d'enfin la rendre bonne et de satisfaire totalement ses désirs.

De même, dans un couple, lorsqu'un des partenaires s'affirme différent, il amorce le passage de la relation fusionnelle à un autre type de relation. Il entre dans la relation de pouvoir qu'il a comme chacun de nous expérimentée dans son enfance : il veut soumettre l'autre à son propre désir.

Ceux qui n'ont pas été plus loin avec leur mère et qui sont restés à ce niveau de relation : «C'est toi ou moi, mais pas les deux» n'ont jamais expérimenté une relation respectueuse des différences de chacun. Ils entrent parfois, lorsqu'ils s'unissent entre eux, dans une «folie à deux», une relation passionnelle et violente, qu'il leur sera impossible d'interrompre malgré les souffrances terribles qu'ils s'infligent l'un à l'autre. Ils sont méfiants, suspicieux, convaincus que l'autre ferait ou ne ferait pas telle ou telle chose s'il les aimait. L'un écrase, l'autre s'écrase. Suite à certaines crises, les rôles peuvent s'échanger, mais c'est toujours «soit toi, soit moi» qui obtient ce qu'il désire. Il n'y a pas de compromis possible.

Quand nous sommes dans la position de celui qui écrase (cela est arrivé ne fût-ce qu'occasionnellement à chacun de nous), le désir de l'autre est dangereux car s'il ne correspond pas au nôtre, il peut prendre la place du nôtre. Nous voulons donc l'annihiler, forcer l'autre à changer de désir, à adapter son désir au nôtre pour ne plus risquer d'être à nouveau comblé «à côté de la plaque», pour ne pas perdre notre individualité, pour ne pas rentrer en quelque sorte une nouvelle fois sous le pouvoir maternel ou même dans le ventre de la mère. C'est une lutte pour la survie de l'individualité.

Quand nous sommes dans la position de celui qui s'écrase, par contre, nous avons peur de perdre l'autre. Nous sommes prêts à tout pour le garder auprès de nous, jusqu'au moment où le point de non-retour est atteint : cela devient intolérable d'être «mal comblé», de recevoir ce que nous n'avons pas demandé et de ne pas être entendu dans nos désirs. Après avoir essayé de mille manières différentes — en discutant, en donnant, en étant gentil — de convaincre l'autre qu'il doit changer, qu'il nous fait mal, que nous voudrions avoir une place, exister, ne pas être réduit à un meuble ou à une carpette, parfois, nous osons nous affirmer. Mais nous devenons alors écrasant à notre tour, laissant l'autre seul, tout à coup très démuni et affaibli, parfois prêt à s'écraser.

Celui qui a acquis une maturité relationnelle dans son enfance est capable, à l'âge adulte, de respecter et d'aimer un autre Autre et donc différent de lui et imprévisible. Même s'il revit une étape fusionnelle, il trouve rapidement un équilibre qui permet un partage de l'autorité et un nouveau type de rencontre.

> « *C'est une erreur de vouloir éviter à tout prix les conflits, car ils constituent les moments où nous pouvons changer et tenir compte de l'autre, c'est-à-dire nous enrichir.* »
>
> M.-F. Hirigoyen, Malaise dans le travail.

Lorsqu'ils sont matures sur le plan affectif, les deux partenaires dans le couple proposent, tour à tour, des solutions et des projets qu'ils peuvent adopter pour leur pertinence quel que soit celui qui les a proposé. Ils acceptent de grandir, de s'ouvrir, de prendre des risques, en découvrant l'autre dans toute son étrangeté. Ils se font confiance, convaincus tous les deux qu'ils sont aimés et respectés et que l'autre, qui est loin d'être parfait, fait toujours du mieux qu'il peut. Ils ne craignent plus l'abandon. Ils sont conscients que le lien qui se crée est unique, et que s'il est entretenu, il ne peut être cassé sans raison.

Celui qui n'a connu que des relations de pouvoir recrée spontanément le même type de relations. N'ayant pas été réellement aimé ni accepté, il risque, s'il n'y prend garde, de se fermer à l'amour des autres, de rester pareil à lui-même, même après plusieurs années de vie de couple. S'il contrôle l'autre, s'il dit souvent «NON», son compagnon ne l'influence en aucune façon et il ne lui apporte rien. Seul, il ne peut sans doute pas aller plus loin puisque, même s'il rencontrait la personne la plus aimante qu'il soit, il ne pourrait pas accepter d'être aimé et de se laisser aller. Il est difficile d'inventer un autre type de relation quand on ne connaît rien d'autre ! Il faut pour cela en avoir vraiment envie et vouloir acquérir les moyens d'inventer autre chose. Des livres, des thérapeutes (pas tous, uniquement ceux qui sont eux-mêmes capables de vivre une relation saine et respectueuse) et des témoins, aident à ouvrir des portes et à croire à d'autres horizons.

Anne a 45 ans. Elle vit une relation de pouvoir pour la quatrième fois consécutive dans le couple. Elle s'est ouverte à différentes lectures et commence à se demander ce qui en elle la conduit à reproduire sans cesse la même expérience. Lors d'une fête familiale, elle rencontre Véronique, une dame de son âge, rayonnante, 25 ans de mariage. Son mari (appelons-le Monsieur Dupont) discute de son côté, elle du sien, mais les regards qu'ils s'adressent de temps à autre sont très tendres et témoignent d'une grande complicité. Les Dupont, qu'ils soient de la première, deuxième ou troisième génération, sont connus comme des personnes froides, dures et entêtées. Madame Dupont est d'accord et ne se prive pas de commentaires à ce propos, sur son mari et ses fils, tous des vrais «Dupont».

Entre deux plats, Anne a l'occasion de parler à Véronique qu'elle n'a plus rencontrée depuis plusieurs années. «Oui, c'est vrai, son ami n'est pas venu, ça ne va pas tellement entre eux pour le moment... et c'est vrai que c'est le quatrième.» Anne explique les questions qu'elle se pose, les livres qu'elle lit. Et puis, au : «Et toi, comment vas-tu?» d'Anne, Véronique répond qu'elle a de la chance, qu'elle et son mari s'aiment de plus en plus, qu'ils ne se sont jamais disputés, que lorsque quelque chose ne va pas, ils se mettent autour d'une table et en discutent.

Lorsqu'elle rentre chez elle, Anne est heureuse de savoir que cela existe, que c'est possible. Elle a rencontré quelqu'un qui s'accommode des défauts de son compagnon sans s'écraser et sans l'écraser. Elle a compris que l'autre ne doit pas être nécessairement parfait et qu'on peut discuter sans se disputer. Elle a envie d'apprendre à accepter son compagnon totalement et à sortir de ce tourbillon où il passe du monstre au héros. Elle veut surveiller ce qu'elle se raconte à elle-même et s'habituer à nuancer ses propos et à prendre conscience du fait qu'il n'est ni tout noir, ni tout blanc.

Celui qui n'a pas atteint la maturité affective peut l'acquérir. Dès qu'il sait qu'elle existe et ce qu'elle représente, il peut s'en faire une image de plus en plus concrète qui détermine ses attitudes et ses choix... Il peut se mettre en situation d'apprendre.

Le couple est une merveilleuse école. Il permet à ceux qui en osent l'aventure de continuer à progresser sur le chemin de l'amour et du respect. A deux, tout en restant fidèle à soi-même, chacun peut renoncer à ses jeux de pouvoir et apprendre à dépasser ses limites personnelles de manière constructive en osant s'ouvrir à l'autre, à ses propositions et à ses souhaits.

L'enjeu

« L'autre reste l'objet de ma passion tant que la fascination est entretenue (...) Renoncer à cet objet d'amour, c'est comme si l'on renonçait au monde. Comment renoncer sans renoncer ? C'est faire d'une passion amoureuse absolue une simple histoire d'amour en posant l'autre dans le temps en ce qu'il est, en ce qu'il pense, en ce qu'il vit. »

Lefèbvre Alex.

Comment vivre ensemble dans la confiance, la sécurité, l'amour, la tendresse, la paix ? Comment entrer en relation sans que cela ne soit un combat perpétuel pour sa défense et sa survie ? Comment ne plus entrer dans le « soit toi, soit moi » et s'ouvrir à « toi et/ou moi » ? Comment apprendre à faire un pas ou une concession et à suivre un conseil sans se sentir écrasé ? Comment apprendre à s'affirmer différent, à formuler ses désirs et ses besoins sans écraser l'autre ?

Pour réussir cette démarche, les techniques de communication sont largement insuffisantes et échouent s'il n'y a pas une certaine disposition intérieure et une vision claire de ce qu'est une relation saine.

En effet, à quoi vous serviraient, par exemple, les techniques de travail du cuir, si vous n'aviez aucune idée des objets que vous voudriez réaliser ? Dans ce cas, vous ne pourriez jamais les utiliser que sous les ordres d'un maître et dans les situations que ce dernier crée.

Attention ! N'oublions pas que ce n'est pas « Tout ou rien ». Contrôler, ce n'est pas un mal en soi. Nous avons tous, à des degrés divers, le besoin de contrôler les choses et les personnes qui nous entourent pour éviter les souffrances et aller vers plus de plaisir. Nous pouvons, par exemple, contrôler nos dépenses ou l'état de notre voiture pour nous sentir en sécurité.

Et dans nos relations, comment contrôlons-nous ? Nous demandons par exemple à l'autre ce qu'il vit, pour pouvoir l'influencer dans la manière dont il ressent les choses, et l'empêcher qu'une trop grande frustration ne le pousse à nous quitter. Nous disons alors des choses du genre : « Mais il n'y a pas de quoi être triste ! Tu en fais un foin pour une si petite affaire ! Ce n'est pas normal, regarde un tel ou une telle, ils ne réagissent pas comme toi ». Le message qui finit par passer est de ce type : « Il y a quelque chose qui ne va pas en toi. Ce n'est pas normal d'être ce que tu es. Tu devrais penser et agir autrement ». Ce message est destructeur évidemment.

Etienne et Patricia habitent ensemble. Patricia a reçu une éducation austère. Pour elle, une relation sexuelle, c'est toujours dans le lit, rapidement et pas trop souvent. Elle est passionnée par sa vie professionnelle. Elle a de nombreuses activités et pratique du sport. Elle se sent très équilibrée et très bien comme cela. Etienne a découvert la pornographie vers 10 ans. Le « sexe », comme il dit, a une place importante dans sa vie. Depuis qu'il est pubère, il se masturbe au moins une fois par jour. Cela ne l'a pas empêché de réussir des études, de trouver un travail qui lui plaît et de faire de la musique dans un groupe de copains. Il rêve de partager avec sa compagne une vie sexuelle plus riche, plus fantaisiste, de jouer ensemble... Elle est très réticente, promet de faire une effort qui, d'après Etienne, ne dure jamais très longtemps.

Patricia et Etienne entrent petit à petit dans une relation ou chacun accuse l'autre de ne pas être normal et lui conseille différentes choses pour se soigner. L'enjeu de l'un et de l'autre est de soumettre l'autre à sa vision des choses. Or, il ne s'agit pas de cela. Etienne et Patricia sont tous les deux différents et vivent dans des univers différents qu'ils peuvent l'un et l'autre se faire partager. S'ils refusent toute référence à une norme et tout désir de changer l'autre, ils peuvent vivre à deux l'aventure de la découverte de l'autre et de sa différence. Tous les deux ont certainement quelque chose à apprendre l'un de l'autre pour grandir. Quoi ? Nous n'en savons rien. Eux non plus. C'est plus tard qu'ils pourront voir ce que l'ouverture à l'autre tel qu'il est leur a apporté de positif.

Comment faire la différence entre ce que nous pouvons et ce que nous ne pouvons pas contrôler.

Le contrôle est particulièrement efficace lorsque ce que nous contrôlons est en notre pouvoir. Nous pouvons gérer un budget si nous sommes les seuls à pouvoir retirer de l'argent et à prendre des décisions. Par contre, nous avons juste l'illusion de contrôler quand nous voulons satisfaire des aspirations dont l'accomplissement ne relève pas de notre responsabilité, par exemple, si nous voulons contrôler un budget qui n'est pas le nôtre. Quand nous disons : « Quand j'aurai gagné au Lotto, je serai un homme généreux, tout ira bien, je n'aurai plus de problème... ou je monterai ma propre entreprise et je donnerai du travail aux gens », nous ne contrôlons rien, nous gardons juste l'illusion que nous avons réellement le pouvoir de devenir généreux ou de diriger une entreprise. Pour réellement contrôler mes qualités de générosité ou d'entrepreneur, et pour les développer, je ne dois pas attendre d'avoir gagné au Lotto.

Dans les relations humaines, une des plus grandes illusions est de croire que nous pourrons enfin être épanoui et heureux quand l'autre aura changé, qu'il aura arrêté de boire, qu'il aura obtenu de bons résultats au travail ou à l'école ou tout simplement quand il sera heureux. Nous n'avons pas le contrôle de ces situations. Quand nous cherchons à l'avoir malgré tout, nous entrons le plus souvent dans la manipulation, le pouvoir et la domination.

Plus que jamais, aujourd'hui, nous sommes invités à poursuivre des buts irréalistes et absolus : connaissance de soi, réalisation de soi, paix et sérénité totales, le grand amour dans le couple... Les publicistes et les thérapeutes de tous horizons nous proposent des solutions, des méthodes, des remèdes qui, le plus souvent, créent un peu plus de problèmes. Les journaux pour femmes, et tout nouvellement les journaux du même genre destinés aux hommes, nous invitent à faire de l'autre la concrétisation de nos rêves. Ils nous donnent des recettes pour rendre nos conjoints et nos enfants identiques aux images que nous portons en nous et auxquelles nous rêvons... En suivant ces conseils, nous prolongeons indéfiniment la relation de pouvoir et de contrôle au lieu de reconnaître que nous ne pouvons contrôler que ce qui est en notre pouvoir et au lieu de nous engager dans l'aventure d'une relation à un autre différent, étranger.

Conclusion : changeons notre regard

« Car si nous ne sommes pas responsables de ce que le monde est, nous le sommes, en revanche, de l'idée que nous nous en faisons. C'est là un levier essentiel de changement et donc aussi une source d'espoir. Nous ne pouvons pas changer LE monde, mais nous pouvons changer NOTRE monde. Nous changer nous-mêmes, c'est modifier notre façon de regarder le monde. »

P. Traube, Plus jamais seul.

« L'observateur, par le simple fait de nommer la chose observée, la modifie. »

Cyrulnick, Mémoire de singe et paroles d'homme.

« La manière de poser la question induit la réponse scientifique. »

Watzlawick.

Fuir son angoisse dans le service à rendre, obtenir de la reconnaissance en contrôlant son entourage, se sentir exister aux yeux des autres en les manipulant, chercher désespérément l'amour en se rendant indispensable, telles sont les principales tentations de ceux et de celles qui cherchent obstinément un sens à leur vie dans leurs relations aux autres. Telles sont aussi les attitudes de la personnalité appelée «faux-self» ou «As if»[4] qui ne peut vivre, sentir, penser qu'à travers la vie, les sensations, les sentiments, les pensées d'un autre, et qui, dès lors, ne peut être qu'un «faux» altruiste puisque intéressé par le bien-être de l'autre qui lui est vital.

Regarder la réalité en face et lui donner un sens diminue l'angoisse de n'être qu'un jouet du destin et de n'avoir aucune prise sur sa vie. Toutefois, c'est loin d'être suffisant. Résister à un comportement ne fait que l'amplifier. Il faut plutôt accepter d'avoir quelque chose à perdre et se focaliser sur un but positif, se créer une vision positive du comment ce sera quand cela ira mieux, comment ce sera quand on sera sorti de ce qu'on vit... Il faut oser marcher en regardant droit devant soi, sans se retourner vers ce qu'on quitte.

Focalisons notre attention sur un but positif

«... si vous savez ou vous voulez aller, il est plus facile d'y arriver. (...) le seul fait de s'attendre à aller quelque part d'un peu différent quelque peu

plus satisfaisant fait qu'il est plus facile d'y aller. »
« Si quelque chose marche, alors faites en plus. »
         Watzlawick, Stratégie de la thérapie brève.

 Vous avez sans doute une idée plus claire de ce qu'est le « faux-altruisme ». Rien ne sert de vous mettre en position d'éviter d'être un « faux-altruiste ». Mieux vaut marcher vers une vision positive de l'amour. Mais pouvez-vous vous faire une idée positive de ce que serait le « juste-altruisme » ? Je vous en propose une, à titre indicatif. A vous de vous construire la vôtre et de vous évaluer à partir du but que vous vous serez fixé. Soyez conscients de tous les petits changements positifs, car en vous concentrant sur ce qui va bien, vous l'amplifiez.

 L'altruiste n'est totalement désintéressé que s'il est personnellement comblé et rassasié d'amour. S'il n'intervient pas pour combler un manque affectif ou pour réparer une blessure narcissique, mais qu'il intervient réellement « pour l'autre », il pose des actes qui sont justes, comme peuvent l'être des notes de musiques. Ses actes dégagent une impression agréable de bien-être, d'amour, de respect et de paix. Au bon moment, à sa juste place, l'altruiste épanoui est créateur.

 Pour en arriver à une telle justesse, il a dû parcourir, depuis son enfance, tout un chemin de maturation et de développement personnel pour s'accorder à la fois sur son vécu intérieur et sur les réalités extérieures.

 Sous le regard aimant de ses parents, d'autres personnes, ou parfois dans la foi en une « Force » qui le dépasse, ressentie comme intérieure ou extérieure, il s'est un jour accepté et aimé imparfait, inachevé, limité, humain, mortel... et il a renoncé à être comme « un dieu » tout-puissant et omniscient.

 Sachant se regarder dans la glace, nu et dépouillé, il regarde les autres, leur nudité et leur humanité avec plus de compassion. Il les découvre tous chaque jour différents, uniques, riches, chacun à leur façon, et il s'étonne de leur étrangeté. C'est dans la souffrance de ne pouvoir rendre ceux qu'il côtoie heureux malgré eux qu'il a découvert que l'autre est Autre et mystère.

 Conscient de son impuissance à amener quelqu'un à lui donner tout ce qu'il désire et notamment l'affection dont il a tant besoin, il sait maintenant qu'il ne sait pas qui sont les autres, ce qui est bon pour eux, ce qui ne leur convient pas ni le sens qu'ils peuvent donner à leur vie. Au fil des années, il est devenu plus humble et il comprend que chacun sur cette terre a une place unique à trouver et à occuper, que chacun contribue par son originalité, à l'avenir de l'humanité, et qu'en tant qu'homme, personne n'a la connaissance de ce qui, dans l'absolu, est bien ou mal pour les autres. La vie le conforte chaque jour dans sa conviction que personne n'a le droit ni le pouvoir de changer l'autre et que chacun est responsable de sa vie.

« *Le travail sur soi permet de sortir de ces positions rigides. A la longue, il donne naissance à la femme créatrice, qui peut être tantôt séductrice, tantôt amazone. Cette femme garde le contact avec ses impulsions fondamentales et avec ses besoins d'affirmation. Son dévouement pour les autres ne va pas jusqu'au reniement de ses besoins personnels. Elle connaît suffisamment son pouvoir pour ne plus avoir à se le prouver sans cesse, et elle peut prendre des initiatives tout en acceptant de négocier avec son partenaire.* »

Corneau G., N'y a-t-il pas d'amour heureux ?

Conscient d'exister, d'être vivant et à sa juste place, serein et en paix avec lui-même, il n'a plus besoin de se sentir indispensable pour quelqu'un ni de manipuler les autres pour obtenir leur affection. Il n'attend plus le changement de ses parents, ni des autres, pour se sentir regardé et aimé. Puisant dans la vie et en lui-même l'amour et la reconnaissance dont il a besoin, il jouit de la présence des autres tels qu'ils sont et il renonce à une relation si elle l'étouffe et l'empêche de s'épanouir dans ses potentialités. Il n'est plus question pour lui de se trahir et d'être prêt à toutes les aliénations pour quelques miettes d'amour et d'attention : il ne se laisse plus exploiter. Persuadé de la valeur unique de sa vie pour l'avenir de l'humanité, il ne prend plus le risque de la perdre ou de la laisser détruire par d'autres. Il sent et sait aussi, sans avoir besoin de vérifier ou de contrôler, que ce respect pour lui-même crée autour de lui une dynamique de respect de soi et d'autrui, et qu'il contribue ainsi à faire grandir l'humain en chaque être humain.

Pour garder le pouvoir sur lui-même et sur sa propre vie, le seul qu'il ait, il s'efforce chaque jour d'être ouvert à ses émotions dans tous les domaines de sa vie. Il protège sa personne, sa santé, sa sérénité, son bien-être. Il s'accepte et s'aime tel qu'il est. Sa personnalité, son corps, ses attitudes, ses valeurs et croyances, ses intérêts, ses réalisations ont du prix à ses yeux et ont un sens dans l'humanité en marche.

Ne luttant plus désespérément pour changer les autres, il se transforme chaque jour en douceur, au fil de ses expériences intérieures et extérieures. Il sait qu'il ne peut pas être aimé et compris de tout le monde, et que sa valeur ne dépend pas du jugement des autres mais de son propre regard sur lui-même, et il n'a de compte à rendre qu'à lui-même. Il est en paix.

« *L'allaitement est donc une expérience exceptionnelle : l'action combinée, dans laquelle deux personnes s'engagent du fait de leurs besoin personnels respectifs, conduit au soulagement de la tension et à la satisfaction affective chez l'une et l'autre. (...) Dans la tétée du nourrisson et l'allaitement de la mère, tous deux agissent pour soulager une tension corporelle et satisfaire un besoin affectif. Ce processus de mutualité est largement supérieur à l'action commune vers un but externe et contient l'essentiel d'une relation vraiment intime.* »

B. Bettelheim, La forteresse vide.

Si vous le rencontrez, vous vous sentirez libre et respecté devant lui. S'il vous écoute, c'est parce qu'il le choisit. Vous pouvez lui demander un service, il répondra un « oui » ou un « non » totalement vrai. Il est responsable de ses choix, il vous laisse responsable des vôtres. Vous pouvez exprimer vos sentiments sans crainte : jamais il ne prendra une décision à votre place. Il est conscient de ses propres sentiments et de ses besoins qu'il respecte.

Si vous vivez une difficulté, il ne vous donne pas la solution mais il vous permet de trouver la vôtre par une écoute attentive. Votre tristesse, vos peurs et vos colères ne lui font pas peur. Il sait aussi entendre votre joie, vos réussites, vos enthousiasmes. Empathique, il partage vos émotions sans les faire siennes.

Il participe à la vie sociale en étant à la fois fidèle à lui-même et sensible aux besoins des autres. Tout ce qui avilit l'homme le choque. Il partage et développe des projets concrets, positifs, respectueux de l'homme et de la nature. Il aime la vie, il est attentif à chaque étincelle de vie dans chaque être qu'il rencontre.

Il n'est pas tout seul. Il reconnaît ceux qui ont fait le même chemin que lui. Il se réjouit de voir surgir un peu partout des initiatives qui placent l'humain au centre de la vie et qui ont besoin d'êtres humains épanouis et heureux pour se développer.

Etre vivant, authentiquement «Je», témoigner, rayonner de la vie... tel est le défi que, comme lui, nous sommes tous appelés à relever, non seulement parce qu'il nous apportera le bonheur, mais aussi parce qu'il participe à faire grandir l'humanité. Ce défi est difficile, les épreuves sont nombreuses, mais le chemin est passionnant, et nous ne sommes jamais seuls à le parcourir. Alors... Bonne route.

Annexe
« Faux-altruiste » et « Faux-self »

VIVRE EN « FAUX-SELF », VIVRE « COMME SI »

La personne qui a toujours besoin d'en aider une autre au point d'être au bord de la dépression si elle n'a personne à sauver est facilement reconnaissable dans la description des personnalités « état-limite », « faux-self » ou « as if » faite par les psychanalystes. Dans ce qui suit, je décris cet sorte d'altruisme comme étant un aménagement de la personnalité « faux-self », au même titre que la dépendance à des substances, au jeu, au travail... ; j'analyse ce qui se passe quand rendre service n'est qu'un moyen parmi d'autres de fuir ses angoisses et d'éviter la dépression ainsi que ses sentiments de honte et de dégoût de soi-même...

Les descriptions de personnalités « faux-self » m'ont semblé pertinentes. La dynamique qui s'en dégage apporte une compréhension originale de ce type d'altruisme, à condition toutefois que nous les considérions comme des positions non figées dans lesquelles chacun de nous peut se retrouver dans certains contextes et à certaines périodes de sa vie.

De nombreux psychanalystes affirment que lorsqu'une personne a été grièvement blessée dans son narcissisme juste avant ou juste après l'acquisition du langage, elle n'a jamais connu que le fonctionnement en « état-limite » ou en « faux-self » et elle n'est pas capable de vivre autrement tant qu'un nouveau « traumatisme » dans une psychanalyse ne la « structure » sur le mode psychotique ou névrotique.

« Les enfants qui subissent ces agressions mentales peuvent développer une hypersensibilité aux émotions des autres, par un mécanisme de susceptibilité post-traumatique à des indices menaçants. Cette préoccupation obsessionnelle pour les sentiments d'autrui est caractéristique des individus qui, ayant été victimes de violences psychologiques dans leur enfance, connaissent des hauts et des bas, de brusques changements d'humeur que l'on qualifie parfois de "troubles de la personnalité limite". Nombre de ces personnes ont un don pour comprendre ce qu'éprouvent les autres. »
D. Goleman, L'intelligence émotionnelle.

D'autres auteurs, d'autres écoles et l'observation quotidienne prouvent qu'il y a d'autres possibilités d'évolution positive et que, heureusement, la psychanalyse n'est pas l'unique voie d'accès à une plus grande maturité affective. S'il est vrai que certaines personnes semblent «bloquées» depuis longtemps, et que l'on imagine difficilement comment elles pourraient encore évoluer, il n'en reste pas moins vrai que la majorité d'entre nous a quand même un potentiel de remise en question et de maturation extraordinaire.

LA POSITION «LIMITE»

Ceux qui ont été élevés dans des milieux affectivement toxiques ou ceux qui ont vécu des événements traumatisants n'ont pas atteint une maturité affective. Ils sont restés bloqués dans la fusion ou la dépendance. Ils ne sont pas les seuls. Même ceux qui sont habituellement capables de vivre des relations matures restent toujours susceptibles de régresser dans certaines circonstances, avec certaines personnes et à certaines périodes de leur vie, vers des relations fusionnelles ou de dépendance.

L'exemple le plus connu est sans doute le «Coup de foudre». Lors d'un «Amour naissant», lorsque nous subissons le «Choc amoureux» (selon les expressions d'Alberoni), nous vivons l'illusion de connaître totalement l'autre, de savoir ce qui est bon pour lui, ce qu'il attend de nous et de la vie. Nous régressons au stade de la fusion.

Un autre exemple dont on a beaucoup parlé ces derniers temps : lorsque nous sommes victimes d'un harcèlement moral, d'une prise d'otage ou d'autres situations traumatisantes, nous sommes blessés dans l'image que nous avons de nous-mêmes, nous perdons nos repères et nous oublions petit à petit qui nous sommes et ce que nous voulons. Nous n'agissons plus qu'en fonction de l'autre, dans la vaine attente de sa reconnaissance.

Pour être capable de reprendre notre évolution là où nous nous sommes arrêtés ou à partir de là où, pour une raison ou une autre, nous avons régressé, nous pouvons apprendre à reconnaître notre mode de fonctionnement dans l'instant que nous vivons et à le situer dans un parcours psychique. Comme lors de tout voyage, il faut savoir où l'on est pour connaître les issues possibles et choisir les prochaines étapes.

Dans le cadre de mon propos, je définis donc «l'état limite» comme une position que nous avons tous connu dans notre vie, ne fût-ce que rarement et brièvement. Cette position est plus ou moins transitoire, suivant les personnes. Nous sommes susceptibles de la revivre plus ou moins souvent et plus ou moins longtemps à différents moments de notre vie ou dans le cadre de certaines relations particulièrement toxiques.

QUELQUES ÉLÉMENTS THÉORIQUES

Winnicott a introduit l'expression «faux-self». En simplifiant, nous pourrions dire que Winnicott appelle «self» le carrefour où s'organise la bataille entre la vie intérieure et la réalité. Le «self» procure le sentiment d'être un individu autonome bien dans sa peau. Le «self» se construit à partir d'une collaboration entre le «vrai-self», centré sur les sensations et le vécu intérieur, et le «faux-self», résultant de l'adaptation à la réalité et aux autres. Tous deux sont donc sains et indispensables au bon épanouissement de l'individu. Ils sont complémentaires.

« Le vrai-self recèle ce que le sujet doit préserver, choyer, cacher face à l'environnement. »

Eiguer A., La fêlure dans le miroir.

Le «faux-self» protège l'individu. Dans des conditions difficiles, c'est lui qui finit par prendre toute la place. Il utilise toutes les ressources de l'individu dans un seul but : réussir une bonne intégration sociale. Cela se fait parfois au détriment du «vrai-self». Pour attirer le regard d'une mère distante, par exemple, le «faux-self» prend toute la place : l'enfant se soumet et imite celui qui tient la première place pour sa mère à ce moment-là. Lorsqu'il séduit, ou lorsqu'il se rapproche de l'image que ses parents ont de la perfection, l'enfant a enfin une impression de bien-être. Même si quelque part il pressent le risque d'exploitation et d'anéantissement de sa personnalité profonde.

Tout ceci explique comment l'expression «faux-self» a été finalement le plus souvent utilisée pour désigner la personnalité qui s'est coupée de son vécu intérieur afin de s'adapter aux autres et de se socialiser à n'importe quel prix. Les personnes dans la position du «faux-self» ont vécu un traumatisme ou un trop long séjour dans un milieu affectivement toxique. Cela les a forcées à se couper de leurs rêves, de leurs sensations, de leur vie intérieure. Elles sont devenues totalement inconscientes de leurs besoins. Elles sont incapables de se faire plaisir ou de subvenir seules à leurs besoins et à leurs désirs. Elles ont toujours besoin de quelqu'un sur qui s'appuyer.

Dans cette position, la personne qualifiée aussi de «Comme si» par H. Deutch vit «comme si». Elle sait qu'elle devrait ressentir un certain type d'émotion à un moment donné, mais elle ne la ressent pas vraiment. Au lieu d'agir et de réagir spontanément, en fonction de son vécu intérieur et du contexte, elle réagit en fonction de modèles, de ce qu'elle est susceptible de faire ou de dire dans de telles circonstances.

« Ces personnes ont une relation à la vie qui comporte "un manque d'authenticité et qui, cependant, vue de l'extérieur, se déroule comme si elle était complète! D'où impression de normalité que donnent ces sujets dans

une première approche. A les mieux connaitre, ils laissent, malgré l'absence de troubles de comportement, malgré une adaptation et des capacités intellectuelles convenables, l'impression que quelque chose ne va pas, voire qu'ils donnent le change". »

H. Deutsch, citée par H. Scharbach.

Voici un exemple pour illustrer ce point. De notre culture et de nos traditions, nous avons appris que devenir père ou devenir mère était une des expériences les plus riches qu'il nous soit donné de vivre et que la naissance d'un enfant est l'occasion d'un immense bonheur. Certains d'entre nous, cependant, ne l'ont pas ressenti de la sorte. Ils ont dû mettre ce bonheur en scène pour répondre aux attentes de leur conjoint et de leurs parents alors qu'au fond d'eux, ils ne ressentaient qu'un grand vide ou des sentiments de tristesse et de peurs incompréhensibles, injustifiables en pareilles circonstances. C'est comme si les émotions étaient fabriquées par l'intellect, par des ordres conscients : « normalement », « il faut », « tu dois », et non par le « cœur » qui, lui, reste froid...

Nous sommes dans la position « comme si » quand nos attitudes émotionnelles sont fabriquées intellectuellement. Dans cette position, nous savons verbaliser, jouer et éventuellement donner forme dans un très beau texte à des sentiments qui ne sont pas accessibles à nos sens. Notre centre émotionnel est entouré d'une énorme couche d'isolation et pratiquement plus aucune émotion ne passe. Dans cet état, les seules émotions qui parviennent à notre conscience sont fortement atténuées et mises à distance. Tout le reste est produit par notre intellect à partir des images que nous avons reçues des autres de ce que devrait être la vie.

Lorsqu'une personne agit habituellement « comme si », les psychanalystes parlent d'une personnalité « borderline » appelée aussi « état-limite ». Comme je l'ai signalé plus haut, mon propos n'est pas de décrire des personnalités figées, mais bien une position, un état transitoire, plus ou moins long, dans lequel chacun est susceptible de se retrouver lors d'un choc émotionnel ou dans une situation traumatisante.

L'ÉTAT LIMITE : LE « MAL VÉCU » DE SOI

Certains événements et certaines relations nous fragilisent et nous placent dans un « état limite ». Nous devenons incapables de contrôler les émotions contradictoires qui nous envahissent de manière anarchique. Nous ressentons de la honte, nous ne nous sentons pas à la hauteur, pas « comme il faut », nous perdons toute confiance en nous, dans nos qualités et notre potentiel, et nous mendions désespérément le regard positif et encourageant de ceux que nous côtoyons et de qui nous devenons affectivement de plus en plus dépendants.

DYNAMIQUE PERSONNELLE ET RELATIONNELLE

La personne qui se retrouve dans l'«état limite» vit dans un équilibre très fragile. Elle est toujours prête à basculer d'une émotion dans une autre et ses humeurs sont imprévisibles : elle est impulsive et instable dans ses relations. Elle passe de manière inattendue et inappropriée d'une extrême gentillesse à l'expression de colères ou de profonds désespoirs.

Sur le plan affectif, elle a tendance à agresser les personnes qui lui font du bien et à se dévouer pour ceux qui ne l'estiment pas. Dans sa vie affective, les crises se succèdent. Ses réactions sont intenses et paraissent exagérées pour ceux qui l'entourent. Ses partenaires sont découragés par les excès, les orages affectifs et les rapides oscillations entre l'adoration et la haine. Surtout avec ses proches, les affects de haine sont très intenses et côtoient des affects d'amour tout aussi intenses, sans les modifier et sans être modifiés par eux. Il «aime» ou «déteste» et la haine et l'amour s'expriment en même temps, au même moment, parfois dans la même phrase. «Vous devriez être décoré de la Légion du crachat», dit une patiente de H. Searles.

Ces mêmes contrastes se retrouvent dans les propos de la personne à l'«état limite». Elle passe de «tout» à «rien», du «toujours et partout» au «jamais et nulle part». Tantôt, elle vit un enthousiasme très communicatif pour une nouvelle idée ou un nouveau projet, tantôt elle s'effondre sous un «A quoi bon?» d'impuissance. Si elle soutient des opinions et des attitudes extrêmes, c'est faute de savoir se souvenir à la fois des bons et des mauvais côtés d'une personne et d'une situation.

COMMENT VIT-ON SES RELATIONS DANS «L'ÉTAT LIMITE»?

Dans «l'état limite», lorsque nous sommes submergés par des émotions contradictoires et la honte de ne pas être «comme il faut», nous avons besoin de contrôler le monde extérieur et les autres pour éviter d'être trop envahis ou abandonnés par les autres. Nous oscillons continuellement entre la peur de perdre notre identité dans la relation à l'autre et la peur de nous retrouver seuls. Concrètement, nous mettons à distance ceux qui se montrent attentionnés et aimants, parce qu'ils s'approchent trop près, et nous poursuivons de notre sollicitude ceux qui s'éloignent et nous font du mal.

« Un jour d'hiver glacial, les porcs-épics d'un troupeau se serrèrent les uns contre les autres afin de se protéger contre le froid par leur chaleur réciproque. Mais douloureusement gênés par les piquants, ils ne tardèrent pas à s'écarter de nouveau les uns des autres. Obligés de se rapprocher

de nouveau, en raison du froid persistant, ils éprouvèrent une fois de plus l'action désagréable des piquants et ces alternatives de rapprochement et d'éloignement durèrent jusqu'à ce qu'ils aient trouvé une distance convenable où ils se sentirent à l'abri des maux. »
Schopenhauwer.

Celui qui vit dans «l'état limite» se retrouve affectivement dans la même situation que lorsque, enfant, il ne parvenait pas à intégrer dans la même personne les côtés frustrants et bienveillants de sa mère. Il se retrouve aussi fragile qu'au moment où il ressentait toute initiative personnelle de sa mère comme un abandon. Il accepte difficilement l'ambivalence des êtres qu'il aime, c'est-à-dire que concrètement, il a du mal à voir à la fois les qualités et les défauts d'une même personne. Ceci explique qu'il considère l'autre tantôt comme un être idéal, tantôt comme un monstre, et ce parfois dans un très court laps de temps. Les autres sont soit tout noirs, soit tout blancs, soit à blanchir. Certains sont placés sur un piédestal d'où ils tombent rapidement. D'autres, plus faibles, sont portés à bout de bras jusqu'à ce qu'ils atteignent l'idéal de leur sauveur, qu'ils deviennent les hommes ou les femmes dignes des héros qui l'habitent depuis sa plus tendre enfance.

Nos relations intimes se construisent dans un premier temps sur le modèle de la relation que nous avions avec nos parents lorsque nous étions enfants. Si nous ne nous sommes jamais sentis à la hauteur face à nos parents, si nous n'avons jamais eu le pouvoir de nous sentir aimés et acceptés d'eux pour ce que nous étions, nous risquons soit de trouver nos proches insuffisamment bons et de les rejeter au profit d'un être de rêve, soit d'être prêt à accepter toutes les humiliations et toutes les souffrances. Nous nous acharnons à nous changer et à changer les autres afin qu'ils puissent enfin nous aimer. Certains couples se construisent sur la base d'une complémentarité dans la soumission à l'idéal. Imaginez ce qui se passe quand une personne qui cherche ailleurs un être de rêve rencontre celui ou celle qui est prêt à se transformer pour être aimé ! Cette situation est évidemment très fréquente et se présente parfois sous la forme d'une coup de foudre qui donne aux deux personnes l'impression d'être faites l'une pour l'autre. Evidemment !

« Le malade attend tout de l'analyste. (...) Il pense qu'une fois "complètement analysé", il n'éprouvera plus aucune difficulté dans la vie ni aucune déception, il ne connaîtra ni l'angoisse ni le remords. Il est sûr, en outre, qu'il témoignera de remarquables facultés artistiques et intellectuelles, peut-être se révélera-t-il un génie. De plus, il vivra dans la béatitude, parfaitement bien équilibré, libre comme un surhomme sans le moindre symptôme névrotique, défaut de caractère ou mauvaise habitude. »
Melitta Schmideberg, citée par B. Grunberger, Le narcissisme.

Donc, quand l'enfant perçoit ses parents comme «insuffisants» et qu'il se sent abandonné, soit il se met à rêver et à essayer de construire la situation idéale où ses parents pourront enfin l'aimer, soit il rêve aux héros qui, un jour, l'éloigneront de ses mauvais parents et l'aimeront totalement. La personne fragilisée et plongée dans «l'état limite» construit toutes ses relations intimes sur ce modèle : elle rencontre des personnes qui ne l'aiment pas mais dont elle veut gagner l'amour en faisant le maximum pour être «la bonne personne» ou elle revendique en toutes circonstances l'être merveilleux qui, comme un prince sur son cheval blanc, l'arrachera à sa vie d'attente et de misère affective et lui donnera la sécurité et l'amour. En agissant de la sorte, elle se prive d'entrer réellement et concrètement en relation avec des êtres humains... c'est-à-dire des êtres concrets, limités, réels, tels qu'elle les rencontre. Elle renonce à vivre les joies du présent.

Ses images de «bons et mauvais» s'interposent entre elle et eux et déforment ses perceptions : elle interprète tout ce qu'elle voit et tout ce qu'elle entend en fonction de ses croyances et de ses peurs.

Celui qui est dans «l'état limite» reste ou devient incapable de vivre seul. Il se perd dans les autres et, pour quelques espoirs d'attention et d'amour, il est prêt à reculer sans cesse ses limites. Il n'ose pas exprimer sa colère de peur que l'autre ne soit pas assez solide pour la supporter. Il est tellement intimement convaincu qu'il est «mauvais» et que sa colère a détruit ou risque de détruire tout sur son passage, qu'il doit absolument d'abord protéger et «réparer» les autres et le monde avant de se donner la permission de vivre pour lui-même. Mais à force de faire ce qu'il croit qu'on attend de lui, il finit par ne plus savoir, s'il l'a déjà su, qui il est, ce qu'il veut ou ce qu'il ne veut pas. Il perd le contact avec sa propre réalité intérieure.

«Ces sujets ont peu de réactions agressives, ils sont plutôt gratifiants, lorsqu'ils s'irritent ou contestent, ils se reprennent très vite. (...) s'il voit son analyste comme un objet totalement bon, ce n'est pas pour en obtenir des gratifications, ce n'est pas sa bonté qu'il recherche, mais sa solidité et ce qu'il redoute, c'est qu'il ne soit pas capable de résister à son agressivité projetée. S'il le ménage, c'est parce qu'il a besoin de se construire l'image d'un analyste plus fort que la force de destruction qui est en lui et parce qu'il ne veut même pas tester cette solidité de peur d'être déçu.»
G. Darcourt, Narcissisme et Etats-limites.

Celui qui est dans l'«état limite» a souvent besoin de quelqu'un qui, en recevant son aide, lui permette de continuer à croire à la toute puissance de son action sur le monde et sur les autres.

Puisque «les choses iront mieux quand il aura accompli sa mission», en attendant, il nie ses émotions négatives, ses besoins, ses doutes et certains faits réels. En fait, il les met entre parenthèses, en attente... le temps qu'il transforme la réalité extérieure dans une attitude chevaleresque et salvatrice.

Celui qui est dans «l'état limite» cherche compulsivement la personne qui lui apportera la sécurité et l'amour. Mais il risque de ne pas la trouver, puisqu'aucune personne ne peut tout lui donner. Toute relation est frustrante à certains moments. Elle réveille alors le sentiment d'être abandonné ou de ne pas être aimé. Celui qui est dans «l'état limite» aime parfois un être imaginaire qui ressemble à la fois à son idéal et à l'être qu'il a aimé étant petit, sa mère le plus souvent, de qui il ne s'est pas senti aimé, une femme qu'il a vécue comme lointaine et inaccessible, capable de l'abandonner.

Ceux qui vivent en «faux-self» ne se sentent en aucune façon responsables de leurs choix de vie, ni de leur manière d'être et de s'exprimer. Leurs émotions, leurs décisions et leurs pensées sont totalement dépendantes de ce que les autres font, disent, décident. Habituellement, ils sont heureux quand ceux qu'ils aiment sont heureux. Pour cette raison, ils ont besoin de contrôler les autres, de les influencer, de les aider à trouver le bonheur. Fatalement, puisque leur propre bonheur est en jeu. Toutefois, alors qu'ils sont très attentionnés, ils ne parviennent pas toujours à satisfaire leur entourage. Que du contraire ! Ils sont parfois littéralement étouffants.

UN BLOCAGE AFFECTIF

Lorsque nous sommes blessés dans nos familles et par ce que la société attend de nous, pour tenir en équilibre et pour obtenir un état intérieur de bien-être malgré nos blessures, nous sommes tentés d'utiliser différentes béquilles telles que les jeux de hasard, l'alcool et la drogue, l'excès de travail ou le service aux autres. Sur le plan relationnel et affectif, nous perdons notre autonomie. Nous nous appuyons sur un ou plusieurs autres qui, inversement, s'appuient aussi sur nous. Concrètement, cela se traduit dans tous nos faits et gestes qui ne se justifient qu'en fonction des autres : c'est parce que l'autre est ce qu'il est et fait ce qu'il fait que nous-mêmes agissons comme nous le faisons. Cela donne ce genre d'interprétation : «Je suis contre le travail en noir, mais tout le monde le fait, alors... je le fais aussi. Si les autres étaient honnêtes, je ne me le permettrais pas».

Lorsque nos blessures narcissiques sont trop profondes, nous nous bloquons précocement (plus tard, nous régressons) dans une sorte d'adolescence latente et interminable. Tant bien que mal, nous organisons notre vie de façon plus ou moins précaire autour de nos blessures qui saignent et ne se referment pas. C'est un aménagement «en attendant». Nous ne voulons pas nous donner la permission de vivre pleinement tant que nos enfants n'auront pas terminé leurs études, tant que nos parents ne seront pas contents de nous, tant que les problèmes écologiques ne seront pas résolus ou qu'il y aura sur terre des gens qui ont faim...

Ceux qui ont été blessés très jeunes dans l'estime d'eux-mêmes ne s'aiment pas. Ils ne se sentent pas à leur place, ni à la hauteur de ce qu'ils ont à vivre. Ils ont peu d'estime pour ce qu'ils sont et ce qu'ils font, à un point tel que la dépression les menace continuellement. Ils s'attendent continuellement à être débusqués comme des imposteurs et à être humiliés pour avoir osé prendre une place qui n'était pas la leur. Pour ne pas sombrer, ils ont trouvé divers aménagements qui se présentent le plus souvent sous la forme de dépendances. Un de ces aménagements se construit sur le besoin de consacrer sa vie aux autres et de se rendre utile. Il est considéré par beaucoup de gens comme de l'altruisme.

CONTINUER SON DÉVELOPPEMENT AFFECTIF

De nombreux psychologues ont défini la maturité affective, «l'intelligence émotionnelle», et les étapes qui y conduisent. Ces apports théoriques nous aident à nous situer dans notre cheminement et nous invitent à de nouvelles expériences, en vue de nous dépasser et de grandir dans nos relations. En voici quelques hypothèses de base.

Sur le chemin de l'autonomie et de l'apprentissage de la vie sociale, quand nous sommes nostalgiques de la relation fusionnelle que nous avons connue au début de notre vie, nous attendons parfois que l'autre satisfasse nos besoins sans que nous ayons à le demander. Nous fantasmons ne plus faire qu'un avec l'autre, tout connaître de lui, et n'avoir plus de secret pour lui.

Quand nous sommes confrontés au fait que l'autre n'est pas le prolongement de nous-mêmes et qu'il est Autre que nous, nous sommes envahis par l'angoisse de l'abandon. Nous créons des relations de dépendance dans lesquelles nous agissons, non en fonction de ce que l'autre souhaite réellement ou de ce que nous ressentons, mais en fonction d'images, d'idées, de «il faut», ou de «c'est comme cela» dans l'espoir secret de contrôler l'autre et de s'assurer son amour.

L'acceptation et l'expérimentation de l'ambivalence permettent de dépasser cet état. Par exemple, lorsque l'enfant a intégré dans une même personne la mère source de satisfactions et la mère source de frustrations, il sait que sa mère le comble à certains moments et le frustre à d'autres. Il sait aussi que sa mère a une vie indépendante de la sienne. La haine et l'amour s'intègrent dans l'expérience du sentiment d'attachement, lorsqu'il reconnaît et accepte ses limites et celles de l'autre.

Accepter l'autre « Autre », le reconnaître dans son étrangeté et dans son désir d'autonomie, nous reconnaître nous-mêmes uniques et séparés, vivre le risque de la différence et expérimenter le sentiment de solitude qui l'accompagne... tel est le défi que nous devons relever pour vivre des relations matures et apprendre à aimer.

Bibliographie

ALBERONI, F. (1996), *Le choc amoureux*, Paris, Pocket.
ANCELIN SCHUTZENBERGER, A. (2001), *Aïe, mes aïeux!*, Paris, Desclée de Brouwer.
ARNOUX, J. (2000), *Mélanie Klein : Psychanalystes d'aujourd'hui*, Paris, PUF.
BELPAIRE, F. (1994), *Intervenir auprès des jeunes inadaptés sociaux. Approche systémique*, Laval (Québec), Ed. du Méridien.
BERGERET, J. (1984), *La violence fondamentale*, Paris, Dunod.
— (1986), *Psychologie pathologique*, 4e édition, Paris, Masson.
— (1987), *La dépression et les états-limites*, Paris, Payot.
BERGERET, J. & REID, W. (1996), *Narcissisme et états-limites*, Paris, Dunod/PUM.
BETTELHEIM, B. (1988), *Pour être des parents acceptables. Une psychanalyse du jeu*, Paris, Robert Laffont.
BLAIS, L. (1998), *Pauvreté et santé mentale au féminin : l'étrangère à nos portes*, Ottawa, Les presses de l'université.
BLANCHARD, K. & LORBES (1987), *Le manager Minute au travail*, Paris, Organisation.
BLANCHARD, K., EDINGTON & BLANCHARD, M. (1990), *Le manager Minute garde la forme*, Paris, Organisation.
BLANCHARD, K., CAREW, D. & PARISI, E. (1992), *Le manager Minute anime des équipes performantes*, Paris, Organisation.
BLANCHARD, K. & SPENCER, J. (1994), *Le manager Minute*, Paris, Organisation.
BLANCHARD, K. (1997), *Anticiper le changement : mission possible*, Paris, Dunod.
CANAULT, N. (1998), *Comment paye-t-on les fautes de ses ancêtres?*, Paris, Desclée de Brouwer.
CORKILLE-BRIGGS, D. (1979), *Etre soi-même*, Québec, Les éditions de l'homme.
CORNEAU, G. (1989), *Père Manquant, fils manqué. Que sont les hommes devenus?*, Québec, Les éditions de l'homme.
— (1999), *N'y a-t-il pas d'amour heureux?*, Paris, Flammarion, Coll. J'ai lu.
CYRULNIK, B. (1992), *Sous le signe du lien*, Paris, Hachette, Coll. Pluriel.
— (1995), *De la parole comme d'une molécule*, Le seuil, Coll. Points.
— (1997), *L'ensorcellement du monde*, Paris, Odile Jacob.
— (1999), *La naissance du sens*, Paris, Hachette, Coll. Pluriel.
— (1999), *Mémoire de singe et paroles d'homme*, Paris, Hachette, Coll. Pluriel.
— (2000), *Les nourritures affectives*, Paris, Odile Jacob.
— (2001), *Le vilain petit canard*, Paris, Odile Jacob.
DEBONGNIE, F. (1998), « Au delà du double : une effarante énigme de Moscarda. Un, personne et cent mille». In *Cahiers de psychologie clinique. Le même, le double, le semblable*, Paris-Bruxelles, De Boeck & Larcier.
DELIS, D. & PHILIPS, K. (1992), *Le paradoxe de la passion*, Paris, R. Laffont.
DORNER, D. (1997), *La logique de l'échec*, Paris, Flammarion, Coll. Essais.
DUMAS, D. (1990), *La sexualité masculine*, Paris, Albin Michel.

EIGUER, A. (1989), *Le pervers narcissique et son complice*, Paris, Dunod.

— (1994), *Une fêlure dans le miroir*, Paris, Bayard.

EASTMAN, CH. A. (1996), *L'âme de l'Indien*, Paris, Pocket.

EVEQUEZ, G. (2000), «La double contrainte du chômeur en fin de droit». In *Créer des liens. Les pratiques systémiques dans le travail social face à l'exclusion*, Genèse. ies éditions, Champs professionnels n° 26.

FROMM, E. (1991), *Le cœur de l'homme*, Paris, Payot.

— (1995), *L'art d'aimer*, Paris, Desclée de Brouwer.

— (2000), *L'art d'être*, Paris, Desclée de Brouwer.

GINISTY (2000), «De la marge au cœur du système : le déplacement du travail social». In *Créer des liens. Les pratiques systémiques dans le travail social face à l'exclusion*. Genèse. ies éditions, Champs professionnels n° 26.

GOLEMAN, D. (1997), *L'intelligence émotionnelle*, Paris, Robert Laffont.

GOUGUET, J.-J. (1999), «Pauvreté et exclusion». In *Encyclopaedia universalis V*, CD-ROM édité par France S.A.

GRUNBERGER, B. (1993), *Le narcissisme*, Paris, Payot.

HENDRICKS, G. & HENDRICKS, K. (1992), *L'amour lucide*, Québec, Le jour.

HIRIGOYEN, M-F. (1998a), *Le harcèlement moral*, Paris, Syros.

— (1998b), *Le malaise dans le travail*, Paris, Syros.

HYATT, C. & GATTLIED, L. (1988), *Perdant, Gagnant : Réussir vos échecs*, Québec, Editions de l'Homme.

JACCARD, R. (1974), *Ce que Mélanie Klein a vraiment dit*, Verviers, Marabout.

KOURILSKY-BELLIARD, F. (1999), *Du désir au plaisir de changer*, 2e édition, préface de Paul Watzlawick, Paris, Dunod.

KUBLER-ROSS, E. (1985), *La mort : dernière étape de croissance*, Paris, Editions du Rocher.

LEKEUCHE, P. & MELON, J. (1990), *Dialectique des pulsions*, Bruxelles, De Boeck.

LEFEBVRE, A., «La nostalgie est toujours ce qu'elle était ou l'impossible renoncement aux passions». In *Cahiers de psychologie clinique. Le même, le double, le semblable*, N° 11.

LOWEN, A. (1976), *La Bio-énergie*, Paris, Tchou.

— (1978), *Pratique de la Bio-énergie*, Paris, Tchou.

— (1984), *Le plaisir*, Paris, Sand.

— (1988), *La dépression nerveuse et le corps*, Paris, Sand et Tchou.

LYNCH, D. & KORDIS, P.L. (1994), *La stratégie du Dauphin. Les idées gagnantes du xxie siècle*, Québec, Les éditions de l'homme.

MILLER, A. (1984), *C'est pour ton bien*, Paris, Aubier.

— (1990), *La connaissance interdite : Affronter les blessures de l'enfance dans la thérapie*, Paris, Aubier.

MISSOUM, G. & MINARD, JL. (1990), *L'art de réussir. L'esprit du sport appliqué à l'entreprise*, Paris, Organisation.

MONY, E. (1989), *Si tu m'aimes, ne m'aime pas*, Paris, Le seuil.

NAZARE-AGA, I. (1997), *Les manipulateurs sont parmi nous. Qui sont-ils ? Comment s'en protéger ?*, Québec, Les éditions de l'homme.

NORWOOD, R. (1993), *Ces femmes qui aiment trop* (Tome I et II), Paris, Flammarion, Coll. J'ai lu.

OLIVIER, C. (1980), *Les enfants de Jocaste*, Paris, Denoël.

— (1998), *L'ogre intérieur. De la violence personnelle à la violence familiale*, Paris, Fayard.

PRUDENT, A. (1998), «Les doubles au psychodrame analytique». In *Cahiers de psychologie clinique. Le même, le double, le semblable*, n° 11, Paris-Bruxelles, De Boeck & Larcier.

ROBBINS, A. (1993), *L'éveil de votre puissance intérieure*, Québec, Le jour.

ROUSSAUX, J.P. & DERCLY, M. (1989), *Alcoolisme et toxicomanie. Etudes chiffrées*, Bruxelles, De Boeck-Wesmael, Ed. Universitaires Oxalis.

REVAULT D'ALLONNES, C. (1991), *Etre, faire, avoir un enfant*, Paris, Plon.

RIALLAND, C. (1994), *Cette famille qui vit en nous*, Paris, Robert Laffont.

RUBEN, H.D. (1996), *Le sentiment de culpabilité. 10 étapes pour s'en libérer*, Saint-Jean de Braye, Dangles, Coll. Psycho-soma.

SALOMON, P. (1994), *La sainte folie du couple*, Paris, Albin Michel.

SCHARBACH, H. (1983), *Les états limites. Approche compréhensive chez l'adulte et chez l'enfant*, Rapport de psychiatrie, LXXXIe session, Poitiers, 27 juin au 2 juillet 1983, Masson.

SEARLES, H. (1994), *Mon expérience des états-limites*, Paris, Gallimard.

SERRURIER, C. (1992), *L'éloge des mauvaises mères*, Paris, Desclée de Brouwer.

SMAIL, D. (1990), *Illusion et réalité. La signification de l'anxiété*, Paris, Aubier.

STETTBACHER, J.K. (1991), *Pourquoi la souffrance. La rencontre salvatrice avec sa propre histoire*, Paris, Aubier.

SKYNNER, R. & CLEESE, J. (1987), *La famille, comment en réchapper?*, Paris, Eshel.

TISSERON, S. (1992), *La honte : psychanalyse d'un lien social*, Paris, Dunod.

TODD, E. (1998), *L'illusion économique : essai sur la stagnation des sociétés développées*, Paris, Gallimard.

TRAUBE, P. (1999), *Plus jamais seul! Comment briser le carrousel solitaire*, Tournai, Labor.

WATZLAWICK, P. & NARDONNE, G., *Stratégie de la thérapie brève*, Paris, Le seuil.

WATZLAWICK, P. (1988), *Comment réussir à échouer? Trouver l'ultra-solution*, Paris, Le seuil.

YZERBYT, G. & SCHADRON (1996), *Connaître et juger autrui. Une introduction à la cognition sociale*, Grenoble, Presses universitaires de Grenoble.

Table des matières

Introduction 5

PREMIÈRE PARTIE
L'ALTRUISME... COMME SI C'ÉTAIT DE L'AMOUR

Chapitre 1
Quand l'altruisme sonne faux 15
Le «faux-altruiste» 19
Comment se met-on dans la position du «faux-altruiste»? 35
Sortir de la position du «faux-altruiste» : le défi de l'équilibre 42

Chapitre 2
Tout ce que j'ai fait pour toi 45
Dans le milieu familial 45
Dans les milieux sociaux et politiques 54

Chapitre 3
... Je l'ai fait aussi pour moi 63
Un aveu difficile 63
Les mobiles inconscients de ceux qui ont été grièvement blessés narcissiquement 70

Chapitre 4
Entre toi et moi 87
Les images idéales 89
Les étiquettes qui font peur 99
Reflets d'une société 107
Vivre à coté de soi 108

DEUXIÈME PARTIE
QUAND L'ALTRUISME DEVIENT AMOUR

Chapitre 5
Apprendre à «donner juste» 121
Si c'est vraiment pour toi que je le fais... 122
J'accepte d'être un parent humain 123
Je respecte ta mère et ton père 129
Je te reconnais le droit à la différence 133
Je suis attentif à tes besoins 142
Je te permets de grandir 152

Chapitre 6
Sortir de la victimisation, être responsable! 163
Toucher le fond... 164
... Pour mieux remonter 180
Accepter de demander de l'aide et de se reposer sur les autres 193
De l'illusion de savoir au désir d'apprendre 196

Chapitre 7
Pas de sain(t) altruisme... sans sain(t) égoïsme 207
Quand l'altruisme sonne juste 207
Apprendre à aimer : du désir de fusion à l'amour d'un autre 210

Conclusion : Changeons notre regard 218
Focalisons notre attention sur un but positif 218

Annexe
«Faux-altruisme» et «Faux-self» 223